Das Finanzausgleichssystem der VR China

AF891027

Europäische Hochschulschriften

Publications Universitaires Européennes
European University Studies

Reihe V
Volks- und Betriebswirtschaft

Série V Series V
Sciences économiques, gestion d'entreprise
Economics and Management

Bd./Vol. 2985

PETER LANG
Frankfurt am Main · Berlin · Bern · Bruxelles · New York · Oxford · Wien

Naixu Ge

Das Finanzausgleichssystem der VR China

Theoretische Grundlegung, Entwicklung und praktische Neugestaltung unter Berücksichtigung der Erfahrungen mit dem Finanzausgleichssystem Deutschlands

PETER LANG
Europäischer Verlag der Wissenschaften

Bibliografische Information Der Deutschen Bibliothek
Die Deutsche Bibliothek verzeichnet diese Publikation in der Deutschen Nationalbibliografie; detaillierte bibliografische Daten sind im Internet über <http://dnb.ddb.de> abrufbar.

Zugl.: Gießen, Univ., Diss., 2003

Gedruckt mit Unterstützung des
Deutschen Akademischen Austauschdienstes.

D 26
ISSN 0531-7339
ISBN 3-631-51277-5

© Peter Lang GmbH
Europäischer Verlag der Wissenschaften
Frankfurt am Main 2003
Alle Rechte vorbehalten.

Das Werk einschließlich aller seiner Teile ist urheberrechtlich geschützt. Jede Verwertung außerhalb der engen Grenzen des Urheberrechtsgesetzes ist ohne Zustimmung des Verlages unzulässig und strafbar. Das gilt insbesondere für Vervielfältigungen, Übersetzungen, Mikroverfilmungen und die Einspeicherung und Verarbeitung in elektronischen Systemen.

www.peterlang.de

VORWORT DER AUTORIN

Die vorliegende Arbeit ist im Rahmen eines vom DAAD (Deutscher Akademischer Austauschdienst) finanzierten Promotionsstudiums am Lehrstuhl für Volkswirtschaftslehre IV des Fachbereichs Wirtschaftswissenschaften an der Justus-Liebig-Universität Gießen in der Zeit vom April 1998 bis März 2003 entstanden.

Zunächst danke ich sehr herzlich meinem Doktorvater und Erstgutachter, Herrn Prof. Dr. Armin Bohnet, für seine intensive wissenschaftliche Betreuung, für hilfreiche Hinweise und die nötigen Freiräume zur Erstellung meiner Arbeit. Ebenfalls danke ich herzlich Herrn Prof. Dr. Wolfgang Scherf als Zweitgutachter für seine wertvolle Kritik und sorgfältigen Korrekturen.

An dieser Stelle möchte ich mich besonders bei meiner Kollegin Dr. Margit Schratzenstaller für ihre tatkräftige Unterstützung beim ganzen Erstellungsprozess meiner Arbeit sehr herzlich bedanken. Ohne ihre inhaltlichen und sprachlichen Verbesserungsvorschläge, ihre zahlreichen Hinweise und Anregungen sowie ihre ständige Ermutigung wäre diese Arbeit nicht zustande gekommen. Ein weiterer Dank geht an meinen Kollegen Dr. Ivo Bischoff, der mich mit Rat und Tat, wie etwa durch fachliche Betreuung, Korrekturen meiner Arbeit und EDV-technische Hilfe, unterstützt hat. Ebenso danke ich Dr. Zhong Hong, der mich am Anfang meiner Studien fachlich und persönlich betreut und unterstützt hat. Auch danke ich Dipl.-Kaufmann Markus Peplau für seine sprachlichen Korrekturen in der ersten Erstellungsphase meiner Arbeit.

Mein besonderer Dank gilt Dr. Chen Shixin von Finanzministerium der VR China, der viele unverzichtbare Daten und Informationen zur Verfügung gestellt sowie viele Fragen zum chinesischen Finanzausgleichssystem beantwortet hat.

Hier möchte ich mich auch bei allen meinen deutschen und chinesischen Freunden für ihre fachliche und seelische sowie moralische Unterstützung herzlich bedanken. Einen ganz großen Dank richte ich besonders an meine Freundin Sigi Klose für ihre ständige emotionale Hilfeleistung und die Mühe des Korrekturlesens.

Auch die Unterstützung meiner Familie hat mir Ermunterung und Kraft gegeben; dafür danke ich meinen Eltern und meiner Schwester sehr herzlich. Nicht zuletzt danke ich meinem Mann aus ganzem Herzen für seine Hilfe, Verständnis, Geduld und Vertrauen in dieser Zeit.

Beim Deutschen Akademischen Austauschdienst bedanke ich mich für die Finanzierung meines Studienaufenthaltes in Deutschland und des Druckes der Arbeit.

Gießen, im März 2003 — Naixu Ge

INHALTSVERZEICHNIS

VORWORT DER AUTORIN v

ABBILDUNGSVERZEICHNIS xii

TABELLENVERZEICHNIS xiii

Einleitung 1

Kapitel 1: Theoretische Grundlegung des Finanzausgleichs 4

1.1 Der Begriff des Finanzausgleichs 4
1.1.1 Definition des Finanzausgleichs 4
1.1.2 Einteilung des Finanzausgleichs 5

1.2 Die Aufgaben- und Ausgabenverteilung 6
1.2.1 Die Aufgabenverteilung 6
1.2.1.1 Festlegung des optimalen Zentralisierungsgrads 6
1.2.1.2 Grundsätze der Aufgabenverteilung 10
1.2.2 Die Ausgabenverteilung 12

1.3 Die Einnahmenverteilung 13
1.3.1 Arten des Steuerzuteilungssystems 13
1.3.2 Grundsätze bei der Steuerverteilung 15

1.4 Der Finanzausgleich im engeren Sinne 16
1.4.1 Formen der Finanzzuweisungen 17
1.4.2 Wirkungsanalyse der einzelnen Zuweisungsarten 18
1.4.2.1 Nicht an Eigenleistungen gebundene versus an Eigenleistungen gebundene Finanzzuweisungen 18
1.4.2.2 Allgemeine versus zweckgebundene Finanzzuweisungen 23
1.4.2.3 Eingehende Analyse unter konstanten Steuereinnahmen 26
1.4.3 Ziele des Finanzausgleichs im engeren Sinne 27
1.4.3.1 Allokationsziele 27
1.4.3.2 Distributionsziele 29
1.4.3.3 Stabilisierungsziele 35
1.4.4 Wahl der geeigneten Zuweisungsinstrumente 36
1.4.5 Ermittlung der Finanzzuweisungen 37
1.4.5.1 Modell zur Ermittlung der Finanzzuweisungen 38
1.4.5.2 Messung der Finanzkraft und des Finanzbedarfs 41
1.4.6 Ausmaß des Finanzausgleichs 44

Kapitel 2: Das Finanzausgleichssystem in Deutschland: Darstellung und Anregungen für das Finanzausgleichssystem der VR China 45

2.1 Das gegenwärtige Finanzausgleichssystem in Deutschland 45
2.1.1 Die Verteilung der Aufgaben 45
2.1.1.1 Die Verteilung der allgemeinen Kompetenz (Generalklausel) 46
2.1.1.2 Die Verteilung der Gesetzgebungskompetenz 46
2.1.1.3 Die Verteilung der Verwaltungsbefugnisse 47
2.1.2 Die Verteilung der Ausgaben 49
2.1.3 Die Verteilung der Einnahmen 51
2.1.3.1 Steuergesetzgebungskompetenz 51
2.1.3.2 Steuerertragskompetenz 52
2.1.3.3 Steuerverwaltungskompetenz 55
2.1.4 Finanzausgleich im engeren Sinne 58
2.1.4.1 Umsatzsteuer-Vorwegausgleich 58
2.1.4.2 Länderfinanzausgleich im engeren Sinne 58
2.1.4.3 Vertikaler Finanzausgleich im Formen der Bundesergänzungszuweisungen 62
2.1.5 Vorübergehende Maßnahmen des Finanzausgleichs nach der deutschen Vereinigung 64
2.1.5.1 Die Übergangsregelungen nach der deutschen Vereinigung 64
2.1.5.2 Maßnahmen zur Finanzierung der Transfers in die neuen Bundesländer 66

2.2 Anregungen aus den Erfahrungen mit dem Finanzausgleichssystem Deutschlands für die VR China 68
2.2.1 Positive Erfahrungen 68
2.2.1.1 Gute gesetzliche Rahmenbedingungen des Finanzausgleichssystems 68
2.2.1.2 Beteiligung des Bundesrates als Vertreter der lokalen Gebietskörperschaften 69
2.2.1.3 Relativ eindeutige Aufgaben- und Ausgabenverteilung 69
2.2.1.4 Rationale Einnahmenverteilung auf die einzelnen Regierungsebenen 69
2.2.1.5 Effektives Transferzahlungssystem in der Form der Kombination von horizontalem und vertikalem Ausgleich 70
2.2.1.6 Vielfältige Maßnahmen zur Vereinnahmung zusätzlicher Finanzmittel für den Finanzausgleich 71
2.2.2 Negative Erfahrungen 71
2.2.2.1 Geringe Autonomie der jeweiligen Gebietskörperschaften auf der Einnahmenseite 77
2.2.2.2 Zu weit gehende Angleichung der Finanzkraft 72
2.2.2.3 Geringe Auswirkungen der Transfers in die neuen Bundesländer 77

2.3 Besonderheiten bzw. Beschränkungen bei der Gestaltung des Finanzausgleichssystems in der VR China 77

2.3.1 Politikordnung (Staatssystem) ... 78
2.3.2 Große regionale Unterschiede in den natürlichen Bedingungen ... 78
2.3.3 Große regionale wirtschaftliche Entwicklungsunterschiede ... 79
2.3.4 Nationalitätenproblematik ... 81
2.3.5 Begrenzte Finanzkraft für einen Finanzausgleich ... 83
2.3.6 Chinas Besonderheiten als Transformationsland ... 84
2.3.7 Statistik- und Datenproblematik ... 86
2.3.8 Schwierigkeiten bei der Veränderung der bestehenden regionalen Interessenstruktur ... 86

Kapitel 3: Die historische Entwicklung des Finanzausgleichssystems in der VR China: Darstellung und Beurteilung ... 87

3.1 Aufbau und Umgestaltungen des Finanzausgleichssystems im Zeitraum von 1950 bis 1952 ... 88
3.1.1 Errichtung eines hochgradig zentralisierten Finanzausgleichssystems (1950) ... 88
3.1.2 Umgestaltung des hochgradig zentralisierten Finanzausgleichssystems (1951-1952) ... 89
3.1.3 Zusammenfassung und Bewertung ... 91

3.2 Entwicklung des Finanzausgleichssystems im Zeitraum von 1953 bis 1979 ... 91
3.2.1 Die Phase der Sozialisierung (1953-1957) ... 92
3.2.2 Die Phase des "Großen Sprungs nach vorn" (1958-1960) und die darauf folgende Neuausrichtung der Wirtschaft (1961-1965) ... 93
3.2.3 Die Phase der "Großen Kulturrevolution" (1966-1979) ... 93
3.2.4 Zusammenfassung und Bewertung ... 95

3.3 Reformen des Finanzausgleichssystems im Zeitraum von 1980 bis 1993 ... 96
3.3.1 Einführung des Finanzausgleichssystems, das als "Kochen in separaten Küchen" bezeichnet wird (1980-1984) ... 96
3.3.2 Einführung des Finanzausgleichssystems, bei dem die Einnahmen gemäß der Steuerart aufgeteilt wurden (1985-1987) ... 101
3.3.3 Einführung des Finanzausgleichssystems, das als "vielfältiges lokales Verantwortungssystem" bezeichnet wird (1988-1993) ... 103
3.3.4 Zusammenfassung und Bewertung ... 107

3.4 Zusammenfassende Darstellung und Bewertung der Entwicklung des Finanzausgleichssystems Chinas von 1949 bis 1993 ... 116

Kapitel 4: Das gegenwärtige Finanzausgleichssystem in China: Darstellung und Probleme **119**

4.1 Die Reform des Finanzausgleichssystems im Jahre 1994 119
4.1.1 Ziele der Reform des Finanzausgleichssystems 119
4.1.2 Inhalt der Reform des Finanzausgleichssystems 120
4.1.2.1 Die Verteilung der Aufgaben bzw. der Ausgaben 120
4.1.2.2 Die Verteilung der Einnahmen 121
4.1.2.3 Die Einführung des Transferzahlungssystems 123

4.2 Bewertung der Durchführungsergebnisse des neuen Finanzausgleichssystems 130
4.2.1 Entwicklung der staatlichen Finanzeinnahmen 130
4.2.2 Anreizeffekte zur Erhöhung der Steueranstrengungen der lokalen Gebietskörperschaften 133
4.2.3 Anteil der Zentralregierung an den Gesamteinnahmen und Anteil der staatlichen Finanzauseinnahmen am BIP 133
4.2.4 Nivellierungseffekte des Finanzausgleichs im engeren Sinne 134
4.2.5 Fazit 138

4.3 Beurteilung des Reformkonzeptes für das neue Finanzausgleichssystem 138
4.3.1 Positive Resultate der Reform des Finanzausgleichssystems von 1994 138
4.3.1.1 Schaffung grundlegender Rahmenbedingungen für ein effektives Finanzausgleichssystem 139
4.3.1.2 Einrichtung eines geregelten Transferzahlungssystems 139
4.3.1.3 Einführung einer objektiven quantitativen Regelung bei der Verteilung der Finanzzuweisungen 140
4.3.2 Mängel der Reform des Finanzausgleichssystems von 1994 141
4.3.2.1 Unklare Gesetzgebungskompetenz 141
4.3.2.2 Probleme bei der Verteilung der Aufgaben 141
4.3.2.3 Probleme bei der Ausgabenverteilung 143
4.3.2.4 Probleme bei der Verteilung der Einnahmen 144
4.3.2.5 Probleme des Transferzahlungssystems 149
4.3.2.6 Fehlende rechtliche Rahmenbedingungen für das Finanzausgleichssystem 156

Kapitel 5: Reformvorschläge zum Aufbau eines leistungsfähigen Finanzausgleichssystems in der VR China **157**

5.1 Vorschläge zur eindeutigen Verteilung der Aufgaben- und Ausgabenkompetenzen 157
5.1.1 Vorschläge zur eindeutigen Verteilung der Aufgabenkompetenzen 157

5.1.1.1 Festlegung der Grenze zwischen dem öffentlichen und dem privaten Sektor ... 157
5.1.1.2 Eindeutige Verteilung der Aufgaben zwischen den öffentlichen Gebietskörperschaften ... 157
5.1.1.3 Konkrete Umgestaltung der Aufgabenverteilung ... 159
5.1.2 Vorschläge zur eindeutigen Verteilung der Ausgabenkompetenzen ... 160

5.2 Neugestaltung der Einnahmenverteilungskompetenzen ... 161
5.2.1 Vergrößerung der Steuergesetzgebungskompetenzen der lokalen Gebietskörperschaften ... 161
5.2.2 Neugestaltung einer rationalen Ertragskompetenzverteilung ... 162
5.2.2.1 Umgestaltung der Ertragskompetenzverteilung ... 162
5.2.2.2 Erhöhung der Einnahmen der Zentralregierung ... 163
5.2.2.3 Konkrete Umgestaltung der Einnahmenverteilung ... 164
5.2.3 Reform des Steuerverwaltungssystems ... 165

5.3 Aufbau eines effektiven Transferzahlungssystems ... 166
5.3.1 Festlegung eines expliziten Hauptziels des Finanzausgleichs ... 166
5.3.2 Wahl der geeigneten Arten des Finanzausgleichs im engeren Sinne ... 167
5.3.3 Konzept für den Aufbau eines neuen Transferzahlungssystems ... 168
5.3.3.1 Prinzipien für den Aufbau eines neuen Transferzahlungssystems ... 168
5.3.3.2 Konkreter Inhalt eines neuen Transferzahlungssystems ... 169
5.3.3.3 Vergleich der Nivellierungswirkung zwischen den alten und neuen Finanzausgleichsregelungen ... 178
5.3.4 Wahl der Formen der Finanzzuweisungen ... 181
5.3.5 Vorschläge für die Verbesserung des Berechnungsmodells der Finanzzuweisungen ... 182
5.3.5.1 Vorschlag für die Ermittlung des Finanzbedarfs ... 182
5.3.5.2 Vorschlag für die Schätzung der Finanzkraft ... 182
5.3.5.3 Berücksichtigung der Kostenunterschiede bei der Bereitstellung öffentlicher Güter ... 183
5.3.5.4 Einführung eines Anreizmechanismus ... 184
5.3.6 Maßnahmen zur Finanzierung des Finanzausgleichs ... 184
5.3.6.1 Öffentliche Kreditaufnahme ... 184
5.3.6.2 Verkauf von Staatsvermögens ... 186
5.3.6.3 Erhöhung der Steuereinnahmen ... 187

5.4 Vorschläge für begleitende Reformen ... 188
5.4.1 Schaffung gesetzlicher Rahmenbedingungen für das Finanzausgleichssystem ... 188
5.4.2 Aufbau einer neuen Instanz für die Durchführung der Finanztransfer ... 189

Zusammenfassung und Ausblick ... 191

Literaturverzeichnis ... 195

ABBILDUNGSVERZEICHNIS

Abb. 1.1: Wirkungen einer nicht an Eigenleistungen gebundenen Zuweisung 19
Abb. 1.2: Wirkungen einer an Eigenleistungen gebundenen Zuweisung 21
Abb. 1.3: Vergleich von Zuweisungen mit und ohne Eigenleistungen 23
Abb. 1.4: Vergleich allgemeiner und zweckgebundene Zuweisung 24
Abb. 1.5: Pigou-Subvention für Leistungen mit externen Nutzen 27
Abb. 1.6: Fiskalische Landkarte einer hypothetischen großen Stadt 33

Abb. 2.1: Verteilung der Verwaltungskompetenz zwischen den Gebietskörperschaften in Deutschland 55
Abb. 2.2: Bemessungsgrundlage und Ausgleichssätze im FAG 60
Abb. 2.3: Pro-Kopf-BIP der 31 Provinzen im Jahre 1999, in Yuan 80
Abb. 2.4: Jahreswachstumsrate der Einnahmen und -ausgaben 1994 bis 1998, in % 84

Abb. 3.1: Anteil der budgetären Einnahmen der Zentralregierung an den budgetären Gesamteinnahmen in China 1953 bis 1979, in % 94
Abb. 3.2: Anteil der budgetären Einnahmen der Zentralregierung an den budgetären Gesamteinnahmen in China 1980 bis 1993, in % 101
Abb. 3.3: Entwicklung der budgetären Einnahmen und des BIP 1978 bis 1993 . 108
Abb. 3.4: Anteil der Einnahmen der Gebietskörperschaften am BIP in ausgewählten Ländern 1992, in % 114

Abb. 4.1: Anteil der verschiedenen Formen der Finanzzuweisungen an den Gesamtzuweisungen 1997 126
Abb. 4.2: Entwicklung der Gesamteinnahmen in China 1990 bis 2000 130
Abb. 4.3: Verteilung der allgemeinen Zuweisungen aus den zunehmenden Einnahmen 1999 153

Abb. 5.1: Erhöhung bzw. Reduktion der Finanzkraft der 31 Provinzen in % des Landesdurchschnittes gemäß der neuen Verteilungsregelung im Vergleich zur heutigen Verteilungsregelung, in % 180

TABELLENVERZEICHNIS

Tab. 1.1: Grundsätze der Aufgabenverteilung ... 12
Tab. 1.2: Analyse der fiskalischen Restwerte ... 31
Tab. 1.3: Formen der Zuweisungen ... 36

Tab. 2.1: Die Verteilung der Verwaltungsbefugnisse zwischen den Gebietskörperschaften in Deutschland ... 48
Tab. 2.2: Verteilung der Steuereinnahmen in Deutschland ... 52
Tab. 2.3: Die Steuerkompetenzen auf einen Blick ... 57
Tab. 2.4: Zahlungen im Rahmen des Länderfinanzausgleichs im Jahre 1999 ... 61
Tab. 2.5: Bundesergänzungszuweisungen (BEZ) 1999, in Mio. DM ... 63
Tab. 2.6: Vergleich des Pro-Kopf-BIP zwischen den neuen und den alten Ländern 1991 bis1994 (in jeweiligen Preisen) ... 65
Tab. 2.7: Bruttotransfers in die neuen Bundesländer 1991 bis 1994 nach Trägern ... 66
Tab. 2.8: Finanzkraft in % des Finanzbedarfs der einzelnen Länder für 1997, in % ... 72
Tab. 2.9: Ausgewählte Reformvorschläge für den Finanzausgleich in Deutschland im engeren Sinne ... 74
Tab. 2.10: Neuregelung des bundesstaatlichen Finanzausgleichs ab 2005 ... 76
Tab. 2.11: Indikatoren für den wirtschaftlichen Aufholprozess in Ostdeutschland von 1991 bis 1999 (westdeutscher Wert = 100%, in jeweiligen Preisen) ... 77
Tab. 2.12: Wirtschaftliche Unterschiede zwischen Ost- und Westchina 1999, in Yuan ... 81

Tab. 3.1: Verteilung von Aufgaben bzw. Ausgaben zwischen der Zentralregierung und den lokalen Gebietskörperschaften in China 1951 ... 90
Tab. 3.2: Verteilung der Einnahmen zwischen der Zentralregierung und den lokalen Gebietskörperschaften in China 1951 ... 90
Tab. 3.3: Verteilung der gesamten Einnahmen zwischen der zentralen Regierung und den lokalen Gebietskörperschaften in China 1953 bis 1980, in % ... 95
Tab. 3.4: Verteilung von Aufgaben bzw. Ausgaben zwischen der Zentralregierung und den lokalen Gebietskörperschaften in China 1980 ... 98
Tab. 3.5: Verteilung der Einnahmen zwischen der Zentralregierung und den lokalen Gebietskörperschaften in China 1980 ... 99
Tab. 3.6: Einnahmenverteilung zwischen der Zentralregierung und den lokalen Gebietskörperschaften 1985 ... 102
Tab. 3.7: Vertragsformen der Gebietskörperschaften im Rahmen des lokalen Verantwortungssystems beim Finanzausgleich in China 1988 ... 104

Tab. 3.8: Vertragsformen der Gebietskörperschaften im Rahmen des lokalen Verantwortungssystems beim Finanzausgleich in China 1992 106
Tab. 3.9: Anteil der Einnahmen der Zentralregierung an den gesamten Einnahmen in China, 1982 bis 1993 in % 109
Tab. 3.10: Anteil der verfügbaren Finanzmittel der Zentralregierung an den gesamten staatlichen Einnahmen in China 1990 bis 1993 110
Tab. 3.11: Entwicklung der wirtschaftlichen Disparität zwischen den reichen und den armen Regionen in China 1978 bis 1993 112
Tab. 3.12: Anteil der staatlichen Einnahmen am BIP in China 1978 bis 1993, in % 114
Tab. 3.13: Außerbudgetäre Einnahmen und ihr Anteil an den budgetären Einnahmen in China 1952 bis 1993, in % 116

Tab. 4.1: Die Verteilung der Aufgaben bzw. der Ausgaben zwischen der Zentralregierung und den lokalen Gebietskörperschaften 1994 121
Tab. 4.2: Die Einnahmenverteilung zwischen der Zentralregierung und den lokalen Gebietskörperschaften nach der Reform 1994 122
Tab. 4.3: Entwicklung der Einnahmen der Zentralregierung und der lokale Gebietskörperschaften 1988 bis 2000 131
Tab. 4.4: Inlandsproduktselastizität des Steueraufkommens der Provinzen vor und nach der Einführung des Steuertrennsystems 133
Tab. 4.5: Anteil der budgetären Einnahmen am BIP 1991 bis 1999 134
Tab. 4.6: Unterschied des Pro-Kopf-BIP zwischen den reichen und den armen Regionen in China 1993 bis 1998 135
Tab. 4.7: Pro-Kopf-Einnahmen der 31 Provinzen im Verhältnis zu den landesdurch schnittlichen Pro-Kopf-Einnahmen vor und nach Finanzausgleich 1999, in % 136
Tab. 4.8: Gini-Koeffizient des Pro-Kopf-BIP, der Pro-Kopf-Einnahmen und Pro-Kopf-Ausgaben 1997 bis 1999 137
Tab. 4.9: Die Transferzahlungen der Zentralregierung an die lokalen Gebietskörperschaften im Verhältnis zu den realen Einnahmen der Zentralregierung 1978 bis 1997, in % 140
Tab. 4.10: Pro-Kopf-Eigeneinnahmen und Pro-Kopf-Transferzahlungen der 31 Provinzen 1999, in Yuan 150

Tab. 5.1: Neue gestaltete Verteilung der Aufgaben bzw. der Ausgaben zwischen der Zentralregierung und der Provinzebene 160
Tab. 5.2: Entwicklung der effektiven Steuerbelastung der städtischen privaten Haushalte in China 1985 bis 1999 164
Tab. 5.3: Einnahmenverteilung zwischen der Zentralregierung und den lokalen Gebietskörperschaften nach der Neugestaltung 165
Tab. 5.4: Finanzkraft in % des Landesdurchschnittes der Provinzen nach der Verteilung der Steuerrückerstattungen gemäß den Einwohnerzahlen für 1999, in % 171

Tab. 5.5: Finanzkraft in % des Landesdurchschnittes nach den Steuerrückerstattungen der Provinzen gemäß der alten und neuen Verteilungsregelung für 1999, in % 172
Tab. 5.6: Finanzkraft in % des Landesdurchschnittes nach dem horizontalen Finanzausgleich für 1999, in % 174
Tab. 5.7: Verschiedene Transferzahlungen an die 31 Provinzen 1999, in Mrd. Yuan 175
Tab. 5.8: Finanzkraft in % des Landesdurchschnittes nach dem vorgeschlagenen Finanzausgleich für 1999, in % 177
Tab. 5.9: Finanzkraft in % des Landesdurchschnittes nach dem Finanzausgleich mit alten und neuen Verteilungsregelung für 1999, in % 179
Tab. 5.10: Entwicklung des Pro-Kopf-Einkommens und der Sparquote der städtischen privaten Haushalte in China 1985 bis 1999 185
Tab. 5.11: Depositen der privaten Haushalte in China 1985 bis 1999, Jahresende 186

EINLEITUNG

Ebenso wie in Deutschland ist auch in der VR China das Finanzausgleichssystem zur Zeit eines der zentralen gesellschaftlichen Reformgebiete. Allerdings stellt das Finanzausgleichssystem Chinas noch einen ziemlich jungen Forschungsgegenstand dar. Obwohl es nach der Wirtschaftsreform 1978 häufig reformiert wurde, bestand für die Zeit bis Ende der 1980er Jahre noch immer ein großes Forschungsdefizit. Insbesondere wurde der Begriff des Finanzausgleichs im engeren Sinne (intergovernmental fiscal transfers) in chinesischen Wissenschaftlerkreisen kaum diskutiert. Erst Anfang der 1990er Jahre begannen die chinesischen Wirtschaftswissenschaftler, zur Vorbereitung auf die für den 1.1.1994 festgelegte Reform der finanziellen Verteilungsbeziehungen zwischen der Zentralregierung und den lokalen Gebietskörperschaften in China die internationalen Erfahrungen mit verschiedenen Finanzausgleichssystemen zu studieren. Im Jahre 1994 wurde dann zwar ein modernes, auf dem Steuertrennsystem basierendes Finanzausgleichssystem in China etabliert; dennoch sind viele Probleme ungelöst geblieben. Dies hat zur Forderung nach weiteren Umgestaltungen des Finanzausgleichssystems geführt, für die bisher noch kein befriedigendes Konzept entwickelt worden ist.

Die vorliegende Arbeit behandelt sowohl die theoretischen Grundlegungen als auch die für die Praxis anwendbaren Reformkonzepte für das Finanzausgleichssystem Chinas. Sie umfasst sowohl die Verteilung der Aufgaben des Staates als auch die Verteilung der Einnahmen, die bisher noch zu sehr an historischen Mustern orientiert sind. Dadurch finden Umverteilungen zwischen reichen und armen Regionen in einem noch viel zu geringen Umfang statt. Die Aufgabe der vorliegenden Arbeit ist es, die immer noch bestehenden Probleme in Bezug auf das Finanzausgleichssystem Chinas herauszuarbeiten und Lösungsansätze zu entwickeln, mit denen die Ziele eines effektiven Finanzausgleichssystems besser als bisher verwirklicht werden können. Dazu wird es auch erforderlich sein, die politökonomischen Rahmenbedingungen in die Analyse einzubeziehen.

Bezüglich der inhaltlichen Abgrenzung ist anzumerken, dass in der vorliegenden Arbeit nur die finanziellen Verteilungsregelungen zwischen der Zentralregierung und der obersten Ebene der lokalen Gebietskörperschaften (Provinzen, autonome Gebiete und Stadtstaaten) in China behandelt werden. Die Verteilungsbeziehungen unterhalb der Provinzebene werden nicht betrachtet. Sie erfordern weitere Studien und die Entwicklung weiterer Reformvorschläge, die im Rahmen dieser Arbeit nicht durchgeführt werden konnten.

Die vorliegende Arbeit besteht aus fünf Kapiteln. Das erste Kapitel widmet sich der theoretischen Grundlegung und der Entwicklung des Finanzausgleichs. Anschließend beschäftigt sich Kapitel 2 mit der Darstellung der Praxis des Finanzausgleichssystems in Deutschland und den daraus zu ziehenden Anregungen für die Neugestaltung des Finanzausgleichssystems der VR China. Die letzten drei Kapitel (Kapitel 3, 4 und 5) befassen sich mit Reformvorschlägen für die Neugestaltung des Finanzausgleichssystems der VR China. Die Konzeption der gesamten Arbeit ist wie folgt: Auf der Grundlage von allgemeinen theoretischen Überlegungen zum Finanzausgleich (theoretische Grundlagen) und unter Berücksichtigung der Anregungen aus den Erfahrungen mit dem Finanzausgleichssystem Deutschlands (praktische Erfahrungen) werden Schlussfolgerungen für die Neugestaltung eines leistungsfähigen Finanzausgleichssystems für die VR China gezogen.

Kapitel 1 gibt zunächst einen Überblick über die theoretische Diskussion zur Gestaltung des Finanzausgleichs. Nach einer Darstellung der Theorie einer ökonomisch rationalen Verteilung der Aufgaben, Ausgaben und Einnahmen wird der Finanzausgleich im engeren Sinne als Schwerpunkt behandelt. Dieses Kapitel hat einen relativ großen Umfang. Der Grund liegt darin, dass vor der Reform des Finanzausgleichssystems in China im Jahre 1994 eine ausreichende theoretische Fundierung dazu fehlte. Die Reformen wurden i.d.R. so angelegt, dass zunächst Experimente nach dem Prinzip „Überqueren eines Flusses von Stein zu Stein" in einem kleinen Bereich durchgeführt wurden. Danach wurde das entsprechende Reformmuster landesweit verbreitet. Noch heute mangelt es in China an einer systematischen und vollständigen Abhandlung der Theorie des Finanzausgleichssystems in einem mehrstufigen Staat. Es ist deshalb sinnvoll, diese in der vorliegenden Arbeit möglichst umfangreich und eingehend zu behandeln. Neben den allgemeinen Verteilungsprinzipien in einem Föderativstaat werden die relevanten Fragen vor dem Hintergrund der chinesischen Bedingungen diskutiert.

Kapitel 2 enthält die Darstellung des Finanzausgleichssystems der Bundesrepublik Deutschland und die aus ihren Erfahrungen gezogenen Anregungen für die Ausgestaltung des Finanzausgleichssystems in der VR China. Sowohl positive als auch negative Erfahrungen werden berücksichtigt. Auch die Besonderheiten bzw. die Beschränkungen bei der Gestaltung des Finanzausgleichsystems in China werden im Vergleich mit Deutschland analysiert. Das Finanzausgleichssystem Deutschlands, insbesondere sein Länderfinanzausgleich, ist weltweit einzigartig (vgl. KORIOTH 1997, S. 343). Allerdings gibt es in China aufgrund sprachlicher Probleme darüber noch keine vollständigen, ausführlichen und exakten Abhandlungen. Die in diesem Kapitel durchgeführten, direkt auf deutschsprachigen Quellen basierenden Studien bezüglich des Finanzausgleichssystems Deutschlands können deshalb zur Verbesserung des Finanzausgleichssystems Chinas einen wertvollen Beitrag leisten.

Kapitel 3 liefert eine Darstellung und Beurteilung der historischen Entwicklung des Finanzausgleichssystems Chinas von 1949 bis 1993. In diesem Beitrag wird die historische Entwicklung des Finanzausgleichssystems Chinas zum ersten Mal anhand der westlichen Theorie des Finanzausgleichs beurteilt. Dies ist hilfreich für das Verständnis und die Beurteilung des gegenwärtigen chinesischen Systems, da der aktuelle Status quo im Sinne einer Pfad-abhängigkeit stark vom alten System geprägt ist. Deshalb muss bei der Bewertung der Reformansätze auch auf das System vor 1994 zurückgegriffen werden.

Kapitel 4 dient der Darstellung des im Jahre 1994 eingeführten aktuellen Finanzausgleichssystems der VR China sowie einer detaillierten finanzwissenschaftlichen Analyse und Beurteilung dieses neuen Systems. Nach der hauptsächlich quantitativen Beurteilung der Durchführungsergebnisse der Reform werden die positiven Resultate und insbesondere die Mängel der Reform qualitativ herangearbeitet.

Kapitel 5 befasst sich mit Reformvorschlägen zur Neugestaltung eines leistungsfähigen Finanzausgleichssystems für die VR China auf der Grundlage von theoretischen Überlegungen zum Finanzausgleich und unter Berücksichtigung der Erfahrungen mit dem Finanzausgleichssystem Deutschlands. Neben den Reformvorschlägen zur Verbesserung der Verteilungsregelungen hinsichtlich der Aufgaben, Ausgaben und Einnahmen wird ein konkretes Reformkonzept zum Aufbau eines neuen Transferzahlungssystems vorgestellt, bei dem vertikaler und horizontaler Finanzausgleich kombiniert werden.

Zur Darstellung, Analyse und Beurteilung des Finanzausgleichssystems Chinas wird hauptsichtliche chinesischsprachige Literatur verwendet. Der Grund liegt einerseits darin, dass diese i.d.R. detaillierte und authentische Angaben bieten. Zugleich ermöglicht diese Vorgehensweise den Lesern ohne chinesische Sprachkenntnisse einen Zugang zu chinesischen Quellen. Darüber hinaus wird aber auch die nichtchinesische Literatur ausgewertet, um so die Forschung von chinesischen und sonstigen Wissenschaftlern außerhalb Chinas adäquat mit zu berücksichtigen und die relevanten Themen vollständig erfassen zu können.

KAPITEL 1: THEORETISCHE GRUNDLEGUNG DES FINANZAUSGLEICHS

1.1 Der Begriff des Finanzausgleichs

1.1.1 Definition des Finanzausgleichs

In der Literatur wird der Begriff „Finanzausgleich" unterschiedlich definiert. Die wissenschaftliche Diskussion zu diesem Thema kann bis auf die Darstellung von Markull im Jahre 1930 zurückverfolgt werden (vgl. MARKULL 1930, S. 811; KORIOTH 1997, S. 19). Die aktuelle Diskussion wird in unterschiedlichen Disziplinen, wie z.B. in den Rechtswissenschaften, in der Finanzwissenschaft und in den Sozialwissenschaften, behandelt (vgl. KORIOTH 1997, S. 20).

Diese Arbeit konzentriert sich auf den Finanzausgleich aus einer finanzwissenschaftlichen Perspektive. Andel liefert hierfür eine geeignete Definition[1]: „Im weiten Sinne versteht man darunter die Verteilung der Aufgaben, der mit ihrer Erfüllung verbundenen Ausgaben und der zu deren Finanzierung notwendigen Einnahmen eines Staates auf die einzelnen Gebietskörperschaften, also die Regelung der gesamten Finanzverfassung. Der Finanzausgleich im engen Sinne bezieht sich auf Zuweisungen zwischen Gebietskörperschaften bei gegebener Aufgaben- und Eigeneinnahmenverteilung, etwa zum Ausgleich der unterschiedlichen Finanzkraft einzelner Gebietskörperschaften." (ANDEL 1998, S. 504)

Der Finanzausgleich bezieht sich damit auf die Regelungen der gesamten finanziellen Beziehungen zwischen den verschiedenen öffentlichen Körperschaften (vgl. ZIMMERMANN 1990, S. 99; HEDTKAMP 1977, S. 55; KORIOTH 1997, S. 21). Insofern entspricht der Begriff des Finanzausgleichs dem englischen Terminus „intergovernmental (fiscal) relations" (vgl. PEFFEKOVEN 1980, S. 608; ZIMMERMANN 1990, S. 4; ZIMMERMANN, HENKE 1994, S. 174). Er betrifft drei Aspekte, die Aufgabenverteilung, die Ausgabenverteilung und die Einnahmenverteilung, die nicht isoliert voneinander zu betrachten sind, da sich Aufgaben, Ausgaben und Einnahmen gegenseitig bedingen (vgl. HÄDE 1996, S. 4).

Die Aufgabenverteilung ist die Grundlage des gesamten finanziellen Verteilungsprozesses. In einem Föderativstaat oder mehrstufigen Staat sind die Aufgaben zunächst zwischen den verschiedenen öffentlichen Körperschaften zu verteilen, damit sie von

[1] Zu weiteren ähnlichen Definitionen siehe auch: BICKEL 1956, S. 732; HENKE 1995, S. 644; KAMP, LANGHEINRICH, STAMM 1971, S. 49; PAGENKOPF 1981, S. 33; PEFFEKOVEN 1980, S. 608; TERHALLE 1958, S. 167; WACKE 1950, S. 17.

einer bestimmten Regierungsebene wahrgenommen werden (vgl. PEFFEKOVEN 1980, S. 608). Bei der Erfüllung der übertragenen Aufgaben entstehen Kosten. Es muss deshalb festgelegt werden, welche Ebene diese Kosten tragen soll. Anschließend stellt sich die Frage, ob der zuständigen Ebene zur Finanzierung ihrer Ausgaben die benötigte Finanzausstattung zur Verfügung steht

Unter dem Finanzausgleich im engen Sinne wird die Einnahmenverteilung verstanden. Ausgleichszahlungen stellen eine Umverteilung der Einnahmen dar. Eine solche Umverteilung ist in einem Staat mit mehreren föderalen Ebenen bzw. einer Vielzahl von öffentlichen Haushalten auf jeder Ebene notwendig, um sicherzustellen, dass auch die finanzschwächeren Gebietskörperschaften in der Lage sind, ihre Aufgaben zu erfüllen, also ein Mindestniveau an öffentlichen Leistungen bereitzustellen (vgl. HÄDE 1996, S. 5). Andernfalls entstünden regionale finanzielle Ungleichheiten und öffentliche Leistungsunterschiede (vgl. KORIOTH 1997, S. 21). „Der Finanzausgleich soll diese Unterschiede zwar nicht nivellieren, jedoch allzu ungleichmäßige Entwicklungen verhindern. Der Finanzausgleich stellt insofern eine rechtliche Ordnung dar, die einen gewissen Ausgleich der einander widerstreitenden Finanzinteressen verschiedener öffentlicher Verbände sicherstellt." (KAMP, LANGHEINRICH, STAMM 1971, S. 48) Die ertragszuweisende Einnahmenverteilung und die anschließende Umverteilung werden auch als „primärer" und „sekundärer" Finanzausgleich bezeichnet (vgl. OSSENBÜHL 1984, S. 30 ff.; STERN 1980, S. 1149, 1161, 1171).

1.1.2 Einteilung des Finanzausgleichs

Zunächst wird die Verteilung der Aufgaben (und Ausgaben) als „passiver Finanzausgleich", die Verteilung der Einnahmen als „aktiver Finanzausgleich" bezeichnet (vgl. PEFFEKOVEN 1996, S. 80; GROSSEKETTLER 1993, S. 91; DICKERTMANN 1996, S. 487)

Weiter unterscheidet man zwischen vertikalem und horizontalem Finanzausgleich. Beim vertikalen Finanzausgleich geht es um die Verteilung zwischen Gebietskörperschaften unterschiedlicher Ebene (in Deutschland z.B. Bund, Länder und Gemeinden). Der horizontale Finanzausgleich bezieht sich auf die Verteilung zwischen Gebietskörperschaften der gleichen Ebene (z.B. zwischen Bundesländern) (vgl. ANDEL 1998, S. 504; PEFFEKOVEN 1996, S. 80 f.; ZIMMERMANN, HENKE 1994, S. 174).

Der Finanzausgleich, wie er bisher definiert wurde, befasst sich nur mit den Verteilungsregelungen innerhalb eines Staates. Man spricht deshalb vom nationalen Finanzausgleich. Daneben kann man auch den zwischenstaatlichen Finanzausgleich betrachten, dann spricht man vom internationalen Finanzausgleich (z.B. Finanzausgleich in der Europäischen Union) (vgl. WALTER 1964, S. 200; ZIMMERMANN 1990, S. 99).

Diese Arbeit beschäftigt sich ausschließlich mit dem nationalen Finanzausgleich im weiteren und im engeren Sinne. Sowohl der vertikale Finanzausgleich als auch der horizontale Finanzausgleich werden behandelt.

1.2 Die Aufgaben- und Ausgabenverteilung

1.2.1 Die Aufgabenverteilung

Bei der Festlegung der finanziellen Verteilungsregelungen müssen v.a. Entscheidungen über die Verteilung der Aufgaben getroffen werden, weil sie maßgebliche Grundlage für die Verteilung der Ausgabenverantwortung ist, auf der die Ermittlung des Finanzbedarfs der einzelnen staatlichen Ebenen basiert, der wiederum den Ausgangspunkt für die Verteilung der Finanzmittel bildet (vgl. KORIOTH 1997, S. 29).

1.2.1.1 Festlegung des optimalen Zentralisierungsgrads

Die normative Theorie des fiskalischen Föderalismus geht davon aus, dass ein völlig zentral organisiertes politisches System ineffizient ist und deshalb ein föderativer Staatsaufbau, verbunden mit dem sog. Subsidiaritätsprinzip, vorzuziehen ist (vgl. LAASEN, STEHN 1996, S. 76). Nach dem Subsidiaritätsprinzip sind die Aufgabenkompetenzen grundsätzlich den Gebietskörperschaften der untersten Ebene zuzusprechen, und nur wenn sie von den untergeordneten Gebietskörperschaften nicht bewältigt werden oder von der übergeordneten Gebietskörperschaft besser wahrgenommen werden können, dürfen die Aufgaben an die übergeordnete Instanz überwiesen werden (vgl. HEDTKAMP 1977, S. 57; PEFFEKOVEN 1996, S. 84). Grundsätzlich muss bei der Aufgabenverteilung der optimale Zentralisierungsgrad bestimmt werden. Es ist also die Frage zu beantworten, welche öffentlichen Aufgaben durch welche Gebietskörperschaftsebene erfüllt werden sollen. Im Folgenden werden die wesentlichen Argumente für und gegen eine Zentralisierung bzw. Dezentralisierung staatlicher Leistungserstellung erörtert.

(1) Argumente für eine Dezentralisierung

a) Bessere Berücksichtigung der individuellen Präferenzen: Gemäß dem Allokationsziel sollen die Ressourcen der einzelnen staatlichen Ebenen so eingesetzt werden, dass die öffentlich bereitgestellten Güter den Präferenzen der Wirtschaftssubjekte bestmöglich entsprechen. Zuerst muss die sog. Struktureffizienz berücksichtigt werden, d.h. die Produktion öffentlicher Güter soll möglichst genau den Präferenzen der Bürger entsprechen (vgl. BRÜMMERHOFF 1996, S. 489; ANDEL 1998, S. 504). Im Hinblick auf die Struktureffizienz sprechen mehrere Gründe für eine dezentrale Aufgabenerfüllung. Je kleiner die Gebietskörperschaften, je bürgernäher also die Entscheidungsträger sind, desto größer sind sowohl die Fähigkeit als auch die Bereitschaft, die Bürgerpräferenzen zu berücksichtigen (vgl. ANDEL 1998, S. 505). „Es kommt hinzu, dass in kleinen Körperschaften die Bürger einen größeren Anreiz haben, ihre Präferenzen zum Ausdruck zu bringen, weil sie sicherer sind, die Entscheidungsträger zu erreichen und auch effektiv beeinflussen zu können." (ANDEL 1998, S. 505) Außerdem können sich die Bürger bei der Dezentralisierung besser am politischen Prozess beteiligen, da die Bürger geringere Kosten der Informationsbeschaffung und Meinungsäußerung haben. Die Zahl falsch repräsentierter Bürger ist deshalb geringer bei dezentralen als bei zentralen Entscheidungen, vorausgesetzt, dass der Unterschied der Präferenzen in kleineren Körperschaften geringer ist als in größeren (vgl. BRÜMMERHOFF 1996, S. 491). Diese Voraussetzung ist insbesondere in Ländern mit einem größeren Staatsgebiet gegeben, deren Präferenzen für öffentliche Leistungen sich häufig stark in regionaler Hinsicht unterscheiden (vgl. ZIMMERMANN 1994, S. 174 f.; FREY, KIRCHGÄSSNER 1994, S. 60).

b) Geringere Kosten für Anbieter und Nutzer öffentlicher Leistungen: In einem dezentral organisierten Staat fallen wegen der geringeren Bürokratisierung sowie der kostengünstigeren Kontrollmöglichkeiten durch die bürgernähere Leistungserstellung geringere Kosten an. Die Planungskosten für das Angebot eines öffentlichen Gutes sind oft niedriger, weil die Informationen vor Ort leichter verfügbar sind als am Sitz einer ferneren übergeordneten Instanz. Auch ist der Verwaltungs- und Kontrollaufwand geringer, wenn die Kommunikationswege möglichst kurz ausfallen. Zugleich entstehen dem Nutzer bei einer Dezentralisierung vergleichsweise geringere Kosten, weil die Distanzen, die zu den öffentlichen Institutionen, die öffentliche Leistungen bereitstellen, zurückgelegt werden müssen, kürzer sind (vgl. FREY, KIRCHGÄSSNER 1994, S. 61 f.).

c) Höhere Innovationseffizienz: Bei räumlicher Dezentralisierung können Prozess- und Produktinnovationen bei der Erstellung öffentlicher Leistungen leichter durchgeführt werden, weil das Risiko wegen der geringeren Zahl der von einem Versagen betroffenen Individuen geringer ist. So können regional begrenzte Pilotprojekte, wie z.B. neue Formen der Zusammenarbeit zwischen Privatwirtschaft und Staat, durchgeführt werden. Der Wettbewerb zwischen den Gebietskörperschaften kann somit Innovationen fördern (vgl. FREY, KIRCHGÄSSNER 1994, S. 62).

d) Effizienteres Angebot: In dezentralen und kleinen Körperschaften ist der Bereitstellungsprozess für die Wähler transparent. Dieses bürgernähere Angebot ermöglicht den Wählern eine bessere Kontrolle der Exekutive (vgl. FREY, möglicht den Wählern eine bessere Kontrolle der Exekutive (vgl. FREY, KIRCHGÄSSNER 1994, S. 62).

e) Schutz des politischen Interesses der Bürger: Neben den (finanz)wirtschaftspolitischen Überlegungen spielen in der Praxis bei der Aufgabenverteilung auch politische Erwägungen eine große Rolle. Eine wesentliche Zielsetzung des Subsidiaritätsprinzips liegt darin, eine zu große Entscheidungs- und damit Machtkonzentration und die damit verbundene Gefahr der Übermacht der Zentralregierung zu vermeiden. Eine Machtdezentralisierung gewährt außerdem eine höhere politische Partizipation und ein größeres politisches Interesse der Bürger (vgl. ANDEL 1998, S. 508 f.).

(2) Argumente für eine Zentralisierung

a) Verminderung von Spillovers: Spillovers sind (positive oder negative) räumliche externe Effekte. Allgemein werden externe Effekte als nicht-marktvermittelte Wirkungen der Konsum- und Produktionsaktivitäten eines Wirtschaftssubjekts auf ein anderes Wirtschaftssubjekt definiert, die als nicht beabsichtigte Externalität einer Aktivität vom Verursacher nicht berücksichtigt werden (vgl. ROSEN, WINDISCH 1997, S. 222; BÖSSMANN 1979, S. 95; FISCHER 1988, S. 54). Ebenso wie private Güter können auch öffentliche Güter externe Effekte aufweisen. Nutzen bzw. Kosten eines Angebots an öffentlichen Gütern fließen nicht nur den Einwohnern einer Gebietskörperschaft, sondern auch Bewohnern anderer Gebietskörperschaften zu. Bei zu kleinen Gebietskörperschaften überschreitet der Nutzerkreis sehr leicht den Kreis der Kostenträger. Die Begünstigten haben dann aber wenig Anreize, dieses Gut im optimalen Umfang bereitzustellen, selbst wenn sie sich nicht an den Kosten beteiligen. Aus diesem Grund werden die öffentlichen Güter bei positiven Spillovers in zu geringem Umfang angeboten. Die Existenz von nicht internalisierten Spill-overs führt zwangsläufig zu Verwendungsineffizienzen. Diese Ineffizienz ist ein Argument für eine zentrale Erstellung öffentlicher Güter mit Spillovers (vgl. FREY, KIRCHGÄSSNER 1994, S. 63; ANDEL 1998, S. 505 f.).

b) Economies of Scale: Die Kosteneffizienz ist ein weiterer allokativer Aspekt. Die Produktion der öffentlichen Güter soll zu den geringst möglichen Kosten erfolgen. In Hinblick auf die Kosteneffizienz wäre ein zentrales Angebot von Vorteil, wenn nur so Economies of Scale genutzt werden können. In manchen Bereichen öffentlicher Tätigkeit ist eine Mindestausbringungsmenge technisch erforderlich oder wegen sinkender Durchschnittskosten effizienter. Es ist z.B. nicht nötig, für jedes Dorf eine Gesamtschule oder für jede kleine Stadt eine Universität zu errichten. Es ist jedoch zu beachten, dass nicht nur die beim Staat anfallenden Kosten einzubeziehen sind; es müssen auch die Kosten der privaten Benutzer staatlicher Einrichtungen berücksichtigt werden, z.B. in Form von Fahrtkosten einschließlich der

Fahrzeit, die mit wachsender Zentralisierung steigen (vgl. ANDEL 1998, S. 506; FREY, KIRCHGÄSSNER 1994, S. 63). Diese privaten Kosten bei der Nutzung der betreffenden öffentlichen Güter können u.U. die Größenersparnisse bei ihrer Bereitstellung überkompensieren.

c) Garantie einer Mindestversorgung mit öffentlichen Leistungen: Ein gleichmäßiges Mindestangebot öffentlicher Güter kann helfen, Spannungen zwischen Bewohnern verschiedener Gebietskörperschaften bzw. Regionen zu vermindern. Der Grundkonsens über den Umfang dieses Mindestangebotes kann auf zentraler Ebene leichter gefunden werden als durch Verhandlungen zwischen den lokalen Ebenen mit unterschiedlicher Finanzkraft (vgl. FREY, KIRCHGÄSSNER 1994, S. 64).

d) Koordinationserwägungen: Intensive Austauschbeziehungen zwischen gleichgeordneten Gebietskörperschaften (Mobilität der Bevölkerung und Warenaustausch) können es erforderlich machen, zur Vermeidung von Ineffizienzen das Angebot öffentlicher Güter aufeinander abzustimmen. Z.B. kann es beim Aufbau eines Verkehrsnetzes für die autonomen Verhandlungspartner schwierig sein, sich über Umfang und Kostenverteilung für ein Verkehrsnetz zu einigen. Eine Einigung ist dann i.d.R. durch das Problem hoher Transaktionskosten und u.U. auch durch partielle Nicht-Internalisierung der Spillovers gekennzeichnet. Diese negativen Auswirkungen können durch ein zentrales Angebot vermieden werden (vgl. FREY, KIRCHGÄSSNER 1994, S. 64).

e) Verteilungserwägungen: Bezüglich des Verteilungsziels dominieren die Argumente für eine Zentralisierung der Aufgabenverteilung. Bei einer dezentral betriebenen Umverteilung ist das regionale Umverteilungspotential vom regionalen Wohlstand abhängig, der sehr unterschiedlich sein kann. In reichen Regionen ist die Versorgung der „Armen“ vergleichsweise großzügig, während sie in den armen Regionen trotz höherer Belastung der „Reichen“ geringer ist. Wenn die lokalen Gebietskörperschaften eine unterschiedliche Umverteilungspolitik betreiben, können bei gegebener Mobilität der Haushalte Wanderungsbewegungen von armen zu reichen Regionen ausgelöst werden. Darüber hinaus ist es möglich, dass in einigen Regionen, in denen sich die wohlhabenden Einwohner politisch durchsetzen können, eine Umverteilung nicht oder nur in sehr geringem Umfang erfolgt. Betreibt der Zentralstaat die Verteilungspolitik, treten solche Probleme in geringerem Maße auf (vgl. ANDEL 1998, S. 507; PETERSEN 1988, S. 113; NOLL 1979, S. 199).

f) Stabilisierungserwägungen: Auch aus stabilitätspolitischen Erwägungen spricht einiges für eine Zentralisierung der Aufgabenerfüllung. Stabilitätsaufgaben, wie z.B. die Stabilität des Preisniveaus, hoher Beschäftigungsstand und außenwirtschaftliches Gleichgewicht bei stetigem und angemessenem Wirtschaftswachstum, sind meistens durch hohe externe Effekte gekennzeichnet. Die lokalen Gebietskörperschaften können deshalb diese Aufgaben nicht erfüllen. Eine effektive Finanz- und Geldpolitik kann nur vom Zentralstaat wahrgenommen werden. Deshalb siedelt man die Stabilisierungsaufgabe v.a. beim Zentralstaat an (vgl. ANDEL 1998, S. 508; PETERSEN 1988, S. 113; NOLL 1979, S. 200 f.).

(3) Fazit

Wie die obigen Ausführungen zeigen, lassen sich sowohl für eine Dezentralisierung wie auch für eine Zentralisierung der Aufgabenverteilung eine Reihe von Argumenten finden. Die Antwort auf die Frage, welche Gebietskörperschaftsebene welche öffentlichen Güter anbieten soll, wird von Aufgabe zu Aufgabe unterschiedlich sein. Theoretisch kann es für jede öffentliche Leistung einen anderen optimalen Zentralisierungsgrad geben. In der Praxis werden drei bis vier Ebenen staatlicher Entscheidungsträger in den meisten föderalen Staaten nicht überschritten.

Es muss hier auch darauf hingewiesen werden, dass die einheitliche Gestaltung einer Aufgabe nicht die alleinige Entscheidung der obersten Ebene erfordert. Die kooperative Abstimmung mit untergeordneten Körperschaften ist ebenso gut denkbar. Es ist auch möglich, eine zentrale Gesetzgebungskompetenz mit einer dezentralen Verwaltungskompetenz zu kombinieren (vgl. ANDEL 1998, S. 508).

Auf einen weiteren Aspekt, der in der wissenschaftlichen Auseinandersetzung bisher vernachlässigt wurde, aber große Bedeutung hat, weist Ma hin: Die Zentralebene eines kleinen Staates steht der Bevölkerung näher als eine Lokalregierung eines großen Landes. So beträgt z.B. die Zahl der Bevölkerung in Singapur nur 3 Millionen, während die Zahl der Bevölkerung in der Provinz Sichuan in China mehr als 80 Millionen erreicht. Der Zentralstaat Singapurs ist deshalb der Bevölkerung viel näher als die Provinzregierung in China. Eine mehrstufige Aufgabenverteilung ist dann nicht erforderlich. Umgekehrt sind in sehr großen Ländern öffentliche Leistungen von verschiedenen Ebenen bereitzustellen. Die Größe eines Landes ist somit eine wichtige Determinante des optimalen Zentralisierungsgrades (vgl. MA 1998, S. 141).

1.2.1.2 Grundsätze der Aufgabenverteilung

In den einzelnen Ländern gibt es Unterschiede bei der Aufgabenverteilung auf die einzelnen staatlichen Ebenen. Aber es gibt auch Gemeinsamkeiten. Nach der Theorie und Praxis von verschiedenen Ländern soll sich die Verteilung der Aufgaben an folgenden Grundsätzen orientieren (vgl. MA 1998, S. 137 f.):

1) Die Bereitstellung der rein öffentlichen Güter, deren Erfüllung alle Einwohner eines Staates tangiert, wie z.B. die Verteidigung, die Währung und das System der Ma-

ße und Gewichte, auswärtige Angelegenheiten, Außenhandel und das Justizwesen, sollen von der Zentralregierung übernommen werden. Auch die durch die Geld- und Fiskalpolitik unterstützte gesamtwirtschaftliche Stabilität ist ein landesweites öffentliches Gut und sollte deshalb auf zentraler Ebene wahrgenommen werden.

2) Die Lokalregierungen bzw. die Gemeindeebene sollen diejenigen öffentlichen Güter bereitstellen, die primär die Einwohner derselben Gemeinde tangieren, z.B. Kindergärten, öffentlicher Nahverkehr, Polizei, Feuerschutz, Wasserversorgung, Wasserentsorgung und Müllbeseitigung.

3) Die Umverteilung der Einkommen zwischen Regionen und Einwohnern ist hauptsächlich Aufgabe des Zentralstaates, z.B. Ausgaben für die Arbeitslosenversicherung, die Sozialhilfe und die Krankenversicherung. Aber die Zentralregierung muss i.d.R. nicht alle Kosten dafür übernehmen. Es kann auch ausreichend sein, nur Zuschüsse (Subventionen) zu gewähren.

4) Die Bereitstellung derjenigen öffentlichen Güter, deren Wirkungen über die einzelne Region hinausgehen, die aber regional begrenzt sind und nicht den gesamten Staat betreffen, z.B. regionale Verkehrseinrichtungen, Flughäfen, Bildung und Umweltschutz, sollten hauptsächlich von den Lokalregierungen übernommen werden, allerdings kann die Zentralregierung beteiligt werden, indem sie einen Anteil der Kosten solcher Projekte übernimmt.

Tab. 1.1 gibt einen Überblick über die prinzipielle Regelung der Ausgabenverteilung gemäß den obigen Grundsätzen.

In manchen Bereichen ist es schwierig festzustellen, in welchem Umfang sich der Zentralstaat an den Ausgaben beteiligen soll. Es ist außerdem umstritten, ob sich die Zentralregierung überhaupt daran beteiligen soll, weil in vielen entwickelten Ländern öffentliche Güter wie Bildung, Forschung, Verkehrsinfrastruktur und Postwesen auch vom Privatsektor angeboten werden können. Nach Ma spielt der Zentralstaat in unterschiedlichen Wirtschaftsentwicklungsphasen eine unterschiedliche Rolle. In entwickelten Ländern gibt es einen entwickelten Kapitalmarkt und viele große private Unternehmen, die das Potenzial besitzen, solche Infrastruktur zu finanzieren. In Entwicklungsländern ist der Kapitalmarkt jedoch noch unterentwickelt. Die Potenziale zur Finanzierung und zum Management der privaten Unternehmen sind zu begrenzt, um große Infrastruktur bereitstellen zu können. In diesem Fall sollte der Zentralstaat eine wichtige Rolle spielen. Außerdem gibt es zwei weitere Argumente, die für die Beteiligung des Zentralstaats sprechen. Zum einen besitzt die Infrastruktur i.d.R. den Charakter eines Monopolgutes. Die Konsumenten werden bei privater Bereitstellung durch Monopolpreise benachteiligt. Zum anderen haben die meisten Infrastrukturmaßnahmen externe Effekte, da es unmöglich ist, von den Nutznießern Gebühren zu erheben. Die Konsequenz ist, dass die privaten Investitionen zumeist das optimale Niveau unterschreiten (vgl. MA 1998, S. 140 f.).

Tab. 1.1: Grundsätze der Aufgabenverteilung

Aufgabenarten	Aufgabenträger	Grund
Verteidigung	Z	Landesweite öffentliche Güter
Auswärtige Angelegenheiten	Z	Landesweite öffentliche Güter
Außenhandel	Z	Landesweite öffentliche Güter
Geldpolitik	Z	Landesweite öffentliche Güter
Handel zwischen Regionen	Z	Landesweite öffentliche Güter
Arbeitslosenversicherung	Z, L	Umverteilung, lokale öffentliche Leistung
Subventionen für Individuen	Z, L	Umverteilung, lokale öffentliche Leistung
Überregionales Verkehrsnetz	Z, L	Landesweite öffentliche Leistung externe Effekte
Umweltschutz	L, Z	Lokale öffentliche Leistung, externe Effekte
Unterstützung für Industrie, Landwirtschaft und Forschung	L, Z	Lokale öffentliche Leistung, externe Effekte
Bildung	L, Z	Lokale öffentliche Leistung, externe Effekte
Gesundheitswesen	L	Lokale öffentliche Leistung
Wohnungswesen	L	Lokale öffentliche Leistung
Polizei	L	Lokale öffentliche Leistung
Öffentlicher Nahverkehr		Lokale öffentliche Leistung
Wasserversorgung, Wasserentsorgung und Müllbeseitigung	L	Lokale öffentliche Leistung
Öffentliche Gärten und Vergnügungsanlagen	L	Lokale öffentliche Leistung

Anmerkung: Z: Zentralregierung, L: Lokalregierungen.

Quelle: In Anlehnung an SHAH 1994 (zit. nach MA 1998, S. 138 f.); eigene Übersetzung.

1.2.2 Die Ausgabenverteilung

Die Ausgaben repräsentieren die Kosten zur Erfüllung der Aufgaben. Durch die Fähigkeit zur Kostenübernahme ist die Aufgabenerfüllung sicherzustellen (vgl. ANDEL 1998, S. 509). Die Ausgabenverteilung betrifft die Frage, welche gebietskörperschaftliche Ebene eine Aufgabe finanzieren muss. Deshalb sind die Ausgaben eng mit den

Einnahmen verknüpft. Sie stehen in unmittelbarem Zusammenhang mit der Einnahmenverteilung. Wenn sich die Ausgabenverteilung verändert, erhöht oder vermindert sich der Finanzbedarf. Die Einnahmenverteilung zur Entscheidung über die Höhe der verfügbaren Finanzmittel muss dann entsprechend korrigiert werden. Die Ausgabenverteilung bildet deshalb das Bindeglied zwischen Aufgaben und Einnahmen (vgl. KORIOTH 1997, S. 34).

1.3 Die Einnahmenverteilung

Ist die Verteilung von Aufgaben und Ausgaben erfolgt, so müssen anschließend die notwendigen Einnahmen auf die Gebietskörperschaften verteilt werden.

Weil Steuern die wichtigste Quelle der öffentlichen Einnahmen sind, konzentriert man sich bei der Einnahmenverteilung v.a. auf die Steuerverteilung. Dabei ist zwischen den folgenden Besteuerungskompetenzen zu unterschieden (vgl. HEDTKAMP 1977, S. 58; PEFFEKOVEN 1996, S. 85):

- Gesetzgebungshoheit (auch: Objekthoheit): Das Recht einer Gebietskörperschaft, einen steuerlich erfassbaren Gegenstand oder Vorgang mit einer Abgabe zu belegen und diese im einzelnen auszugestalten. Hier ist die Frage zu beantworten, auf welcher Ebene die Steuer gesetzlich festgelegt wird.

- Ertragshoheit: Das Recht einer Gebietskörperschaft, die Erträge einer Steuer für ihren Haushalt zu vereinnahmen. Die Ertragshoheit bestimmt also, welcher Ebene das Steueraufkommen zufließt.

- Verwaltungshoheit: Das Recht einer Gebietskörperschaft, eine bestimmte Steuer zu verwalten, d.h. zu bemessen bzw. zu veranlagen und einzuziehen. Hier wird festgelegt, durch wessen Verwaltung die Steuer eingezogen wird.

Das Steuerzuteilungssystem wird vor allem von den ersten beiden Elementen bestimmt. Im Folgenden werden die Formen der Zuteilung von Gesetzgebung und Ertragshoheit vorgestellt.

1.3.1 Arten des Steuerzuteilungssystems

In der Literatur unterscheidet man zwei Arten von Systemen der Zuteilung der Steuerkompetenzen: Die unbeschränkte Steuerautonomie aller Ebenen und die beschränkte Steuerautonomie mit ihren unterschiedlichen Varianten.

Bei der unbeschränkten Steuerautonomie (auch Konkurrenzsystem oder ungebundenes (freies) Trennsystem genannt) liegen Ertragshoheit und Gesetzgebungshoheit zusammen bei den betreffenden staatlichen Ebenen. Jede Ebene beschafft die zur Erfüllung ihrer Aufgaben notwendigen Finanzmittel autonom und ist auch in der Wahl, Ausgestaltung und Ausschöpfung der Steuerquellen völlig frei. In diesem System konkurrieren die Gebietskörperschaften miteinander um die Einnahmen. Es gibt deshalb die Möglichkeit, dass ein und dasselbe Objekt, z. B. Einkommen, mehrmals in Form von unabhängigen Bundes-, Landes- und Gemeindesteuern besteuert wird. Weil ein derartiges Steuersystem nicht frei von Lücken oder Mehrfachbelastungen ist, scheint es in der Praxis wenig geeignet (vgl. ANDEL 1998, S. 509 f.; HEDTKAMP 1977, S. 59).

Deshalb wird in der Praxis die Steuerautonomie beschränkt, so dass sich folgende Formen ergeben (vgl. ANDEL 1998, S. 510; PEFFEKOVEN 1996, S. 85 f.; HEDTKAMP 1977, S. 59 f.):

(1) Gebundenes (separierendes) Trennsystem

Bei diesem System haben die untergeordneten Körperschaften nur einen Teil der Gesetzgebungshoheit. Jede Ebene beschafft sich zwar auch hier die für die Erfüllung ihrer Aufgaben notwendigen Finanzmittel autonom. Allerdings werden den einzelnen Ebenen zunächst jeweils bestimmte Steuerquellen zugewiesen. Damit kann die Gebietskörperschaft nur die Abgabenhöhe bestimmen.

(2) System der Rahmenregelung

Hier ist die Gesetzgebungsautonomie der untergeordneten Gebietskörperschaften auf nur wenige Punkte beschränkt, und auch der Freiheitsspielraum der untergeordneten lokalen Gebietskörperschaften bei der Festsetzung der Steuersätze wird reduziert.

(3) Zuschlagssystem

Die untergeordneten Gebietskörperschaften haben nur die Autonomie, auf die von einer
übergeordneten Ebene gestaltete Steuer einen Zuschlag zu erheben (z.B. Gemeindezuschlag zur Bundes- oder Landeseinkommensteuer).

(4) Verbundsystem (Quotensystem oder tax sharing)

Steuern werden hier auf einer Ebene einheitlich erhoben und die übrigen Gebietskörperschaften am Ertrag beteiligt, indem das Aufkommen einer oder mehrerer

Steuern in einem bestimmten Verhältnis auf die einzelnen Ebenen aufgeteilt wird. Erstreckt sich diese Beteiligung auf das Gesamtsteueraufkommen, spricht man von einem Gesamtverbundsystem; geht es lediglich um einzelne Steuern, liegt ein Einzelverbundsystem vor. Die Autonomie der beteiligten Gebietskörperschaften hängt dabei im wesentlichen davon ab, wer die Ausgestaltung der Verbundsteuern und den Verteilungsschlüssel festlegt, wobei entscheidend ist, ob diese Befugnisse allein beim Zentralstaat liegen oder ob auch die Zustimmung der betroffenen untergeordneten Körperschaften erforderlich ist.

Die heute in den verschiedenen Staaten praktizierten Finanzausgleichssysteme sind zum größten Teil Mischsysteme, d.h. die einzelnen Gebietskörperschaften beschaffen sich die erforderlichen Finanzmittel teils selbst, teils erhalten sie Transfers von den Gebietskörperschaften höherer oder unterer Ebene.

1.3.2 Grundsätze bei der Steuerverteilung

Um die Aufrechterhaltung einer gewissen Autonomie für die untergeordneten Gebietskörperschaften zu sichern, sollen für die konkreten Regelungen folgende Grundsätze beachtet werden (vgl. ANDEL 1998, S. 511 f.):

1) Jede Ebene soll zumindest über eine fiskalisch gewichtige Steuer verfügen, bei der sie sowohl die Ertrags- als auch die Gesetzgebungshoheit hat. Dabei muss sich die Gesetzgebungshoheit nicht auf alle Einzelheiten erstrecken. Essentiell ist, wenn z.B. innerhalb des Systems der Rahmenregelung der Steuersatz selbständig variiert werden kann.

2) Die Gesetzgebungs- und Ertragshoheit für Steuern, die hauptsächlich nach dem Äquivalenzprinzip für von untergeordneten Gebietskörperschaften angebotene Leistungen erhoben werden, sollte diesen Gebietskörperschaften zugeteilt werden, z.B. bei Steuern, die zur Finanzierung regionaler Infrastrukturprojekte (wie etwa Bau von Gemeindestraßen) dienen. Damit wird sowohl ein Anreiz zur Erstellung dieser Leistungen geschaffen als auch der Widerstand der Betroffenen angeregt, wenn für sie die Kosten höher als die Nutzen sind.

3) Steuern, die nicht nach dem Äquivalenz-, sondern nach dem Leistungsfähigkeitsprinzip erhoben werden oder speziell umverteilungspolitischen Zwecken dienen, sollten weitgehend einheitlich erhoben werden. Dadurch kann man zum einen den Umverteilungserfolg sichern, zum anderen volkswirtschaftliche Kosten vermeiden, die mit steuerbedingten Verlagerungen ökonomischer Transaktionen verbunden sind. In diesem Fall soll der Zentralstaat über die Gesetzgebungshoheit verfügen.

Denkbar ist aber auch, dass bei dezentraler Gesetzgebungshoheit eine freiwillige Abstimmung verwirklicht wird.

4) Die Gesetzgebungs- und Ertragshoheit für Steuern, deren Aufkommen in besonderem Maße konjunkturpolitisch bedeutsam ist, sollte möglichst zentralisiert sein. Solche Steuern weisen entweder eine hohe automatische Konjunkturreagibilität auf und (oder) sie werden diskretionär antizyklisch variiert.

5) Das Aufkommen von nicht nach dem Äquivalenzprinzip erhobenen Steuern, das auch bei einheitlichem Steuerrecht aus rein steuertechnischen Gründen regional besonders stark konzentriert ist, sollte dem Zentralstaat zufließen. Das betrifft v.a. Verbrauchssteuern, die nicht bei den Verbrauchern bzw. beim vorgelagerten Einzelhandel, sondern bei den Produzenten erhoben werden und bei denen die Produktion stark regional konzentriert ist (z.B. von Kaffee und Tabak in Hamburg und Bremen).

6) Die überregional gehandelte Güter betreffenden Verbrauchssteuern, die auf den der Einzelhandelsebene vorgelagerten Stufen erhoben werden, sollten innerstaatlich einheitlich sein, um ineffiziente interne Verlagerungen der Produktionsstätten oder der Handelsströme zu vermeiden.

7) Die Ertragshoheit von Steuern, deren Anteil am Gesamtsteueraufkommen steigen soll, soll den Ebenen mit der gewünschten größten Ausgabenexpansion zugewiesen werden und umgekehrt.

1.4 Der Finanzausgleich im engeren Sinne

Dieser Abschnitt befasst sich mit dem Finanzausgleich im engeren Sinne, also der Zuweisung von Finanzmitteln zwischen Gebietskörperschaften bei gegebener Aufgaben- und Einnahmenverteilung, um die unterschiedliche Finanzkraft einzelner Gebietskörperschaften auszugleichen (vgl. ANDEL 1998, S. 504). Man spricht auch von einer sekundären Einnahmenverteilung. Je nachdem, ob der Ausgleich zwischen unterschiedlichen Ebnen oder innerhalb einer Ebene eines mehrstufigen Staatsaufbaus erfolgt, wird zwischen vertikalem und horizontalem Finanzausgleich unterschieden. Beim vertikalen Finanzausgleich finden Zuweisungen zwischen den übergeordneten und den untergeordneten Gebietskörperschaften statt; i.d.R. weisen die übergeordneten den untergeordneten Ebenen die Finanzmittel zu. Beim horizontalen Finanzausgleich dagegen werden die Unterschiede zwischen Finanzkraft und –bedarf durch Ausgleichszahlungen zwischen den Körperschaften der gleichen Ebene ausgeglichen (vgl. FISCHER 1988, S. 24 f.; PEFFEKOVEN 1996, S. 83; WEDDIGEN 1964, S. 200). Daneben gibt es noch eine dritte Form des Finanzausgleichs: Der übergeordneten Ebene fließen mehr eigene Steuereinnahmen als der für sie notwendige Finanzbedarf zu. Dieser Einnahmenüberschuss fließt über differenzierte Finanzzuweisungen an die einzelnen unteren Körperschaften, wobei arme Körperschaften mehr als reiche erhalten. Dadurch hat die vertikale Zuweisung einen nivellierenden Effekt auf die Finanzausstattung der unteren Körperschaften. In diesem Fall spricht man vom vertikalen Finanzausgleich mit horizontalem Effekt (vgl. ANDEL 1998, S. 512; ZIMMERMANN 1994, S. 192).

1.4.1 Formen der Finanzzuweisungen

Im Finanzausgleich im engeren Sinne stellen Finanzzuweisungen ein wichtiges Instrument der Verteilung der Finanzmittel dar. „Finanzzuweisungen" beziehen sich hier nur auf direkte monetäre Transfers zwischen öffentlichen Körperschaften ohne Anspruch auf Gegenleistung (vgl. SMEKAL 1977, S. 411; FISCHER 1988, S. 4). Es gibt unterschiedliche Arten von Finanzzuweisungen. Im Folgenden werden die Formen der Finanzzuweisungen und ihre Wirkungseffekte eingehend dargestellt.

Nach unterschiedlichen Kriterien können Finanzzuweisungen wie folgt klassifiziert werden:

(1) Allgemeine Finanzzuweisungen und zweckgebundene Finanzzuweisungen

Ausgehend von der Frage, ob die Zahlung einer Finanzzuweisung an Verwendungsauflagen geknüpft ist, wird zwischen allgemeinen und zweckgebundenen Finanzzuweisungen unterschieden. Unter allgemeinen Finanzzuweisungen versteht man Finanzzuweisungen, die ohne Verwendungsauflage vergeben werden und der empfangenden Gebietskörperschaft zur freien Verfügung stehen. Eine zweckgebundene Finanzzuweisung oder kurz Zweckzuweisung ist eine Finanzzuweisung, deren Vergabe an eine Verwendungsauflage geknüpft ist, die den Einsatz der empfangenen Mittel für einen festgelegten Zweck vorschreibt. In diesem Fall muss die Finanzzuweisung für ein bestimmtes Projekt wie z.B. den Autobahnbau oder den Umweltschutz verwendet werden (vgl. FISCHER 1988, S. 25; PETERSEN 1988, S. 120; MUSGRAVE, MUSGRAVE, KULLMER 1987, S. 24).

(2) Nicht an Eigenleistungen gebundene und an Eigenleistungen gebundene Finanzzuweisungen

Außer mit Verwendungsauflagen können Finanzzuweisungen auch mit Empfangsauflagen verbunden sein. Z.B. wird in der praktischen Zuweisungspolitik die Steuererhebungsanstrengung (tax effort) der empfangenden Gebietskörperschaften berücksichtigt. Solche Finanzzuweisungen werden weiter in „nicht an Eigenleistungen gebundene Finanzzuweisungen“ und in „an Eigenleistungen gebundene Finanzzuweisungen“ (effort-related grant) eingeteilt (vgl. FISCHER 1988, S. 27; PETERSEN 1988, S. 120; MUSGRAVE, MUSGRAVE, KULLMER 1987, S. 24).

(3) Zweckzuweisungen ohne Eigenbeteiligung und Zweckzuweisungen mit Eigenbeteiligung

Die Vergabe einer zweckgebundenen Finanzzuweisung kann an eine finanzielle Eigenbeteiligung der empfangenden Gebietskörperschaften geknüpft werden, d.h. eine Zweckzuweisung wird nur dann gezahlt, wenn sich die empfangenden Gebietskörperschaften an der Finanzierung mit eigenen Mitteln beteiligen. In diesem Falle wird von Zweckzuweisungen mit Eigenbeteiligung (matching grant) gesprochen, um Gegensatz zu Zweckzuweisungen ohne Eigenbeteiligung (non-matching grant) (vgl. FISCHER 1988, S. 28 f.; PETERSEN 1988, S. 120; MUSGRAVE; MUSGRAVE; KULLMER 1987, S. 24).

1.4.2 Wirkungsanalyse der einzelnen Zuweisungsarten

Die Wirkungen alternativer Arten von Finanzzuweisungen auf das Ausgabenverhalten der empfangenden Gebietskörperschaften werden in der Literatur seit dreißig Jahren mit Hilfe des Indifferenzkurvenkonzepts analysiert, wobei untersucht wird, welche Reaktionen einer Gebietskörperschaft auf eine Einnahmenerhöhung durch eine Finanzzuweisung theoretisch möglich sind und wovon diese abhängen. Auch wird analysiert, warum einige Zuweisungsarten effizienter als andere sind, d.h. die angestrebten Ziele unter Einsatz geringerer Kosten erreichen (vgl. FISCHER 1988, S. 31; MUSGRAVE, MUSGRAVE, KULLMER 1987, S. 25). Die wichtigsten Ergebnisse werden im Folgenden vorgestellt, wobei zunächst nicht an Eigenleistungen mit an Eigenleistungen gebundene Finanzzuweisungen verglichen und anschließend allgemeine und zweckgebundene Finanzzuweisungen gegenübergestellt werden.

1.4.2.1 Nicht an Eigenleistungen gebundene versus an Eigenleistungen gebundene Finanzzuweisungen

Im Folgenden soll gezeigt werden, welche unterschiedliche Wirkungen der Zufluss von Finanzzuweisungen auf die Allokation der Mittel hat, die einmal an einen Eigenbeitrag der empfangenden Gebietskörperschaften gebunden sind und einmal nicht.

(1) Nicht an Eigenleistungen gebundene Zuweisungen

Der Fall der nicht an Eigenleistungen gebundenen Zuweisung wird in Abb. 1.1 gezeigt, in der öffentliche Güter auf der Abszisse und private Güter auf der Ordinate abgetragen sind. AB stellt die ursprüngliche Budgetkurve der betrachteten Gebietskörperschaft dar, die verschiedene mögliche Kombinationen eines aus zwei Gütern bestehenden Güterbündels (ein privates und ein öffentliches Gut) repräsentiert. i_1i_1 und i_2i_2 sind Indifferenzkurven, die die Präferenzen der Gebietskörperschaft für die beiden Güterarten wiedergeben. Das ursprüngliche Gleichgewicht ist bei E, wo das Nutzenmaximum erreicht wird, da die Budgetkurve an diesem Punkt von der höchstmöglich erreichbaren Indifferenzkurve tangiert wird. Der Konsum der privaten Güter ist gleich OC und der Konsum der öffentlichen Güter ist gleich OD. Um OD öffentliche Güter zu erhalten, müssen die Bürger der betreffenden Gebietskörperschaft auf CA private Güter verzichten. M.a.W.: zur Finanzierung der öffentlichen Güter müssen die Bürger eine Steuer in Höhe von CA bezahlen. Der Steuersatz ist gleich CA/OA, wobei OA das Einkommen ist, das in privaten Gütern gemessen wird.

Abb. 1.1: Wirkungen einer nicht an Eigenleistungen gebundenen Zuweisung

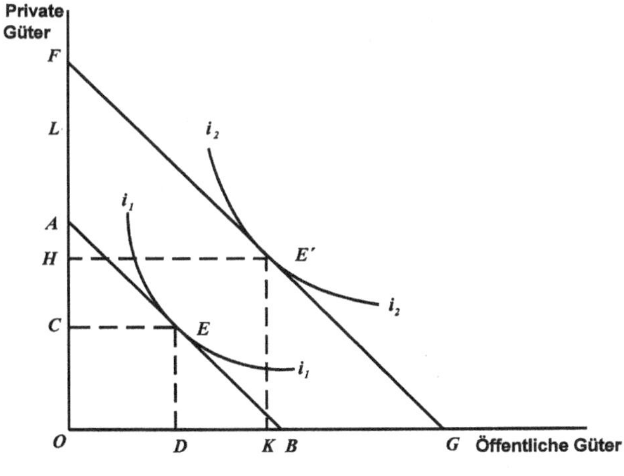

Quelle: In Anlehnung an MUSGRAVE, MUSGRAVE, KULLMER 1987, S. 25.

Nun soll eine nicht an Eigenleistungen gebundene Zuweisung in Höhe von AF[2] an die Gebietskörperschaft gezahlt werden. Da die Vergabe der Zuweisung nicht mit Auflagen verbunden ist, ist sie äquivalent zu einer bedingungslosen Einkommenssubvention und führt zu einer Erhöhung der Budgetsumme (Einnahmeneffekt). Es kommt zu einer Parallelverschiebung hin zu einer neuen Budgetkurve FG und einem neuen Gleichgewicht E′. Die Gebietskörperschaft bietet jetzt öffentliche Güter im Umfang von OK an und belässt ihren Bürgern die Kaufkraft für private Güter im Umfang von OH. Der Konsum von privaten Gütern ist um CH, der Konsum öffentlicher Güter um DK gestiegen. Da der Konsum privater Güter von OC auf OH steigt, müssen die Bürger jetzt nur noch auf private Güter in Höhe von HA verzichten, um das Angebot der öffentlichen Güter zu erhalten. Der Steuerbetrag sinkt von CA auf HA, der Steuersatz von CA/OA nach HA/OA. Die Steuersenkung ist gleich HC. Ein Teil der Zuweisung ist wegen der möglichen Steuersenkung in den erhöhten Konsum privater Güter geflossen und nicht in eine erhöhte Versorgung mit öffentlichen Gütern. Während die gesamten Kosten der Zuweisung an die Gebietskörperschaft gleich AF sind, erhöhen sich die Ausgaben für öffentliche Güter nur um AL. Der Restbetrag in Höhe von LF=HC wird für eine Steuerminderung verwendet. Bei der Zahlung einer nicht an Eigenleistungen gebundenen Zuweisung tritt also nur ein Einkommenseffekt auf, von dem i.d.R. angenommen werden kann, dass er positiv ist und die Ausgaben sowohl für öffentliche als auch für private Güter erhöht (vgl. MUSGRAVE, MUSGRAVE, KULLMER 1987, S. 25 ff.; FISCHER 1988, 34 f.).

In welchem Verhältnis die Erhöhung des Konsums von privaten und von öffentlichen Gütern steht, d.h. welche Kombination dieser Güter im neuen Gleichgewichtspunkt realisiert wird, ist von den jeweiligen Einkommenselastizitäten der Nachfrage nach privaten und nach öffentlichen Gütern abhängig (vgl. FISCHER 1988, S. 35). Geht man davon aus, dass die öffentlichen Güter i.d.R. eine überdurchschnittliche Einkommenselastizität der Nachfrage aufweisen (vgl. BENKERT 1984, S. 96), so wird ihr Zuwachs prozentual größer sein als derjenige der privaten Güter (vgl. FISCHER 1988, S. 35).

Über die bisherige Analyse hinaus kann die Frage aufgeworfen werden, ob der Effekt durch die Vergabe einer nicht an Eigenleistungen gebundenen Zuweisung und das Ergebnis einer direkten Steuersenkung identisch sind. Tatsächlich deuten die bisher vorgetragenen Argumente darauf hin, dass es keinen Unterschied macht, ob das Geld der Gebietskörperschaft oder unmittelbar den Konsumenten gewährt wird. Wird es der Gebietskörperschaft gezahlt, so sickert ein Teil über eine Steuerverminderung in den Konsum privater Güter. Wird es den Konsumenten gegeben, so wird ein Teil davon über erhöhte Steuern für öffentliche Ausgaben verwendet. Beide Fälle haben

---

[2] Sie wird wiederum in privaten Gütern gemessen, kann aber auch in öffentlichen Gütern gemessen werden und beträgt dann BG.

damit dasselbe Ergebnis (vgl. MUSGRAVE, MUSGRAVE, KULLMER 1987, S. 26). Die Zuweisung ist „nur ein Schleier für Steuerverminderung“ (a veil for tax cuts). Empirische Studien von Gramlich haben allerdings gezeigt, dass bei Gewährung einer Zuweisung ein überproportionaler Teil der zusätzlichen Mittel im öffentlichen Sektor verbleibt. Die Mittel bleiben im öffentlichen Sektor „kleben“. Daher wird dies als „Fliegenpapier-Effekt“ (flypaper effect) bezeichnet (vgl. FISCHER 1988, S. 35; BENKER 1984, S. 48). Diese Studien von Gramlich zeigen, dass langfristig eine nicht an Eigenleistungen gebundene Zuweisung einen größeren Anreiz zur Erhöhung der öffentlichen Ausgaben hat als eine Steuersenkung zur direkten Erhöhung des Einkommens der Bürger. Nach empirischen Untersuchungen wachsen die öffentlichen Ausgaben um nur 0,05 bis 0,1 US-$, wenn die Einkommen der Bürger der beobachtenden Gebietskörperschaften um 1 US-$ zunehmen, während sich die öffentlichen Ausgaben um 0,43 US-$ erhöhen, wenn die Gebietskörperschaft 1 US-$ der Zuweisung erhält. Dieses Untersuchungsergebnis weist stark darauf hin, dass eine nicht an Eigenleistungen gebundene Zuweisung nicht „nur einen Schleier für Steuerverminderung“ darstellt (vgl. GRAMLICH 1977, S. 229 f.), sondern zu einer Andersverteilung der Kaufkraft auf private und öffentliche Güter führt.

(2) An Eigenleistung gebundene Zuweisungen

Der Fall der an Eigenleistungen gebundenen Zuweisung wird in Abb. 1.2 gezeigt.

Abb. 1.2: Wirkungen einer an Eigenleistungen gebundenen Zuweisung

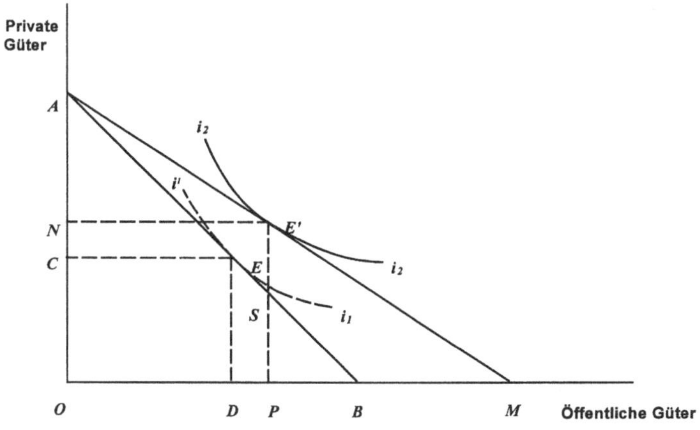

Quelle: In Anlehnung an MUSGRAVE, MUSGRAVE, KULLMER 1987, S. 27.

Das ursprüngliche Gleichgewicht ist bei E, wobei der Konsum privater Güter gleich OC und der Konsum öffentlicher Güter gleich OD ist. Die Einführung einer an Eigenleistungen gebundenen Zuweisung ist mit einem Substitutions- und einem Einkommenseffekt verbunden, da der Nettopreis der öffentlichen Güter für die Gebietskörperschaft verglichen mit dem Preis privater Güter fällt. Durch Drehung der Budgetgerade um A ergibt sich eine neue Budgetgerade AM. Der Gleichgewichtspunkt liegt nun bei E´, wobei der Konsum privater Güter auf ON und der öffentlicher Güter auf OP gestiegen ist. Die Kosten der Zuweisung liegen jetzt bei E´S. Wiederum wird nicht die gesamte Zuweisung für öffentliche Leistungen verwendet[3]. Der Steuerbetrag wird von CA auf NA gesenkt, so dass sich der Steuersatz von CA/OA auf NA/OA reduziert. Die Steuerreduktion in Höhe von CN entspricht demjenigen Anteil des Subventionsbetrags, der in den privaten Konsum fließt. In Abb. 1.2 ist in Folge der Zuweisung sowohl der Konsum privater als auch öffentlicher Güter gestiegen. Dies muss aber nicht notwendigerweise so sein. Im Unterschied zu der nicht an Eigenleistungen gebundenen Zuweisung, die nur mit einem Einkommenseffekt einhergeht, tritt jetzt auch ein Substitutionseffekt auf. Da der Preis der öffentlichen Güter relativ zu dem der privaten Güter gefallen ist, können private durch öffentliche Güter substituiert werden. Dieser Substitutionseffekt, der einen Rückgang des Konsums an privaten Gütern verursacht, kann sogar den Einkommenseffekt übersteigen, der zum Anstieg des Konsums an privaten Gütern führt (vgl. MUSGRAVE, MUSGRAVE, KULLMER 1987, S. 27 f.).

(3) Vergleich von Zuweisungen mit und ohne Eigenleistungen

In Abb. 1.3 werden die Wirkungen der beiden Zuweisungsarten verglichen. E ist wiederum das anfängliche Gleichgewicht, E_m ist das neue Gleichgewicht bei einer an Eigenleistungen gebundenen Zuweisung, E_n ist das neue Gleichgewicht bei einer nicht an Eigenleistungen gebundenen Zuweisung, die so gewählt wird, dass beide Zuweisungen dieselbe Versorgung mit öffentlichen Gütern in Höhe von OP sicherstellen. Wie vorher sind die Kosten der Zuweisungsgeber bei der an Eigenleistungen gebundenen Zuweisung gleich E_mS und bei der nicht an Eigenleistungen gebundenen Zuweisung gleich E_nS. Es wird in der Abbildung deutlich, dass dasselbe Ziel der Sicherstellung eines Angebots von OP an öffentlichen Gütern zu geringeren Kosten bei der an Eigenleistungen gebundenen Zuweisung erreicht werden kann. Der Unterschied zwischen den Kosten beider Zuweisungen beträgt E_mE_n[4] und ist gleichbedeutend mit einer geringeren Versorgung mit privaten Gütern. Das Ergebnis überrascht nicht, da eine an Eigenleistungen gebundene Zuweisung tatsächlich eine

[3] Die zulässige Erhöhung öffentlicher Güter bei Nichtvorhandensein von Sickerverlusten ergibt sich dadurch, dass SE´ von DE abgezogen wird.

[4] E_n muss oberhalb von E_m liegen, da die Steigung der Indifferenzkurven entlang der Vertikalen zunimmt, d.h. die Grenzrate der Substitution privater zu öffentlichen Gütern steigt.

zweckgebundene Zuweisung ist, die nur die Versorgung mit öffentlichen Gütern unterstützt, während die nicht an Eigenleistungen gebundene Zuweisung allgemein ist und daher auch dazu verwendet wird, den Kauf zusätzlicher privater Güter über eine Steuerreduktion zu unterstützen (vgl. MUSGRAVE, MUSGRAVE, KULLMER 1987, S. 28).

Abb. 1.3: Vergleich von Zuweisungen mit und ohne Eigenleistungen

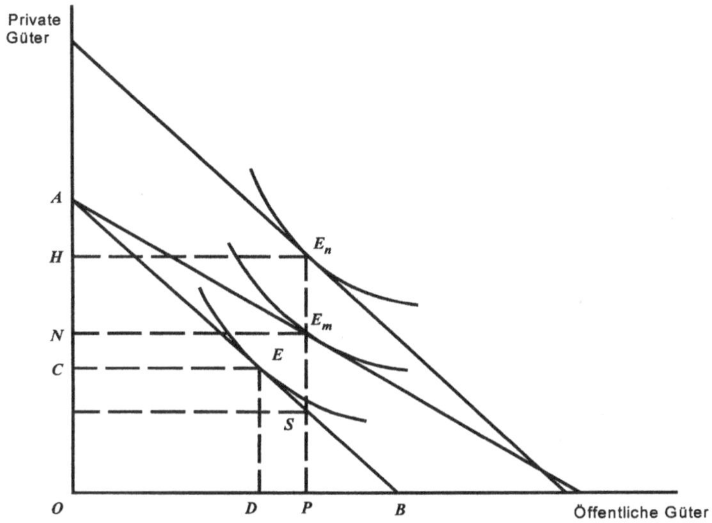

Quelle: In Anlehnung an MUSGRAVE, MUSGRAVE, KULLMER 1987, S. 29.

1.4.2.2 Allgemeine versus zweckgebundene Finanzzuweisungen

Nun wird ein Vergleich zwischen allgemeinen und zweckgebundenen Finanzzuweisungen angestellt. Wenn die Regierung die Ausgaben für ein spezielles öffentliches Gut X erhöhen möchte, wird eine zweckgebundene, an die Verwendung von X gebundene Zuweisung zur Sicherstellung der erhöhten Ausgaben für X mindestens ebenso effizient sein wie eine allgemeine Zuweisung mit gleichen Kosten, sie kann aber auch effizienter sein. Dies wird in Abb. 1.4 für den Fall einer nicht an Eigenleistungen gebundenen Zuweisung gezeigt.

Abb. 1.4: Vergleich allgemeiner und zweckgebundener Zuweisungen

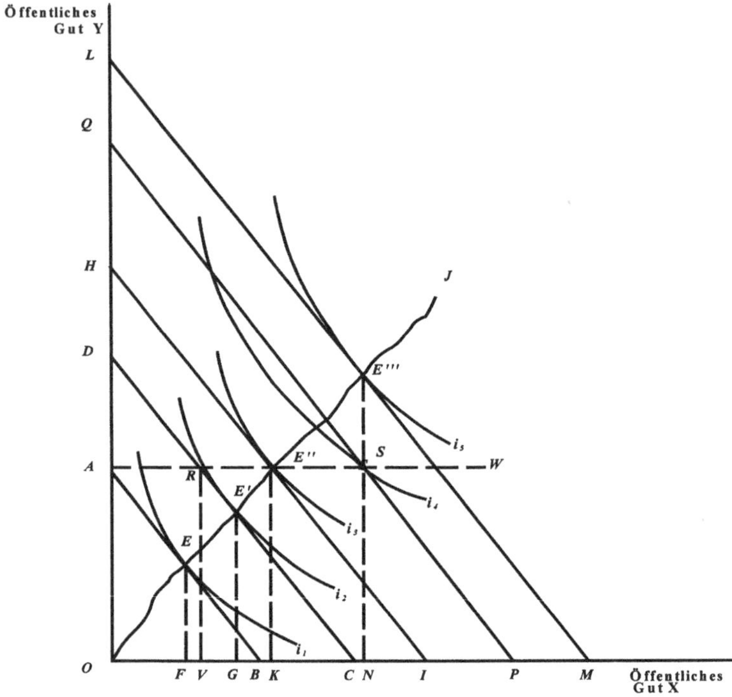

Quelle: In Anlehnung an MUSGRAVE, MUSGRAVE, KULLMER 1987, S. 30.

Das öffentliche Gut Y wird auf der Ordinate und das öffentlichen Gut X auf der Abszisse gemessen. AB ist die Budgetgerade der Gebietskörperschaft vor der Zuweisung mit einem Gleichgewicht bei E. Nun soll eine allgemeine Zuweisung gewährt werden, die die Budgetgerade nach DC verschiebt. Das Gleichgewicht verschiebt sich dann nach E´, die Käufe öffentlicher Güter X steigen auf OG und die Kosten der Zuweisung sind gleich BC[5]. Wenn der Zuweisungsgeber eine gleich hohe Zuweisung zweckgebunden für die Verwendung von X gewährt, wird nur der Abschnitt RC der

[5] Die Kosten können auch entlang der Y-Achse gemessen werden und betragen dann AD.

neuen Budgetgeraden für die Gebietskörperschaft verfügbar sein, das Gleichgewicht ist deshalb wiederum bei E´[6].

Beide Zuweisungsarten sichern den gleichen Anstieg der Bereitstellung von X. Diese Schlussfolgerung gilt auch, wenn die Regierung die Bereitstellung von X auf OH erhöht, weil sie eine allgemeine Zuweisung erhält, aufgrund derer die Budgetgerade nach HI verschoben wird. Allerdings liegen nun die Kosten bei BI. Wenn die Verwendung der Zuweisung auf X begrenzt wird, dann ist nur der Abschnitt E´´I der erhöhten Budgetgeraden für den Empfänger verfügbar, doch bleibt das Gleichgewicht bei E´´.

Die Situation ändert sich jedoch, wenn die Regierung weitergeht und die Bereitstellung von X beispielsweise auf ON erhöht. Nun verschiebt die allgemeine Zuweisung die Budgetgerade auf LM mit einem Gleichgewicht bei E´´´, bei Kosten in Höhe von BM. Wird eine zweckgebundene Zuweisung verwendet, verschiebt sich die Budgetgerade nur auf QP. Da nur der Abschnitt SP dem Empfänger zur Verfügung steht, wird der Punkt S gewählt, bei dem sich die Kosten der Zuweisung auf BP reduzieren[7]. Der Ansatz mit der zweckgebundenen Zuweisung wird weniger kostspielig, sofern die Bereitstellung von X über OK hinausgeht, wo die Einkommenskonsumgerade OJ und AW schneidet und die Bereitstellung von Y derjenigen gleicht, die entstanden wäre, wenn ursprünglich alle Ressourcen der Bereitstellung von Y zugeführt worden wären, ohne dass eine öffentliche Subvention erfolgt wäre.

Zusammengefasst lassen sich die folgenden Schlussfolgerungen bei einem Vergleich der Zuweisungsarten ziehen: Eine zweckgebundene Zuweisung ist im Vergleich zu einer allgemeinen Zuweisung effizienter, vor allem, wenn sie in Form einer an Eigenleistungen gebundenen Zuweisung erfolgt[8]. Sodann werden die Budgetkosten der Zuweisung minimiert, wenn eine an Eigenleistungen gebundene Zweckzuweisung verwendet wird, um eine gewünschte bestimmte öffentliche Leistung zu erhöhen (vgl. MUSGRAVE; MUSGRAVE; KULLMER 1987, S. 29 ff.).

---

[6] Eine Zuweisung, die für X zweckgebunden ist und BC kostet, kann in der Bewegung des Ursprungs nach rechts von O nach V dargestellt werden, wobei OV = BC. VR wird so die neue vertikale Achse und die effektive Budgetgerade wird durch RC wiedergegeben. Die Darstellung in Abb. 1.5 vereinfacht die Zusammenhänge zu sehr, weil sie nur eine Entscheidung zwischen zwei öffentlichen Gütern zeigt. Wir können uns eine dritte Achse vorstellen, die die Entscheidung für den Konsum privater Güter darstellt, ein Fall, bei dem eine zweckgebundene, an Eigenbeteiligungen gebundene Zuweisung für ein öffentliches Gut Abflüsse in zwei Richtungen aufweist.

[7] Wenn auch S genau wie E´´´ die Bereitstellung von X auf ON sichert, wird die empfangende Gebietskörperschaft doch bei E´´´ besser dastehen, weil S auf einer niedrigeren Indifferenzkurve liegt.

[8] Die Behauptung, der zweckgebundene Ansatz sei effizienter, wird damit begründet, dass die Regierung ihr Ziel der erhöhten Bereitstellung von X auf ON zu geringeren Kosten als bei zweckgebundenen Zuweisungen erreicht.

1.4.2.3 Eingehende Analyse unter konstanten Steuereinnahmen

Die bisherige Analyse bezieht sich auf eine Situation, in der (wie z.B. in den USA) die Lokalregierungen Steuergesetzgebungskompetenzen haben und in der Lage sind, die Steuersätze zu variieren. In vielen Ländern (z.B. in Deutschland und China) haben hingegen die lokalen Gebietskörperschaften kaum Steuergesetzgebungskompetenzen und daher keine Möglichkeit, die Steuersätze zu ändern. Fischer hat die Wirkungsanalyse für diesen zweiten Fall, d.h. bei der Annahme konstanter Steuereinnahmen, behandelt[9]. Nach Fischer schlagen sich die Finanzzuweisungen nur dann in einer Erhöhung des Angebotes an öffentlichen Gütern nieder, wenn die Steuersätze nicht geändert werden können. Dann gilt es zu untersuchen, wie sich die transferierten Mittel auf die verschiedenen öffentlichen Güter aufteilen. Deswegen wird das gesamte Bündel an öffentlichen Gütern zunächst in ein gefördertes Gut und in die übrigen von der empfangenden Körperschaft angebotenen, nicht geförderten öffentlichen Güter unterteilt (vgl. FISCHER 1996, S. 36 f.). Eine Analyse der verschiedenen Arten von Finanzzuweisungen führt zu folgenden Ergebnissen (vgl. Fischer 1996, S. 50 f.):

1) Durch keine Art der behandelten Finanzzuweisungen kann vermieden werden, dass die transferierten Mittel in eine andere Verwendung abfließen. Aber eine an Eigenleistungen gebundene Zweckzuweisung hat den geringsten Abfluss. Deshalb ist der Lenkungseffekt dieser Art der Finanzzuweisung hinsichtlich eines bestimmten Verwendungszwecks am größten.

2) Bezüglich des Einflusses einer Finanzzuweisung auf die Wohlfahrtssituation realisiert eine nicht an Eigenleistungen gebundene allgemeine Zuweisung mit denselben Kosten eine geringere Wohlfahrtserhöhung.

3) Je größer die Einkommenselastizität der Nachfrage nach einem öffentlichen Gut ist, desto höher ist die mit einer Finanzzuweisung erreichbare Steigerung der öffentlichen Ausgaben.

Deshalb kann an dieser Stelle eine wichtige Schlussfolgerung gezogen werden: Sowohl bei variablen als auch bei konstanten Steuersätzen stellt eine an Eigenleistungen gebundene Zweckzuweisung bei gegebenem Versorgungsziel bezüglich eines bestimmten öffentlichen Gutes_eine effizientere Zuweisung mit den geringsten Budgetkosten dar.

---

[9] Zur konkreten Analyse siehe FISCHER 1996, S. 37 ff.

1.4.3 Ziele des Finanzausgleichs im engeren Sinne

In der Literatur werden u.a. die folgenden sechs wesentlichen ökonomischen Ziele des Finanzausgleichs erwähnt. Die ersten zwei Ziele beziehen sich auf den Bereich der Allokation; die folgenden zwei Ziele auf den Bereich der Einkommensverteilung und die letzten beiden Ziele auf den Bereich der Stabilisierung.

1.4.3.1 Allokationsziele

(1) Kompensation externer Effekte (Spillover-Effekte)

Eine optimale Allokation der Produktionsfaktoren durch den Markt wird bei externen Effekten verhindert, da ein Unterschied zwischen individuellen Grenznutzen (-kosten) und sozialen Grenznutzen (-kosten) existiert. Die konkrete Erläuterung und die klassische Lösung des Externalitätenproblems bei privaten Gütern stammen von Pigou (vgl. PIGOU 1932, S. 172 ff.). Dies kann mit Hilfe von Abb. 1.5 verdeutlicht werden.

Bei der Entscheidung über das Konsumniveau eines Gutes X mit externem Nutzen berücksichtigt der Konsument nur seinen individuellen Grenznutzen, der mit der Kurve MPP erfasst wird. Um einen maximalen Nutzen zu erhalten, wird die Konsummenge in Höhe von OA gewählt, bei der der Marktpreis, der unter Wettbewerbsbedingungen vom einzelnen Marktteilnehmer nicht beeinflussbar ist und sowohl den Grenzkosten des Anbieters als auch dem individuellen Grenznutzen entspricht.

Abb. 1.5: Pigou-Subvention für Leistungen mit externen Nutzen

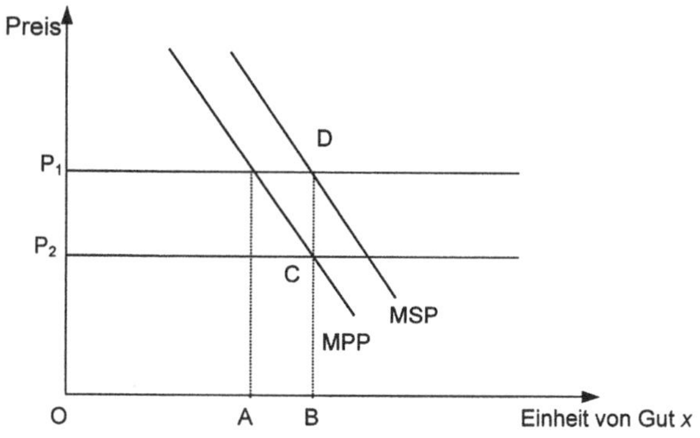

Quelle: In Anlehnung an OATES 1972, S. 67.

Weil das Gut X auch einen Nutzen an andere Wirtschaftssubjekte abgibt, den der Konsument bei seiner Entscheidung aber nicht berücksichtigt, ist der soziale Grenznutzen größer als der individuelle Grenznutzen. Der soziale Grenznutzen wird durch die Kurve MSP repräsentiert, die oberhalb von MPP verläuft. Das Nutzenmaximum für die Gesamtwirtschaft liegt dann bei der Menge OB, bei der der Marktpreis gleich dem sozialen Grenznutzen ist. Entsprechend der individuellen Grenznutzenkurve müsste der Marktpreis auf P_2 gesenkt werden, damit der optimale Umfang des Gutes X konsumiert wird.

Wie kann nun der Konsument veranlasst werden, die gesamtwirtschaftlich optimale Menge des Gutes X zu konsumieren? Eine Lösung besteht darin, dass dem jeweiligen Konsumenten eine Subvention pro Stück des konsumierten Gutes gewährt wird, die gleich CD ist und der Differenz zwischen dem sozialen und dem individuellen Grenznutzen entspricht. Dadurch würde der Nettopreis für X auf P_2 verringert. Der gleiche Betrag kann in Form einer Subvention in derselben Höhe an den Anbieter gegeben werden. Dadurch sinken die Grenzkosten um genau diesen Betrag und somit wird der gewünschte Marktpreis erreicht (vgl. FISCHER 1988, S. 64 f.).

Auch öffentliche Güter können positive externe Effekte abgeben, wenn ihre Bereitstellung durch eine Lokalregierung nicht nur der eigenen Region, sondern auch den anderen Regionen Nutzen bringt. Da eine lokale Körperschaft bei der Entscheidung über die Bereitstellung eines lokalen öffentlichen Gutes nur den Nutzen der Einwohner in der einheimischen Region und keine positiven externe Effekte berücksichtigt, kommt es zu Allokationsverzerrungen.

Die Überlegungen von Pigou für den individuellen Konsumenten zur Lösung des Externalitätenproblems privater Güter können auch auf den öffentlichen Sektor übertragen werden, indem die Kurve des individuellen Grenznutzens MPP in der Abb. 1.5 jetzt die Summe der an die Einwohner der lokalen Körperschaft fließenden Grenznutzen darstellt. Die Differenz zwischen MSP und MPP in Höhe von CD entspricht der Summe der an Outsider abfließenden Grenznutzen (vgl. OATES 1972, S. 72; FISCHER 1988, S. 65). Um diese Nutzen zu internalisieren, ist eine Korrektur erforderlich (vgl. MUSGRAVE; MUSGRAVE; KULLMER 1987, S. 18), und zwar die Zahlung einer Finanzzuweisung, die als „Pigou-Subvention" bezeichnet werden kann (vgl. OATES 1972, S. 72; FISCHER 1988, S. 65), an diejenige lokale Körperschaft, die das öffentliche Gut bereitstellt.

(2) Förderung von meritorischen öffentlichen Gütern

Unter dem von Musgrave geprägten Begriff „meritorische Güter" versteht man Güter, deren positiver Nutzen von den Begünstigten unterschätzt wird. Deshalb sollen die politischen Entscheidungsträger die Bereitstellung solcher Güter fördern (vgl.

MUSGRAVE 1969 14 ff.; ANDEL 1998, S. 425). Meritorische Güter beziehen sich sowohl auf private als auch auf öffentliche Güter. Unter allokationspolitischen Gesichtspunkten können die Finanzzuweisungen auch dazu eingesetzt werden, die Versorgung mit meritorischen öffentlichen Gütern zu beeinflussen.

Bei der Beurteilung über ein von der Lokalregierung bereitgestelltes öffentliches Gut gehen die Ansichten der Zentral- und der Lokalregierung manchmal auseinander. Wenn die Nutzung eines öffentlichen Gutes von der Zentralregierung höher eingeschätzt wird als von der Lokalregierung, ist das Gut ein meritorisches öffentliches Gut geworden. Weil die Lokalregierung den Nutzen des Gutes für die eigene Region nicht vollständig erkennt oder der Nutzen aus der Sicht der Zentralregierung unterschätzt, bietet sie das Gut in zu geringem Umfang an. Die Lokalregierung hat allerdings keine Anreize, ihre Abweichung von der optimalen Allokation zu berichtigen. In diesem Fall ist eine Finanzzuweisung eine effektive Methode, mit der die Zentralregierung das zu geringe Angebot der Lokalregierung bei der Allokation korrigieren kann.

Die Finanzzuweisungen sollten i.d.R. zur Förderung des Angebotes folgender öffentlicher Güter gewährt werden:

1) Der Nutzen eines öffentlichen Gutes wird von den Begünstigten der betreffenden Region unterschätzt. Um eine bessere Entscheidung zu treffen, ist es nötig, dass der Konsum des Gutes vorläufig erzwungen wird (vgl. MUSGRAVE; MUSGRAVE 1976, S. 65).

2) Ein öffentliches Gut begünstigt Nicht-Wähler, was aber von den Wählern unberücksichtigt bliebt. Beispielsweise wäre es möglich, dass sich die Erwachsenen als Wähler für zu niedrige Haushaltsausgaben für die Schulbildung entscheiden.

3) Ein öffentliches Gut wird nur von der Minderheit der Bürger einer begünstigten Region in Anspruch genommen und deswegen auf zu niedrige Dienstleistungen angeboten. Beispiele dafür sind Museen, Bibliotheken und Galerien (vgl. MUSGRAVE; MUSGRAVE 1976, S. 628).

1.4.3.2 Distributionsziele

Finanzzuweisungen können auch als Korrekturinstrument dienen, um einen Ausgleich zwischen „Bedürftigkeit“ (Finanzbedarf) und „Leistungsfähigkeit“ (Finanzkraft) einer Körperschaft zu erreichen. Hier wird vom Ziel der fiskalischen Gleichheit (fiscal equity) oder der fiskalischen Gerechtigkeit gesprochen. Mit Finanzzuweisungen können sowohl vertikale als auch horizontale Ungleichheit korrigiert werden.

(1) Realisierung horizontaler fiskalischer Gleichheit

In diesem Abschnitt wird die Korrektur horizontaler Ungleichheit, also regionaler Disparitäten bei der Bereitstellung öffentlicher Leistungen, behandelt.

Unterschiede bezüglich der geographischen Lage, der Ausstattung mit Naturressourcen und der Wirtschaftsentwicklung sind die wesentlichen Ursachen für eine unterschiedliche regionale Finanzkraft. Gleichzeitig gibt es in den verschiedenen Körperschaften auch einen unterschiedlichen Finanzbedarf: So müssen die Lokalregierungen in manchen Regionen wegen eines größeren Anteils armer und minderjähriger Einwohner mehr Sozialhilfe gewähren. Unterschiede in der Finanzlage führen dazu, dass manche Regionen trotz gleicher Steuererhebungsanstrengung nur ein unterdurchschnittliches Niveau an öffentlichen Gütern bereitstellen können. Deshalb entstehen innerhalb eines Landes regionale Disparitäten im Bereitstellungsniveau öffentlicher Leistungen. Diese Differenzen stehen im Widerspruch zum Prinzip der horizontalen fiskalischen Gerechtigkeit und können, wie im Folgenden noch erläutert werden soll, zusätzlich zu Effizienzverlusten führen.

Im vorliegenden Zusammenhang bezieht sich horizontale fiskalische Gleichheit v.a. auf die „Gleichbehandlung von Wirtschaftssubjekten in gleichen ökonomischen Umständen“[10] (equal treatment for equals), ein zuerst von Buchanan verwendeter Begriff (vgl. BUCHANAN 1950, S. 583). Er meinte, dass eine gerechte Besteuerung dem Prinzip folgen soll, dass Wirtschaftssubjekte in gleichen ökonomischen Umständen die gleiche steuerliche Belastung tragen sollen (vgl. BUCHANAN 1950, S. 583). Allerdings wies Buchanan auch darauf hin, dass die fiskalische Gerechtigkeit nicht nur bei der Besteuerung selbst berücksichtigt werden darf, sondern auch bei der Zurechnung der Nutzen aus öffentlichen Gütern sowie den Kosten, die dafür anfallen. Die Differenz zwischen dem Nutzen, den ein Wirtschaftssubjekt aus öffentlichen Leistungen erhält, und der Steuerlast, die es dafür trägt, bezeichnet Buchanan als „fiskalischen Restwert“ (fiscal residuum). Der fiskalische Restwert kann positiv oder negativ sein (vgl. BUCHANAN 1950, S. 588).

Nach dem Prinzip der fiskalischen Gerechtigkeit soll Wirtschaftssubjekten in gleichen ökonomischen Umständen ein identischer fiskalischer Restwert zukommen. Erhalten Wirtschaftssubjekte in gleichen ökonomischen Umständen unterschiedliche fiskalische Restwerte, so liegt horizontale fiskalische Ungerechtigkeit vor. Wenn es in einem Land nur eine Zentralregierung gibt, die für die Besteuerung und Bereitstellung der öffentlichen Leistungen zuständig ist, im ganzen Land der gleiche Steuersatz gilt

[10] Als Indikatoren für die Beurteilung der „ökonomischen Umstände“ können die Höhe des Nominaleinkommens und das Vermögen unter Berücksichtigung der Familienverhältnisse dienen (vgl. BUCHANAN 1950, S. 587).

und ein gleiches Niveau an öffentlichen Leistungen bereitgestellt wird, kann nach objektiven Maßstäben keine horizontale Ungerechtigkeit entstehen. In einem mehrstufigen Finanzsystem jedoch erheben die verschiedenen Regierungsebenen in ihren Regionen Steuern und stellen öffentliche Leistungen bereit. In diesem Fall kann fiskalische Ungerechtigkeit aufgrund von Unterschieden in der Finanzkraft oder in den Kosten der Bereitstellung der öffentlichen Leistungen entstehen. Dann können Wirtschaftssubjekte in gleichen ökonomischen Umständen in unterschiedlichen Wohnorten unterschiedliche fiskalische Restwerte haben. Wirtschaftssubjekte in reichen Körperschaften haben dann höhere fiskalische Restwerte als Wirtschaftssubjekte in armen Körperschaften (vgl. BUCHANAN 1950, S. 591 ff.). Mit folgender Tabelle wird dies von Buchanan erläutert (vgl. Tab. 1.2).

Tab. 1.2: Analyse der fiskalischen Restwerte

Fiskalische Restwerte vor Finanzzuweisungen										
Person	(1) Einkommen (in US-$)	(2) Steuerbetrag (in US-$)	(3)	(4)	(5) Nutzen (in US-$)	(6)	(7)	(8) Restwerte (in US-$)	(9)	(10)
		Zentralregierung	Lokalregierung	Gesamt	Zentralregierung	Lokalregierung	Gesamt	Zentralregierung	Lokalregierung	Gesamt
A_1	10.000	1.000	1.000	2.000	550	700	1.250	-450	-300	-750
A_2	10.000	1.000	1.000	2.000	550	700	1.250	-450	-300	-750
A_3	1.000	100	100	200	550	700	1.250	+450	+600	-1.050
B_1	10.000	1.000	1.000	2.000	550	400	950	-450	-600	-1.050
B_2	1.000	100	100	200	550	400	950	+450	+300	+750
B_3	1.000	100	100	200	550	400	950	+450	+300	+750
Fiskalische Restwerte nach Finanzzuweisungen										
A_1	10.000	1.273	1.000	2.273	550	700	1.250	-723	-300	-1.023
A_2	10.000	1.273	1.000	2.273	550	700	1.250	-723	-300	-1.023
A_3	1.000	127	100	227	550	700	1.250	+423	+600	+1.023
B_1	10.000	1.273	1.000	2.273	550	700	1.250	-723	-300	-1.023
B_2	1.000	127	100	227	550	700	1.250	+423	+600	+1.023
B_3	1.000	127	100	227	550	700	1.250	+423	+600	+1.023

Quelle: ARONSON 1985, S. 164.

Für die Berechnungen in Tabelle 1.2 wird angenommen, dass ein Regierungssystem aus einer Zentralregierung und zwei Lokalregierungen, A und B, besteht. Die lokale Gebietskörperschaft A hat drei Einwohner (A_1, A_2 und A_3) und ist reicher als die lokale Gebietskörperschaft B, die ebenfalls drei Einwohner (B_1, B_2 und B_3) hat. Die Finanzkraft der lokalen Gebietskörperschaften bemisst sich nach dem Einkommen ihrer Einwohner. Das Einkommen jedes Einwohners wird in Spalte (1) aufgeführt. Es wird weiterhin angenommen, dass die Zentralregierung ihre öffentlichen Leistungen durch Steuereinnahmen mit einem gleichen Steuersatz in Höhe von 10% finanziert. A_1, A_2 und B_1 haben das gleiche Einkommen und zahlen nach dem Prinzip „Gleichbehandlung von Wirtschaftssubjekten in gleichen ökonomischen Umständen" jeweils einen identischen Steuerbetrag in Höhe von 1.000 US-$ (vgl. Spalte (2)).

Der Nutzen der jedem Einwohner zufließenden öffentlichen Leistungen ist schwierig zu berechnen; es wird vereinfachend angenommen, dass jeder Einwohner den gleichen Nutzen aus den öffentlichen Leistungen erhält. So ergibt sich der Nutzen pro Einwohner, indem die gesamten Kosten der öffentlichen Leistungen durch die Zahl der Einwohner geteilt werden. Er beträgt bezüglich der von der Zentralregierung bereitgestellten öffentlichen Leistungen 550 US-$ (vgl. Spalte (5)). Die Aktivität der Zentralregierung entspricht dem Prinzip der horizontalen fiskalischen Gleichheit. Die drei reichen Einwohner A_1, A_2 und B_1 bezahlen den gleichen Steuerbetrag und erhalten den gleichen Nutzen. Ihr fiskalischer Restwert ist –450 US-$ (vgl. Spalte (8)). Ebenso wie die Reichen werden auch die Armen gerecht behandelt: Jeder bezahlt 100 US-$ an Steuern (vgl. Spalte (2)) und erhält 550 US-$ an Nutzen (vgl. Spalte (5)), so dass sich ein fiskalischer Restwert von jeweils +450 US-$ ergibt (vgl. Spalte (8)).

Werden die Aktivitäten der lokalen Gebietskörperschaften berücksichtigt, so entsteht eine fiskalische Ungerechtigkeit. Durch Besteuerung ihrer Einwohner mit einem Steuersatz in Höhe von 10% erhält die lokale Gebietskörperschaft A Steuereinnahmen in Höhe von 2.100 US-$ und kann somit jedem ihrer Einwohner einen Nutzen in Höhe von 700 US-$ gewähren (vgl. Spalte (6)). Allerdings kann die lokale Gebietskörperschaft B jedem ihrer Einwohner nur einen Nutzen in Höhe von 400 US-$ bieten, wenn sie ebenfalls ihre Einwohner mit einem Steuersatz in Höhe von 10% besteuert, da das durchschnittliche Einkommen in A höher als das in B ist. Der lokale fiskalische Restwert ist für A_1 und A_2 –300 US-$, während er für B_1 –600 US-$ beträgt. Die Armen werden ebenfalls ungerecht behandelt. A_3 bezahlt eine lokale Steuer in Höhe von 100 US-$, erhält 700 US-$ Nutzen und hat einen lokalen fiskalischen Restwert von 600 US-$. B_2 und B_3 bezahlen auch 100 US-$ Steuer, bekommen aber nur einen Nutzen von 400 US-$. Ihr fiskalischer Restwert beträgt daher nur 300 US-$. Spalte (10) zeigt die Gesamtsumme von zentralem und lokalem Restwert. Es ist eindeutig, dass die Ungleichheit auf die Lokalregierung und nicht auf die Zentralregierung zurückzuführen ist.

Aus einer anderen Sicht behandelte auch Aronson die Frage der horizontalen fiskalischen Gerechtigkeit (vgl. ARONSON 1985, S. 166). Er argumentierte, dass horizontale finanzielle Ungleichheit durch interregionale Migration zu Ineffizienz führen kann. Unter einem mehrstufigen Finanzsystem erhalten Menschen in der gleichen Lage regional unterschiedliche öffentliche Leistungen. D.h. um ein gleiches Bereitstellungsniveau an öffentlichen Leistungen zu bekommen, müssen die Menschen in armen Regionen mehr Steuern als diejenigen in reichen Regionen bezahlen oder sie erhalten weniger öffentliche Leistungen bei gleicher Steuerlast. In diesem Fall kommt es zu Wanderungsbewegungen von den armen zu den reichen Regionen. Diese Wanderungen führen erstens zur Vergrößerung der vorherigen Ungleichheit, weil die Disparität der Steuerbasis sich zwischen den armen und reichen Regionen vergrößert, und zweitens zu Effizienzverlusten, da die Ressourcen in Form einer übermäßigen Zuwanderung in die reichen Regionen verlagert werden (vgl. OATES 1972, S. 83). Mit der „Technik der fiskalischen Landkarte“ (fiscal map technique) erläutert Aronson sein Argument. Abb. 1.6 stellt eine „fiskalische Landkarte“ einer hypothetischen Großstadt dar, die aus drei Gemeinden A, B und C besteht, deren effektive Steuersätze und Pro-Kopf-Ausgaben in Beziehung zueinander gesetzt werden. B und C haben eine größere Steuerbasis als A, d.h. das Pro-Kopf-Einkommen und (oder) der Vermögenswert in B und C sind höher als in A. A und B erheben den gleichen Steuersatz, aber B bietet mehr öffentliche Güter an als A. A und C liefern ihren Einwohnern das gleiche Niveau an öffentlichen Leistungen, aber der Steuersatz in C ist niedriger als der in A. Wenn es nun zu Wanderungsbewegungen kommt, wird die Zahl der Bevölkerung in B und C im Vergleich zu A steigen. Wir nehmen nun an, dass die Reichen mobiler sind als die Armen. Dabei verfügen die Reichen über ein überdurchschnittliches, die Armen über ein unterdurchschnittliches Einkommen oder Vermögen. Wenn die Reichen von A nach B und C wandern, werden Pro-Kopf-Einnahmen und Vermögenswerte in A fallen. Wie wird diese Veränderung die Steuerbasis in A beeinflussen? Wenn die Einwohner in A keine Änderung ihres Steuersatzes wollen, müssen Einnahmen und Ausgaben fallen.

Abb. 1.6: Fiskalische Landkarte einer hypothetischen Großstadt

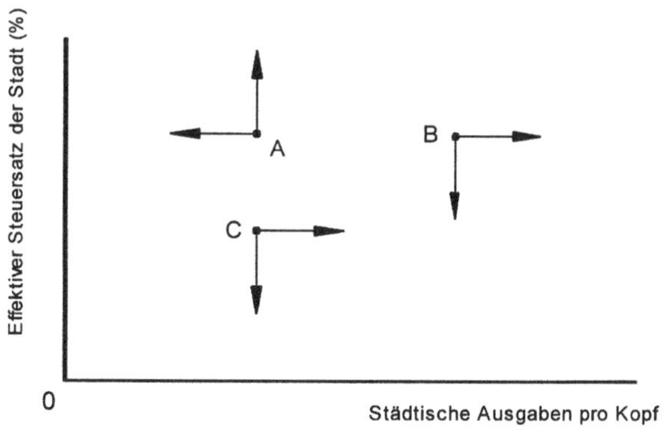

Quelle: ARONSON 1985, S. 166.

Möchte A das ursprüngliche Niveau der Pro-Kopf-Ausgaben beibehalten, muss der Steuersatz erhöht werden. Die Pfeile in Abb. 1.6 zeigen, wie sich die Position von A auf der Landkarte als Folge der Abwanderung der Reichen verschieben kann. Durch die Zuwanderung der Reichen nach B oder C entsteht ein gegensätzlicher Effekt. Wenn die Politiker entscheiden, den vorherigen Steuersatz konstant zu halten, werden dort die Pro-Kopf-Einnahmen und -Ausgaben zunehmen. Soll das vorherige Niveau der Pro-Kopf-Ausgaben erhalten werden, kann der Steuersatz sinken. Die Pfeile aus B und C zeigen die möglichen Verschiebungsrichtungen ihrer Positionen auf der Grafik als Konsequenz der Zuwanderung der Reichen. Die Wanderungsbewegungen der Reichen haben die Steuerbasis in A verringert und in B und C vermehrt, so dass sich der Unterschied der Pro-Kopf-Einnahmen zwischen den drei Gemeinden weiter vergrößert (vgl. ARONSON 1985, S. 166 f.).

Durch Finanzzuweisungen vom Zentralstaat an die armen Regionen kann horizontale finanzielle Gerechtigkeit angestrebt werden (vgl. OATES 1972, S. 84). Tabelle 1.2 verdeutlicht, wie das Problem der horizontalen fiskalischen Ungleichheit mit Finanzzuweisungen gelöst werden kann. Der untere Teil von Tabelle 1.2 zeigt die fiskalischen Restwerte nach der Zahlung einer Finanzzuweisung in Höhe von 900 US-$ an die lokale Gebietskörperschaft B. Die Zentralregierung erhöht ihren Steuersatz von 10% auf 12,73%, so dass sie von A_1, A_2 und B_1 Steuereinnahmen in Höhe von jeweils 1273 US-$ und von A_3, B_2 und B_3 in Höhe von jeweils 127 US-$ erhält. Mit den zusätzlichen Steuereinnahmen in Höhe von 900 US-$ kann die Zentralregierung die Finanzzuweisung an die lokale Gebietskörperschaft B finanzieren. Der zusätzliche Nutzen der Finanzzuweisung wird gleichmäßig auf die Einwohner in B verteilt. So liegen die Pro-Kopf-Nutzen in B jetzt bei 700 US-$. Auf diese Weise kann ein identischer fiskalischer Restwert für Wirtschaftssubjekte in gleichen ökonomischen Umständen erreicht werden: Jetzt haben A_1, A_2 und B_1 einen gleich hohen Restwert in Höhe von jeweils -1023 US-$, während A_3, B_2 und B_3 ebenfalls einen identischen Restwert in Höhe von jeweils +1023 US-$ haben (vgl. ARONSON 1985, S. 166).

(2) Realisierung vertikalen fiskalischen Gleichgewichts

In diesem Abschnitt wird eine Betrachtung des Grundsatzes der vertikalen fiskalischen Gleichheit vorgenommen.

In manchen Ländern behält die Zentralregierung den Großteil der Steuerbasis bzw. die Einnahmen der Zentralregierung machen den wesentlichen Teil der gesamten öffentlichen Einnahmen aus. Im Ergebnis können Lokalregierungen ihren Bedarf aus Eigenmitteln nicht decken, so dass es zu einer fiskalischen Lücke kommt. Dieser Fall wird als „vertikale fiskalische Ungleichheit" bezeichnet. Existiert bei den Lokalregierungen eine solche fiskalische Lücke, so hat die Zentralregierung i.d.R. vier Alternativen zur Lösung dieses Problems:

1) Die Zentralregierung ermächtigt die Lokalregierungen, bestehende Gebühren zu erhöhen oder neue Arten von Gebühren zu erheben.

2) Die Zentralregierung ermächtigt die Lokalregierungen, die Steuersätze zu erhöhen oder neue Arten von Steuern zu erheben.

3) Bestimmte Steuern werden als Gemeinschaftssteuern ausgestaltet und zwischen der Zentralregierung und den lokalen Regierungen aufgeteilt.

4) Die Zentralregierung gibt den Lokalregierungen Finanzzuweisungen.

Weil die ersten drei Maßnahmen in der Praxis auf politische Widerstände oder technische Schwierigkeiten stoßen, wird primär die letzte Methode, die Vergabe der Finanzzuweisungen an die Lokalregierungen, angewendet (vgl. ZHONG 1998, S. 35 ff.; MA 1998, S. 4).

1.4.3.3 Stabilisierungsziele

(1) Finanzzuweisungen als konjunkturpolitisches Instrument

Eine aktive, keynesianisch begründete Konjunkturpolitik zielt auf die Verringerung der Schwankungen im Auslastungsgrad des Produktionspotentials ab (vgl. FISCHER 1996, S. 137). Zu diesem Zweck soll eine antizyklische Politik durchgeführt werden. Zur Bekämpfung hoher Arbeitslosigkeit (Unterbeschäftigung) z.B. müssen also die öffentlichen Ausgaben in der Rezession erhöht und die Steuererhebung verringert werden. Dies führt u.U. zur Entstehung eines Budgetdefizits. Die Zentralregierung kann das Defizit durch Staatsanleihen decken; die Lokalregierungen dagegen dürfen i.d.R. keine Kredite aufnehmen. Unter dem Druck des von der hohen Arbeitslosigkeit verursachten Rückgangs der Steuereinnahmen werden die Lokalregierungen deshalb zur Ausgabenverringerung oder zu Steuererhöhungen gezwungen, was jedoch auf eine prozyklische Politik hinausläuft. Eine antizyklische Variation der Finanzzuweisungsbeträge kann das Problem lösen, indem bei einem Abschwung die Finanzzuweisungsbeträge an die lokalen Gebietskörperschaften erhöht und im Aufschwung verringert werden (vgl. FISCHER 1996, S. 123; ALVIN, HARVEY 1944, Kap. 4[11]).

(2) Finanzzuweisungen als wachstumspolitisches Instrument

Das Wachstumsziel ist darauf ausgerichtet, das gesamtwirtschaftliche Produktionspotenzial stetig und angemessen zu vergrößern. Dabei orientiert sich die Wachs-

---

[11] Zit. Nach ZHONG 1998, S. 52.

tumspolitik primär an der Ausstattung einer Volkswirtschaft mit Produktionsfaktoren, v.a. Arbeitskräfte und Kapital, wobei sowohl eine Vergrößerung als auch eine effizientere Ausnutzung des Faktorbestandes angestrebt wird. Mit Hilfe der Finanzpolitik kann der Staat dazu beitragen, die Qualifikation der Arbeitskräfte zu verbessern und insbesondere den Produktionsfaktor Kapital zu fördern. Die Vergabe zweckgebundener Zuweisungen in Bereichen wie Bildungs- und Gesundheitswesen sowie Ausbildungsförderung können das Qualifikationsniveau der Arbeitskräfte beeinflussen. Oder der Staat tätigt Investitionen in die Infrastruktur als Vorleistung für private Investitionen (vgl. FISCHER 1996, S. 137 f.). Durch Vergabe zweckgebundener Zuweisungen insbesondere an die armen Regionen kann hier die Grenzproduktivität der Infrastruktur erhöht oder verbessert und dadurch die gewünschten Effekte auf das Wirtschaftswachstum erzielt werden.

1.4.4 Wahl der geeigneten Zuweisungsinstrumente

In den vorhergehenden Abschnitten wurden die unterschiedlichen Arten von Finanzzuweisungen und die Ziele des Finanzausgleichs abgehandelt. Zur Realisierung der genannten Ziele müssen geeignete Zuweisungsinstrumente ausgewählt werden. Dies hat Musgrave eingehend analysiert (vgl. MUSGRAVE, MUSGRAVE, KULLMER 1987, S. 24).

Zunächst werden die verschiedenen Zuweisungsarten von Musgrave nach folgenden Kriterien unterschieden: (1) Ist die Finanzzuweisung allgemein oder zweckgebunden? (2) Ist die Finanzzuweisung an Eigenleistungen gebunden oder ungebunden? (3) Ist sie auf den Finanzbedarf der empfangenden Gebietskörperschaft abgestellt?

Gruppiert man die Zuweisungen nach diesen drei Kriterien, so erhält man acht Typen von Zuweisungen, die in Tab. 1.3 aufgeführt werden:

Tab. 1.3: Formen der Zuweisungen

	Bedarfsunabhängige	Bedarfsabhängige
Allgemeine Zuweisungen:		
Nicht an Eigenleistungen gebunden	Typ 1	Typ 5
An Eigenleistungen gebunden	Typ 2	Typ 6
Zweckgebundene Zuweisungen:		
Nicht an Eigenleistungen gebunden	Typ 3	Typ 7
An Eigenleistungen gebunden	Typ 4	Typ 8

Quelle: MUSGRAVE; MUSGRAVE; KULLMER 1987, S. 24.

Die unterschiedlichen Ziele des Finanzausgleichs können jeweils mit einem oder mit mehreren dieser acht Typen von Finanzzuweisungen realisiert werden (vgl. MUSGRAVE, MUSGRAVE, KULLMER 1987, S. 24 f.):

- Das Ziel der Korrektur externer Effekte wird am besten durch Typ 4 erfüllt, bei dem die Rate der Finanzhilfe gleich dem Verhältnis des externen zum internen Nutzenniveau ist.

- Das Ziel der Bereitstellung meritorischer Güter wird am besten durch Typ 2 oder Typ 4 realisiert.

- Gleichheitsbestrebungen verlangen nach Finanzzuweisungen vom Typ 5, vorausgesetzt, die Entscheidung zwischen öffentlichen und privaten Gütern auf der unteren Ebene soll nicht beeinflusst werden, oder nach Typ 6, wenn sie beeinflusst werden soll.

- Eine gleichzeitige Verwirklichung der Ziele einer optimalen Bereitstellung von meritorischen Gütern und der Gleichheit wird durch die Typen 7 und 8 erfüllt.

- Typ 1 kann einer Politik dienen, die auf die Vermeidung von Verzerrungen und Effizienzkosten abzielt, die aus Steuerstrukturunterschieden zwischen Gebietskörperschaften der unteren Ebene entstehen, indem sie einheitliche zentrale Steuern erhebt und das Aufkommen an die ursprünglichen Gebietskörperschaften zurückfließen lässt.

- Typ 8 kann dazu verwendet werden, das Steueraufkommen aus den unteren Ebenen durch umverteilend wirkende Zentralsteuern zu ersetzen.

- Typ 3 und 4 können als konjunkturpolitisches Instrument dienen (vgl. FISCHER 1996, S. 123).
- Das wachstumspolitische Ziel kann durch die Typen 7 und 8 gefördert werden (vgl. FISCHER 1996, S. 138).

1.4.5 Ermittlung der Finanzzuweisungen

In diesem Abschnitt wird der letzte, aber ein sehr wesentlicher Aspekt des Finanzausgleichs behandelt: Wie sind die Finanzzuweisungen quantitativ auf die lokalen Gebietskörperschaften zu verteilen? Zur Beantwortung dieser Fragstellung werden im Folgenden verschiedene in der Literatur vorgeschlagene Modelle dargestellt und bewertet.

1.4.5.1 Modell zur Ermittlung der Finanzzuweisungen

Auf der Basis der Erfahrungen in verschiedenen Ländern hat Ma vier Modelle zur Ermittlung der Finanzzuweisungen entwickelt (vgl. MA 1998, S. 67):

(1) Modell I

Dieses Modell berücksichtigt sowohl die Unterschied der Finanzkraft als auch die Unterschied des Finanzbedarfs der verschiedenen lokalen Gebietskörperschaften. Es besteht aus der folgenden Gleichung:

$$TR_i = N_i - C_i - OTR_i$$

wobei
TR_i: Finanzzahlung an Gebietskörperschaft i;
N_i: Finanzbedarf der Gebietskörperschaft i;
C_i: Finanzkraft der Gebietskörperschaft i;
OTR_i: andere Zuweisungen von der Zentralregierung an Gebietskörperschaft i.

Das Modell besagt, dass eine Finanzzuweisung an eine lokale Gebietskörperschaft das Defizit zwischen ihrem Finanzbedarf und ihrer Finanzkraft decken sollte, um zu gewährleisten, dass alle lokalen Gebietskörperschaften bei einem rationalen Steuersatz ein rationales Niveau an öffentlichen Dienstleistungen bereitstellen können.

Dieses Modell wird v.a. in Australien, Deutschland, Japan, Südkorea und Großbritannien verwendet. Es ist ein an Daten anspruchsvolles Modell. In einigen Industrieländern benutzt man Dutzende, manchmal sogar Hunderte von Bestimmungsfaktoren, den Finanzbedarf zu ermitteln. Falls ein Entwicklungsland das Modell anwenden möchte, kann es auch weniger Faktoren zur Ermittlung des Finanzbedarfs verwenden (vgl. MA 1998, S. 67).

Ein weiteres Problem muss bei diesem Modell gelöst werden: Die durch die oben genannte Formel ermittelte gesamte Finanzzuweisung an die lokalen Gebietskörperschaften ist die „erforderliche Finanzzuweisung" derselben, die die Finanzzuweisung über- oder unterschreiten könnte, die die Zentralregierung den lokalen Gebietskörperschaften zuweisen kann. Wie kann nun gewährleistet werden, dass die „erforderliche Finanzzuweisung" der „aktuellen Finanzzuweisung" entspricht? Dafür gibt es i.d.R. drei Lösungen (vgl. MA 1998, S. 67 f.):

a) Wenn angenommen wird, dass TT die gesamte Finanzzuweisung ist, die die Zentralregierung den lokalen Gebietskörperschaften zuweisen kann, dann ist die aktuelle Finanzzuweisung an Gebietskörperschaft i :

$$ATR_i = (TT / \sum_i TR_i)\, TR_i$$

wobei
ATR_i: aktuelle Finanzzuweisung an Gebietskörperschaft i;
TR_i: Finanzzahlung an Gebietskörperschaft i.

b) Es kann auch die folgende Formel verwendet werden:

$$TR_i = a\,(N_i - C_i) - OTR_i$$

wobei
a: Koeffizient, der so festzustellen ist, dass $TT = \sum_i TR_i$;
N_i: Finanzbedarf der Gebietskörperschaft i;
C_i: Finanzkraft der Gebietskörperschaft i;
OTR_i: Andere Zuweisungen von der Zentralregierung an Gebietskörperschaft i.

c) Als eine andere Lösung kann man Standardzuschüsse einführen:

$$TR_i = ST_i + N_i - C_i - OTR_i$$

wobei
ST_i: Standardzuschüsse an Gebietskörperschaft i; ST_i = Zahl der Bevölkerung der Gebietskörperschaften i x einheitliche Pro-Kopf-Zuschüsse im ganzen Land;
N_i: Finanzbedarf der Gebietskörperschaft i;
C_i: Finanzkraft der Gebietskörperschaft i;
OTR_i: Andere Zuweisungen von der Zentralregierung an Gebietskörperschaft i.

(2) Modell II

Modell II berücksichtigt nur die Unterschied der Finanzkraft, nicht jedoch die Unterschiede des Finanzbedarfs der einzelnen lokalen Gebietskörperschaften. M.a.W.: Man unterstellt im ganzen Land einen gleichen Pro-Kopf-Finanzbedarf. Es besteht aus der folgenden Gleichung:

$$TR_i = P_i\,(B/P - B_i/P_i)\,t$$

wobei
TR_i: Finanzzahlung an Gebietskörperschaft i;
P_i: Zahl der Bevölkerung der Gebietskörperschaft i;
P: Zahl der Bevölkerung des Landes;
B_i: lokale Steuerbasis (Bemessungsgrundlage) der Gebietskörperschaft i;
B: gesamte lokale Steuerbasen des Landes;

t: staatlicher Standardsteuersatz (wird von der Zentralregierung oder vom Parlament bestimmt), der für die Finanzierung der Transferzahlungen notwendig ist;
($B/P - B_i/P_i$): Differenz zwischen der Pro-Kopf-Steuerbasis für das Land und der Pro-Kopf-Steuerbasis in Gebietskörperschaft i.

Zur Vereinfachung wird angenommen, dass es nur eine Art von lokalen Steuern gibt.

Das Modell impliziert, dass die Finanzkraft einer lokalen Gebietskörperschaft durch die Finanzzuweisungen auf das landesdurchschnittliche Niveau erhöht wird, wenn sie niedriger als das landesdurchschnittliche Niveau ist. Dieses Modell wird in Kanada verwendet. Die Ausgestaltung des Länderfinanzausgleichs in Deutschland beruht ebenfalls auf diesem Modell.

Die Annahme bei der Anwendung dieses Modells ist, dass der Pro-Kopf-Finanzbedarf aller lokalen Gebietskörperschaften gleich groß ist. Falls die regionalen Kostenunterschiede der öffentlichen Dienstleistungen sehr hoch sind, führen die Zuweisungen unter diesem Modell eventuell zu neuer Ungleichheit. Deshalb kann das Modell II in einem Land nur dann eingeführt werden, wenn die regionale Disparität der Kosten der öffentlichen Dienstleistungen klein ist (vgl. MA 1998, S. 68 ff.)

(3) Modell III

Modell III berücksichtigt nur die Unterschied des Finanzbedarfs, nicht jedoch die Unterschied der Finanzkraft der einzelnen lokalen Gebietskörperschaften. Dieses Modell wird in Indien, Italien und Spanien verwendet. Manche Entwicklungsländer führen dieses Modell ein, weil Daten über die Finanzkraft der lokalen Gebietskörperschaften nicht verfügbar sind. Die Zahl der möglichen Indikatoren zur Ermittlung des Finanzbedarfs der lokalen Gebietskörperschaften ist sehr groß. Die typischen Indikatoren zur Bestimmung des Finanzbedarfs der lokalen Gebietskörperschaften sind die folgenden:

Bevölkerungszahl; Einkommen pro Kopf; Anteil der armen Bevölkerung an der gesamten Bevölkerung; Arbeitslosenquote; Anteil der alten Bevölkerung an der gesamten Bevölkerung; Bevölkerungsdichte; Bodenfläche; Säuglingssterblichkeit; Lebenserwartung; Zahl der Schüler; Schulbesuchsquote; Zustand der Infrastruktur (z.B. Länge der Autobahn und Eisenbahn, Menge der Telephonleitungen); andere mit der Wirtschaftsentwicklung zusammenhängende Indikatoren (z.B. Stromverbrauch).

Die ausgewählten Indikatoren spiegeln die Ziele der Transferzahlung sowie historische und politische Faktoren eines Lande wider. Die Auswahl der Indikatoren und ihre Gewichtung sind von entscheidender Bedeutung für die Höhe der Zuweisungen (vgl. MA 1998, S. 70 f.).

(4) Modell IV

Bei Modell IV werden die Finanzzuweisungen nach der Bevölkerungszahl verteilt. Es besteht aus folgender Gleichung:

$$TR_i = P_i\ (TT/P)$$

wobei
TR_i: Finanzzahlung an Gebietskörperschaft i;
P_i: Bevölkerungszahl der Gebietskörperschaft i;
TT: gesamte Finanzzahlung;
P: Zahl der Gesamtbevölkerung im ganzen Land.

Dieses Modell verwendet man in Deutschland bei der Vorabverteilung der Umsatzsteuer für finanzschwache Länder oder in Indonesien bei der Zuweisung der allgemeinen Finanzzahlungen. Im Vergleich zu den oben genannten drei Typen von Modellen beansprucht dieses Modell die wenigsten Daten; allerdings ist der Nivellierungseffekt hier schwach (vgl. MA 1998, S. 71).

Nach der Darstellung der vier Modelle können folgende Folgerungen festgehalten werden (vgl. MA 1998, S. 72):

Bezüglich des Nivellierungspotenzials ist Modell I am besten. Es kann das Defizit zwischen der Finanzkraft und dem Finanzbedarf am genauesten ermitteln und deshalb eine finanzielle Nivellierung gut realisieren. Modell II berücksichtigt nur die Unterschiede der Finanzkraft und Modell III nur die Unterschiede des Finanzbedarfs. Sie ignorieren damit beide jeweils eine Seite für die Bemessung der Finanzlage zum Finanzausgleich. Deswegen ist ihr Nivellierungspotenzial schwächer als dasjenige von Modell I. Der Nivellierungseffekt von Modell IV ist am schwächsten.

Was die benötigten Daten anbelangt, so ist Modell I kompliziert und anspruchsvoll. Modell II und III brauchen vergleichsweise weniger Daten. Modell IV ist einfach und braucht die wenigsten Daten. M.a.W.: Je höher das Nivellierungspotenzial eines Modells sein soll, desto anspruchsvoller ist es im Hinblick auf die erforderlichen Daten.

1.4.5.2 Messung der Finanzkraft und des Finanzbedarfs

Aus der bisherigen Darstellung geht hervor, dass Finanzkraft und Finanzbedarf zwei wichtige Faktoren zur Ermittlung der Finanzzuweisungen sind. Deswegen müssen nun die Messung der Finanzkraft und des Finanzbedarfs behandelt werden.

(1) Messung der Finanzkraft

Die Finanzkraft einer Gebietskörperschaft besagt, „inwieweit eine Körperschaft oder Region in der Lage ist, Einnahmen selbst zu erzielen“ (PEFFEKOVEN 1980, S. 632). Bei der Messung der Finanzkraft wird im wesentlichen die Steuerkraft ermittelt. Dafür werden in vielen Industrieländern hauptsächlich zwei Indikatoren verwendet: Die Steuerbasis (Bemessungsgrundlage) und der Standardsteuersatz. Die Formel besteht aus folgender Gleichung (vgl. MA 1998, S. 72 ff.):

$$FK_i = \sum_{j=1}^{n} B_{ij}\, t_j$$

wobei
FK_i: Finanzkraft der Gebietskörperschaft i;
B_{ij}: Steuerbasis bzw. Bemessungsgrundlage der Steuer j der Gebietskörperschaft i;
t_j: Standardsteuersatz für Steuer j, z.B. der landesdurchschnittliche Steuersatz;
j = 1,2, ..., n, wobei n die Zahl der Steuerarten angibt.

Zur Ermittlung der Finanzkraft nach der obigen Formel müssen folgende Probleme gelöst werden:

- Auswahl der Steuerbasis: Weil die Daten für manche kleine Steuerbasen oft schwer zu bekommen oder die Kosten zur Sammlung der Daten sehr hoch sind, kann man einige Hauptsteuerbasen benutzen, um die Finanzkraft zu ermitteln. Die Einkommen-, Körperschaft-, Umsatz-, Mehrwert-, Vermögen- und Naturressourcensteuer werden oft als Steuerarten zur Bestimmung der Finanzkraft der einzelnen Gebietskörperschaften ausgewählt.

- Sammlung der Daten zu den ausgewählten Steuerbasen: Optimal ist die Verwendung der neuesten Daten der Steuerbasis, um eine aktuelle und zeitnahe Messung zu gewährleisten. In der Regel werden die Daten zu den Steuerbasen von den lokalen Gebietskörperschaften geliefert. Die Zentralregierung muss deshalb ein System errichten, um die von den lokalen Gebietskörperschaften gelieferten statistischen Daten zu überprüfen.

- Auswahl des Standardsteuersatzes: Die folgenden Steuersätze können als Standardsteuersatz angewendet werden: a) Ein von der Zentralregierung festgelegter Steuersatz, b) der landesdurchschnittliche Steuersatz oder c) der durchschnittliche Steuersatz der aktuellen Steuersätze einiger lokalen Gebietskörperschaften. Bei der Messung der Steuerkraft einer Gebietskörperschaft muss der Standardsteuersatz statt des aktuellen Steuersatzes der betreffenden Gebietskörperschaft angewendet werden. Bei dieser Regelung wird die Rechnung der Finanzkraft von der

Steuererhebungsanstrengung entkoppelt; die Steuereinnahmen, die durch einen Steuersatz zufließen, der über dem durchschnitten Steuersatz (Standardsteuersatz) liegt, erhöhen die Steuerkraft nicht. Die Finanzzuweisungen von der Zentralregierung an diese Gebietskörperschaft nehmen deshalb nicht ab. Deshalb kann dieses System auch die Steuererhebungsanstrengungen der lokalen Gebietskörperschaften intensivieren. Falls man dagegen den aktuellen Steuersatz jeder lokalen Gebietskörperschaft zur Ermittlung ihrer Finanzkraft benutzt, wird ihre nach der oben genannten Formal berechnete Steuerkraft durch ihre höheren Steuererhebungsanstrengungen steigen und dadurch werden weniger Finanzzuweisungen an die betreffende Gebietskörperschaft fließen. Das wird zu negativen Anreizen führen, eigene Einnahmen zu erzielen.

(2) Messung des Finanzbedarfs

Der Finanzbedarf einer lokalen Gebietskörperschaft kann verstanden werden als der Bedarf an Finanzmitteln zur Erfüllung ihrer Aufgaben. Im Vergleich zur Finanzkraft ist die Messung des Finanzbedarfs viel schwieriger, da er nicht zu objektivieren ist und sehr vielen Einflussfaktoren unterliegt (vgl. FISCHER 1996, S. 97 und 113).

Eine allgemein verwendete Ermittlungsmethode besteht aus folgendem Verfahren (vgl. MA 1998, S. 75 ff.): Zuerst werden die öffentlichen Güter verschiedenen Bereichen zugeordnet, z.B. Bildung, Krankenversorgung, Polizei usw. Manche Arten von Ausgaben können weiter unterteilt werden, z.B. kann der Bildungsbereich in Grundschule, Mittelschule und Hochschule gegliedert werden. Danach können die erforderlichen Ausgaben zur Bereitstellung der öffentliche Güter in Körperschaft i nach folgender Formel ermittelt werden:

$$FB_i = \sum_{j=1}^{n} \alpha_{ij} Z_{ij} K_{ij}$$

wobei

FB_i: Finanzbedarf der Gebietskörperschaft i;

Z_{ir}: Zahl der Nutznießer des öffentlichen Gutes j;

K_{ij}: Standardkosten pro Einheit (z.B. die landesdurchschnittlichen Kosten) zur Bereitstellung des öffentlichen Gutes j;

α: Koeffizient, der sich aus dem Verhältnis zwischen den Kosten des öffentlichen Gutes j in der Gebietskörperschaft i und den landesdurchschnittlichen Kosten desselben öffentlichen Gutes ergibt. Dieser Koeffizient wird von vielen Faktoren bestimmt. Für die Feststellung der Koeffizienten der Kosten des Bildungswesens z.B. könnte man etwa das Niveau des Gehalts der Lehrer, die Kosten für Bau und Erhaltung der Schulgebäude, die Zahl der Schüler, die aus armen Familien kommen, die Bevölkerungsdichte und das Klima in dieser Region berücksichtigen. Man sollte nach

der Wichtigkeit jedes Faktors und nach der Möglichkeit zur Erhebung dieser Daten entscheiden, welche Indikatoren zu benutzen sind.
j = 1,2, ..., n, wobei n die Zahl der Ausgabenarten angibt.

1.4.6 Ausmaß des Finanzausgleichs

Nach der Festlegung der Finanzkraft und des Finanzbedarfs muss entschieden werden, in welchem Umfang die Differenz von Finanzkraft und -bedarf oder der Unterschied zwischen den einzelnen Gebietskörperschaften ausglichen werden soll (vgl. FISCHER 1996, S. 117; SCHUPPERT 1995, S. 691; ZIMMERMANN 1994, S. 193).

Bei der Entscheidung über das Ausmaß an Nivellierung muss zunächst beachtet werden, dass der Finanzausgleich nicht zu einer Egalisierung führt (vgl. FISCHER 1996, S. 118). Es ist zu gewährleisten, dass sowohl in den Nehmer- als auch in den Geberregionen Anreize zur Stärkung ihrer eigenen Finanzkraft erhalten bleiben. Wenn eine Gebietskörperschaft ihre eigene Finanzkraft steigert, dürfen die damit verbundenen Mehrerträge nicht durch niedrigere Finanzzuweisungen bzw. höhere Beitragszahlungen aufgezehrt oder gar überkompensiert werden (vgl. LENK 1998, S. 47 f.). Dies erfordert v.a. den Verzicht auf eine übermäßige Nivellierung, die zu einer geringen Effizienz der regionalen Steuerdurchsetzung und zu geringen Anreizen zur Durchführung von Industrieansiedlungen bzw. zur Förderung des Wirtschaftswachstums in den eigenen Regionen führt (vgl. HUBER; LICHTBLAU 1998, S. 144 f.).

Ein Weiteres muss beachtet werden: Während die armen Gebietskörperschaften besser gestellt werden, sollen die reichen beim horizontalen Ausgleich nicht ärmer als die begünstigten Regionen. Dies würde zu Spannungen zwischen den beteiligten Gebietskörperschaften führen (vgl. FISCHER 1996, S. 118). Außerdem kann ein Finanzausgleichssystem, bei dem das Ziel der Verringerung der regionalen wirtschaftlichen Disparität durch eine Verminderung der Wirtschaftsentwicklung der reichen Regionen realisiert wird, nicht als effizient bezeichnet und deshalb auch nicht angestrebt werden (vgl. LI, KNIGHT 1996, S. 36).

KAPITEL 2
DAS FINANZAUSGLEICHSSYSTEM IN DEUTSCHLAND: DARSTELLUNG UND ANREGUNGEN FÜR DAS FINANZAUSGLEICHSSYSTEM DER VR CHINA

In diesem Kapitel wird zunächst die Praxis des Finanzausgleichs in der Bundesrepublik Deutschland behandelt, um auf dieser Grundlage anschließend Folgerungen für die Ausgestaltung des Finanzausgleichssystems in China abzuleiten. Schließlich werden Besonderheiten Chinas, die spezielle Herausforderungen an ein Finanzausgleichssystem stellen, herausgearbeitet.

2.1 Das gegenwärtige Finanzausgleichssystem in Deutschland

Die Bundesrepublik Deutschland ist ein Föderativstaat, der aus der Bundesebene als Zentralstaat und aus 16 Ländern bzw. Stadtstaaten, wie Berlin, Bremen und Hamburg, als Gliedstaaten besteht. Die Länder als Teilstaaten sind mit (wenn auch gegenständlich beschränkter) eigener Hoheitsmacht ausgestaltet. Unter jedem Bundesland stehen lokale Regierungsstellen verschiedener Art: Regierungsbezirke, Kreise und Gemeinden. In einigen Bundesländern bestehen darüber hinaus Gemeindeverbände[12]. Der Finanzausgleich in der Bundesrepublik Deutschland bezieht sich auf die fiskalische Kompetenzverteilung zwischen dem Bund, den Ländern und den Gemeinden.

Im Folgenden werden die konkrete Aufgaben-, Ausgaben- und Einnahmenverteilung zwischen den Gebietskörperschaften in der Bundesrepublik dargestellt.

2.1.1 Die Verteilung der Aufgaben

Bei der Betrachtung des Finanzausgleichssystems Deutschlands fällt zunächst auf, dass der Finanzausgleich im weiteren Sinne die Verteilungsregelungen der Aufgaben-, Ausgaben- und Einnahmenbefugnisse gesetzlich, v.a. im Grundgesetz, explizit vorsieht (vgl. FOX 2001, S. 340). Dabei steht die Abgrenzung der Befugnisse zwischen Bund und Ländern im Vordergrund, wobei die Gemeinden und Gemeindeverbände als Teil der Länder betrachtet werden.

---

[12] „Hierbei handelt es sich um einen Zusammenschluss von Gemeinden unter Beibehaltung deren Rechte. Die Gemeindeverbände beraten und unterstützen ihre Mitgliedsgemeinden in fachlicher und verwaltungsmäßiger Hinsicht bei der Erfüllung ihrer Aufgaben." (STATISTISCHES BUNDESAMT 2000, S. 41)

2.1.1.1 Die Verteilung der allgemeinen Kompetenz (Generalklausel)

In Art. 30 GG wird eine allgemeine Vorschrift über die Verteilung der Zuständigkeiten aufgestellt: „Die Ausübung der staatlichen Befugnisse und die Erfüllung der staatlichen Aufgaben ist Sache der Länder, soweit dieses Grundgesetz keine andere Regelung trifft oder zulässt." Die in Art. 30 GG angesprochenen Befugnisse und Aufgaben umfassen alle staatlichen Befugnisse und Aufgaben einschließlich der Verwaltungsbefugnisse und der Vereinnahmungsbefugnisse sowie die diesbezüglichen Gesetzgebungsbefugnisse (vgl. HÄDE 1996, S. 16 f.; ANDEL 1998, S. 514).

2.1.1.2 Die Verteilung der Gesetzgebungskompetenz

Art. 70 Abs. 1 GG spezifiziert den in Art. 30 GG formulierten Grundsatz für die Gesetzgebungshoheit: „Die Länder haben das Recht der Gesetzgebung, soweit dieses Grundgesetz nicht dem Bund Gesetzgebungsbefugnisse verleiht." Ungeachtet der Generalklausel zugunsten der Länder werden wichtige Gesetzgebungsbefugnisse dem Bund zugewiesen, wobei diese in drei Formen, der ausschließlichen Gesetzgebungsbefugnis, der konkurrierenden Gesetzgebungsbefugnis sowie der Gesetzgebungsbefugnis zum Erlass von Rahmenvorschriften, geregelt sind (vgl. ANDEL 1998, S. 514 f.; PETERSEN 1988, S. 128).

(1) Ausschließliche Gesetzgebung des Bundes

Im Bereich der ausschließlichen Gesetzgebung des Bundes haben die Länder eine Gesetzgebungsbefugnis nur dann, wenn sie von einem Bundesgesetz ausdrücklich ermächtigt werden (vgl. Art. 71 GG). In der Praxis wurden solche Ermächtigungen selten gegeben. Nach Art. 73 GG hat der Bund die ausschließliche Gesetzgebung v.a. bei der Vertretung nach außen, bei der Verteidigung, bei der Regelung von Währung, Maßen und Gewichten sowie der Zeitbestimmung, bei gewissen Transport- und Kommunikationseinrichtungen, beim gewerblichen Rechtsschutz, ferner auf einigen Gebieten, auf denen die Polizei und andere Sicherheitsorgane von Bund und Ländern zusammenarbeiten, sowie bei der Statistik für Bundeszwecke (vgl. ANDEL 1998, S. 515; HÄDE 1996, S. 21 f.; PETERSEN 1988, S. 128).

(2) Konkurrierende Gesetzgebung des Bundes

Im Bereich der konkurrierenden Gesetzgebung haben die Länder die Gesetzgebungskompetenz, solange und soweit der Bund von seinem Gesetzgebungsrecht keinen Gebrauch macht (vgl. Art 72 Abs. 1 GG). Nach Art. 72 Abs. 2 GG kann der Bund in diesem Bereich nur dann Gesetze erlassen, wenn es einen Bedarf zur Herstellung gleichwertiger Lebensverhältnisse im ganzen Bundesgebiet oder zur Wahrung der Rechts- oder Wirtschaftseinheit gibt, sonst sollen die einzelnen Länder gesetzgeberisch tätig werden. Nach Art. 74 GG betrifft die konkurrierende Gesetzgebung, die der Bund faktisch weitgehend an sich gezogen hat, v.a. die generellen rechtlichen Grundlagen wie das Zivil- und das Strafrecht, das Arbeits- und das Wirtschaftsrecht, das Verkehrswesen, soziale Bereiche wie Fürsorge und Wiedergutmachung, die Krankheits- und Seuchenbekämpfung sowie die wichtigsten Bereiche des Umweltschutzes (vgl. ANDEL 1998, S. 515; HÄDE 1996, S. 23 ff.; PETERSEN 1988, S. 128).

(3) Rahmengesetzgebung des Bundes

Nach Art. 75 GG ist beim Bund die Rahmengesetzgebung angesiedelt: „Der Bund hat das Recht, unter den Voraussetzungen des Artikels 72 Rahmenvorschriften zu erlassen", z.B. für den öffentlichen Dienst der Länder und Gemeinden, soweit Art. 74a nichts anderes bestimmt, für die Hochschulen, die Rechtsverhältnisse des Presse- und Filmwesens, das Jagdwesen, die Natur- und die Landschaftspflege, die Bodenverteilung, die Raumordnung und den Wasserhaushalt sowie das Melde- und Ausweiswesen (vgl. ANDEL 1998, S. 515; HÄDE 1996, S. 27 ff.; PETERSEN 1988, S. 128).

Die obigen Ausführungen deuten bereits darauf hin, dass trotz der Generalklausel zugunsten der Länder die Gesetzgebung in Deutschland weitgehend vom Bund ausgeübt wird (vgl. ANDEL 1998, S. 515; PETERSEN 1988, S. 128).

(4) Die Beteiligung des Bundesrates

Die Bundesgesetze werden vom Bundestag beschlossen. Allerdings haben die Länder bei der Gesetzgebung des Bundes über die Beteiligung des Bundesrates, der aus Mitgliedern der Regierungen der Länder besteht (vgl. Art. 51 Abs. 1 GG), ein Mitwirkungsrecht: Für Grundgesetzänderungen ist eine Zwei-Drittel-Mehrheit im Bundesrat erforderlich, für zustimmungsbedürftige Gesetze die einfache Mehrheit. Bei Bundesgesetzen, die nicht der Zustimmung des Bundesrates bedürfen, hat der Bundesrat nach Art. 77 GG ein Einspruchsrecht, das der Bundestag lediglich mit den Stimmen der Mehrheit seiner Mitglieder zurückweisen kann (vgl. ANDEL 1998, S. 516).

2.1.1.3 Die Verteilung der Verwaltungsbefugnisse

Die Verwaltungsbefugnisse werden in Art. 70 ff. GG geregelt. Nicht alle vom Bund erlassenen Gesetze werden von einer eigenen Bundesverwaltung durchgeführt. Tab.

2.1 enthält einen Überblick über die Verteilung der Verwaltungsbefugnisse zwischen den Gebietskörperschaften.

Tab. 2.1: Die Verteilung der Verwaltungsbefugnisse zwischen den Gebietskörperschaften in Deutschland

Bundeseigene Verwaltungsbefugnisse	Landeseigene Verwaltungsbefugnisse	Bund und Bundesländer gemeinsam	Gemeindeeigene Verwaltungsbefugnisse
• Landesverteidigung • Außenpolitik • Währungspolitik • Verkehrswesen (Bundesautobahn, Bundeswasserstraßen) • Teile des Polizei- und Nachrichtenwesens • Bundesfinanzverwaltung • Landesgrenzschutz • Soziale Sicherung	• Kulturwesen • Schul- und Hochschulwesen • Polizeiwesen • Rechtspflege • Finanzverwaltung • Verkehrswesen • Landesverwaltung • Sozialhilfe	• Ausbau und Neubau von wissenschaftlichen Hochschulen einschließlich der Hochschulkliniken • Verbesserung der regionalen Wirtschaftsstruktur • Verbesserung der Agrarstruktur und des Küstenschutzes	• Schul- und Kulturwesen • Verkehrsaufgaben • örtliche öffentliche Einrichtungen • Örtliche Energieversorgung und Entsorgung (Müll, Abwasser etc.) • Gesundheitswesen • Jugendhilfe • Teil der Sozialhilfe

Quellen: Eigene Zusammenstellung in Anlehnung an BUNDESMINISTERIUM DER FINANZEN 1998a, S. 11 f. und 21; PEFFEKOVEN 1996, S. 88; ANDEL 1998, S. 516 f.; PETERSEN 1988, S. 129.

Der Bund hat breite Gesetzgebungs-, aber enge Verwaltungsbefugnisse. Die eigenen Verwaltungsbefugnisse des Bundes mit eigenem Verwaltungsapparat sind beschränkt auf die Bereiche, die in Spalte 1 der Tab. 2.1 aufgeführt sind.

In Spalte 2 der Tab. 2.1 werden die Verwaltungsbefugnisse der Länder aufgeführt. Auch für die Verwaltungsbefugnisse gibt es eine Generalklausel zugunsten der Länder. In Art. 83 GG ist Folgendes vorgesehen: „Die Länder führen die Bundesgesetze als eigene Angelegenheit aus, soweit dieses Grundgesetz nichts anderes bestimmt und zulässt." Bei der landeseigenen Verwaltung hat der Bund lediglich eine Rechtsaufsicht. Nur mit der Zustimmung des Bundesrates kann die Bundesregierung allgemeine Verwaltungsvorschriften erlassen oder in besonderen Fällen Einzelweisungen erteilen (vgl. Art. 84 GG). Wenn die Länder für bestimmte Gebiete im Auftrag des Bundes Bundesgesetze durchführen, handelt es sich um Bundesauftragsverwaltung (z.B. Bundesautobahnen und Teile der Finanzverwaltung). Sie ist eine besondere Form der Landesverwaltung, die dem Bund größere Einflussmöglichkeiten bietet.

Hier bezieht sich die Bundesaufsicht sowohl auf die Gesetzmäßigkeit als auch auf die Zweckmäßigkeit (vgl. ANDEL 1998, S. 516 f.; HÄDE 1996, S. 31 f.).

Eine Besonderheit stellen die sog. Gemeinschaftsaufgaben in bestimmten Bereichen dar, die in Form einer Kooperation von Bund und Ländern bei der Planung, der Gesetzgebung und der Finanzierung erledigt werden (vgl. Art. 91a GG). Die Gemeinschaftsaufgaben sind auf drei Bereiche beschränkt: (1) Ausbau und Neubau von wissenschaftlichen Hochschulen einschließlich der Hochschulkliniken; (2) Verbesserung der regionalen Wirtschaftsstruktur; (3) Verbesserung der Agrarstruktur und des Küstenschutzes. Diese Aufgaben sind für die Gesamtgesellschaft bedeutsam, so dass die Mitwirkung des Bundes zur Verbesserung der Lebensverhältnisse erforderlich ist. Detailplanung und Durchführung dieser Aufgaben obliegen allein den Ländern.

Neben den drei Gemeinschaftsaufgaben nach Art. 91a GG bietet Art. 91b GG weitere Möglichkeiten zur Zusammenarbeit zwischen Bund und Ländern durch Vereinbarungen bei der Bildungsplanung und bei der Förderung von Einrichtungen und Vorhaben der wissenschaftlichen Forschung von überregionaler Bedeutung. Dafür ist die Bund-Länder-Kommission für Bildungsplanung und Forschungsförderung zuständig, die aus sieben Vertretern der Bundesregierung und je einem Vertreter der Länderregierungen besteht (vgl. ANDEL 1998, S. 518 f.; HÄDE 1996, S. 42; PEFFEKOVEN 1996, S. 88 f.).

Obwohl den Gemeinden das Recht zugewiesen wird, „alle Angelegenheiten der örtlichen Gemeinschaft im Rahmen der Gesetze in eigener Verwaltung zu regeln" (Art. 28 GG), übernehmen die Gemeinderegierungen in nur begrenztem Umfang freiwillig Selbstverwaltungsaufgaben. Das liegt v.a. an der Aufgabenübertragung durch Bund und Länder. Meistens nehmen sie die den Gemeinden gesetzlich zugewiesenen Aufgaben (z.B. im Sozial- und Gesundheitswesen) wahr. Darüber hinaus erledigen sie auch Aufgaben im Auftrag von Bund und Ländern (vgl. PEFFEKOVEN 1996, S. 88).

2.1.2 Die Verteilung der Ausgaben

In Art. 104a GG werden die Ausgabenbefugnisse zur Erfüllung der festgelegten Aufgaben eindeutig geregelt. Zunächst sollen der Bund und die Länder jeweils die volle Finanzlast tragen, die sich aus der Wahrnehmung ihrer Aufgaben ergibt (Prinzip der Konnexität). Zu unterscheiden ist zwischen der Verwaltungskausalität, bei der die ausführende Ebene die Kosten zu tragen hat, und der Gesetzeskausalität, bei der die politisch entscheidende Ebene – im Sinne der fiskalischen Äquivalenz – die Kosten übernehmen muss („wer bestellt, bezahlt"). In der Praxis dominiert die Verwaltungskausalität. In Ausnahmefällen trägt der Bund ganz oder teilweise Kosten, die nach dem Lastenverteilungsgrundsatz den Ländern zufallen müssten. Dazu zählen (1) die Bundesauftragsverwaltung; (2) das Geldleistungsgesetz; (3) Gemeinschaftsaufgaben; (4) Finanzhilfen (vgl. ANDEL 1998, S. 516 f.; BRÜMMERHOFF 1996, S. 504).

1) Die erste Ausnahme vom Konnexitätsprinzip findet sich in Art. 104a Abs. 2 GG. Erfüllen die Länder Aufgaben im Auftrage des Bundes, müssen sie nach Art. 104a Abs. 5 GG die Verwaltungskosten tragen, die alle zur Erhaltung und zum Betrieb des Verwaltungsapparates erforderlichen Personalkosten und Sachkosten umfassen. Der Bund soll die Zweckausgaben tragen, zu denen sämtliche durch die Erfüllung oder Förderung der betreffenden Sachaufgaben entstehenden Ausgaben gehören. Sie umfassen die Kosten für bestimmte Sachleistungen und auch Geldleistungen selbst (vgl. ANDEL 1998, S. 516 f.; BRÜMMERHOFF 1996, S. 504; HÄDE 1996, S. 56 und 62; PEFFEKOVEN 1996, S. 88; PETERSEN 1988, S. 129).

2) Eine weitere Ausnahme vom Konnexitätsgrundsatz enthält Art. 104a Abs. 3 GG. Sind die Bundesgesetze bei der Bundesauftragsverwaltung mit Geldleistungen verbunden, kann bestimmt werden, dass diese ganz oder zum Teil vom Bund getragen werden. Bei einem Länderanteil von 25% oder mehr muss der Bundesrat zustimmen (vgl. ANDEL 1998, S. 516 f.; BRÜMMERHOFF 1996, S. 504; HÄDE 1996, S. 63 f.; PEFFEKOVEN 1996, S. 88; PETERSEN 1988, S. 129).

3) Die Kosten der Gemeinschaftsaufgaben werden vom Bund und von den Ländern je zur Hälfte getragen; bei der Verbesserung der Agrarstruktur und des Küstenschutzes kann für den Bund ein höherer Prozentsatz festgelegt werden. Gegenwärtig beträgt er 70% beim Küstenschutz und 60% bei der Agrarstrukturverbesserung. Die Aufteilung der Kosten für das Zusammenwirken bei Bildung und Forschung zwischen Bund und Ländern wird nach Art. 91b GG nach Vereinbarung geregelt (vgl. ANDEL 1998, S. 518; BRÜMMERHOFF 1996, S. 505; HÄDE 1996, S. 82 ff.).

4) Nach Art. 104 a Abs. 4 GG kann der Bund den Ländern „Finanzhilfen für besonders bedeutsame Investitionen der Länder und Gemeinden gewähren, die zur Abwehr einer Störung des gesamtwirtschaftlichen Gleichgewichts, zum Ausgleich unterschiedlicher Wirtschaftskraft im Bundesgebiet oder zur Förderung des wirtschaftlichen Wachstums erforderlich sind." Die Finanzhilfen können vom Bund in Form von Zuschüssen oder Darlehen gewährt werden. Derartige Finanzhilfen werden zur Zeit v.a. für strukturverbessernde Investitionen in den neuen Bundesländern, aber auch zur Verbesserung der Verkehrsverhältnisse der Gemeinden, für die Stadtsanierung und -entwicklung sowie für den sozialen Wohnungsbau geleistet (vgl. ANDEL 1998, S. 517; BRÜMMERHOFF 1996, S. 505; HÄDE 1996, S. 71 ff.).

2.1.3 Die Verteilung der Einnahmen

Da die Steuern den größten Teil (rund 75%) der staatlichen Einnahmen ausmachen (vgl. BUNDESMINISTERIUM DER FINANZEN 1998a, S. 13), bezieht sich die Einnahmenverteilung hauptsächlich auf die Verteilung der Steuerkompetenzen, die drei Dimensionen umfassen: Die Gesetzgebungskompetenz, die Ertragskompetenz und die Verwaltungskompetenz. Ebenso wie die Aufgabenverteilung ist die Steuerverteilung auf die drei Gebietskörperschaften im Grundgesetz festgelegt. Im Folgenden werden die Zuteilung der Gesetzgebungskompetenz, der Ertragskompetenz und der Verwaltungskompetenz dargestellt.

2.1.3.1 Steuergesetzgebungskompetenz

Die Steuergesetzgebungskompetenz wird in Art. 105 GG geregelt. Der Bund hat bei Zöllen und Finanzmonopolen die ausschließliche, bei den übrigen Steuern die konkurrierende Gesetzgebungskompetenz (vgl. BUNDESMINISTERIUM DER FINANZEN 1998b, S. 44). Gemäß der Vorstellung, dass ein einheitliches Steuersystem erforderlich ist, um eine Angleichung der Lebensverhältnisse in den einzelnen Ländern und eine weitgehende Wettbewerbsneutralität zwischen den Bundesländern zu erreichen, werden alle Steuern, abgesehen von den örtlichen Verbrauch- und Aufwandsteuern (z.B. Getränke-, Vergnügung- und Hundesteuer), bundeseinheitlich geregelt. Durch diese Regelung gewinnt der Bund auch erheblichen Einfluss auf Höhe und Art der Landes- und Gemeindesteuern. Nach Art. 105 Abs. 3 GG allerdings bedürfen Bundesgesetze über Steuern, deren Aufkommen den Ländern und Gemeinden ganz oder teilweise zufließt, der Zustimmung des Bundesrates (vgl. PEFFEKOVEN 1996, S. 89).

Den Ländern steht nur das Gesetzgebungsrecht bei den örtlichen Verbrauchs- und Aufwandssteuern zu, soweit nicht der Bund selbst gleichartige Steuern gesetzlich regelt. Allerdings haben die Länder kein Recht zur Festlegung eigener Steuersätze (vgl. HÄDE 1996, S. 174; PEFFEKOVEN 1996, S. 89).

Die Gemeinden haben kein Gesetzgebungsrecht. Sie können jedoch über ihre Steuereinnahmenhöhe in einem gewissen Umfang selbst entscheiden, indem sie die Hebesätze der ihnen zufließenden Realsteuern (Grund- und Gewerbesteuer) festsetzen (vgl. HÄDE 1996, S. 174; PEFFEKOVEN 1996, S. 89).

2.1.3.2 Steuerertragskompetenz

Ebenso wie bei der Aufgaben- und Ausgabenverteilung klare Abgrenzungen der Kompetenzen einzelner Ebenen, aber auch gemeinsame Zuständigkeiten vorliegen, handelt es sich bei der in Art. 106 GG geregelten Steuerverteilung um ein Mischsystem (vgl. Tab. 2.2). Daher kommt neben dem separierenden Trennsystem, nach dem die Erträge der meisten Steuerarten entweder dem Bund oder den Ländern und ihren Gemeinden zufließen, das Einzelverbundsystem zur Anwendung, wobei unterschiedliche Ebenen gemeinschaftlich an einzelnen Steuern beteiligt sind (vgl. BRÜMMERHOFF 1996, S. 505; HÄDE 1996, S. 182 f.; PEFFEKOVEN 1996, S. 89 f.).

Tab. 2.2: Verteilung der Steuereinnahmen in Deutschland

Bund	Länder	Gemeinden
• Zölle[1)] • Verbrauchssteuern mit Ausnahme der Biersteuer (z.B. Mineralöl-, Tabak-, Kaffee-, Schaumwein-, Branntwein- und Zwischenerzeugnissteuer) • Versicherungsteuer • Solidaritätszuschlag • Abgaben im Rahmen der EU	• Erbschaftsteuer • Biersteuer • Kraftfahrzeugsteuer • Grunderwerbsteuer • Feuerschutzsteuer • Rennwett- und Lotteriesteuer • Spielbankabgabe	• Gewerbesteuer • Grundsteuer • Örtliche Verbrauchs- und Aufwandssteuern (z.B. Hundesteuer, Vergnügungsteuer, Getränkesteuer, Jagd- und Fischereisteuer)
Gemeinschaftssteuern: • Lohnsteuer und veranlagte Einkommensteuer (42,5%) • Nicht veranlagte Einkommensteuer vom Ertrag und Körperschaftsteuer (50%) • Umsatzsteuer	Gemeinschaftssteuern: • Lohnsteuer und veranlagte Einkommensteuer (42,5%) • Nicht veranlagte Einkommensteuer vom Ertrag und Körperschaftsteuer (50%) • Umsatzsteuer	Gemeinschaftssteuern: • Lohnsteuer und veranlagte Einkommensteuer (15%) • Umsatzsteuer
Anteil an der Gewerbesteuerumlage	Anteil an der Gewerbesteuerumlage	Steuerzuweisungen durch Landesgesetzgebung

1) Die Zölle fließen seit 1975 bzw. 1988 (EGKS-Zölle) voll der EU zu. Agrarabgaben werden bereits seit 1971 voll an die EU abgeführt. 10% des jährlichen Aufkommens an Zöllen und Agrarabgaben dürfen als pauschale Abgeltung für Erhebungskosten vom Bund einbehalten werden.

Quellen: Eigene Zusammenstellung in Anlehnung an BUNDESMINISTERIUM DER FINANZEN 1998a, S. 19 f.; BUNDESMINISTERIUM DER FINANZEN 1998b, S. 46 f.; ANDEL 1998, S. 519 f.; PEFFEKOVEN 1996, S. 91.

Wie aus Tab. 2.2 zu erkennen ist, stehen nur relativ kleine Steuerarten einer Gebietskörperschaft als reine Bundes-, Landes- oder Gemeindesteuern zu, deren Aufkommen heute 25% des Gesamtsteueraufkommens ausmacht. Als Gemeinschaftssteuern werden die fiskalisch weitaus bedeutendere Einkommen-, Umsatz- und Gewerbesteuer nach festgelegten Schlüsseln auf die drei Ebenen verteilt (vgl. HUBER, LICHTBLAU 2000, S. 5). „Das Aufkommen der Gemeinschaftssteuern macht mehr als zwei Drittel des gesamten Steueraufkommens aller Ebenen aus. Ihre Verteilung ist daher entscheidend für die Finanzausstattung der Gebietskörperschaften." (BUNDESMINISTERIUM DER FINANZEN 1998a, S. 19) Sie ist wie folgt geregelt.

(1) Die Verteilung der Einkommen- und Körperschaftsteuer

Bei der Verteilung der Lohn- und der veranlagten Einkommensteuer ist vor der Aufteilung zwischen Bund und Ländern der 15%ige Anteil für die Gemeinden abzuziehen. So erhalten der Bund und die Länder jeweils 42,5%. Das Aufkommen der nicht veranlagten Einkommensteuer vom Ertrag und der Körperschaftsteuer steht Bund und Ländern gemeinsam zu (Art. 106 Abs. 3 Satz 1 GG). Nach Art. 106 Abs. 2 Satz 1 GG fließt ihr Aufkommen den beiden Ebenen je zur Hälfte zu.

(2) Die Verteilung der Umsatzsteuer

Die Verteilung des Umsatzsteueraufkommens ist mittlerweile sehr kompliziert. Sie betrug für 1995 56% (Bund) und 44% (Länder) sowie für 1996 und 1997 jeweils 50,5% (Bund) und 49,5% (Länder)[13]. 1998 erhielt der Bund 3,64% und ab 1999 5,63% des Umsatzsteueraufkommens vorab als Ausgleich für die Belastungen aufgrund eines zusätzlichen Bundeszuschusses zur Rentenversicherung[14]. Vom verbleibenden Aufkommen stehen den Kommunen ab 1998 2,2% zu, die als Kompensation für ihre Steuerausfälle aus der Unternehmenssteuerreform dienen. Vom nach der Beteiligung der Kommunen verbleibenden Aufkommen fließen dem Bund 50,5% und den Ländern 49,5% zu (vgl. BUNDESMINISTERIUM DER FINANZEN 1998b, S. 46 f.). Beachtenswert ist, dass 75% des Umsatzsteueraufkommens der Länder nach der Einwohnerzahl verteilt werden, während die restlichen 25% als sog. „Ergänzungsanteile" an die finanzschwachen Länder fließen (vgl. ANDEL 1998, S. 523 f.)

[13] Die Erhöhung des Länderanteils ab 1996 dient dem Ausgleich der Belastungen der Länder aus der Umstellung des Familienlastenausgleichs (vgl. BUNDESMINISTERIUM DER FINANZEN 1998b, S. 46).

[14] Das entspricht der Erhöhung des allgemeinen Umsatzsteuersatzes von 15% auf 16% ab 1.4.1998 (vgl. BUNDESMINISTERIUM DER FINANZEN 1998b, S. 46).

(3) Die Gewerbesteuerumlage

Der Bund und die Länder können nach Art. 106 Abs. 6 Sätze 4 und 5 GG durch eine Umlage am Aufkommen der Gewerbesteuer beteiligt werden. Der Umlagesatz wurde seit ihrer Einführung im Jahr 1970, in dem er bei ca. 40% lag, mehrfach abgesenkt. Von 1984 bis 1990 lag der Umlagesatz bei knapp 15%. Als Folge der Beteiligung der Gemeinden in den alten Ländern am Fonds „Deutsche Einheit“ (seit 1991) und an den Länderlasten aus der Neuregelung des bundesstaatlichen Finanzausgleichs (seit 1995) erhöhte sich der Anteil wieder. Die aus der Erhöhung resultierende Gewerbesteuerumlage steht allein den Ländern zu. Die Gewerbesteuerumlage beläuft sich in den alten Ländern auf ca. 20% (davon ca. 25% an den Bund) und in den neuen Ländern auf etwa 10% des Gewerbesteueraufkommens (vgl. BUNDESMINISTERIUM DER FINANZEN 1998b, S. 47).

Die Anteile der Gebietskörperschaften an den einzelnen Gemeinschaftssteuern sind gesetzlich festgeschrieben. Die Aufteilung der Einkommen- und Körperschaftsteuer ist grundgesetzlich festgelegt und kann deshalb nur mit Zweidrittelmehrheit in Bundestag und Bundesrat geändert werden. Die Umsatzsteuer ist die einzige Steuer, deren Ertrag nicht durch das GG auf die verschiedenen Ebenen der Gebietskörperschaften verteilt wird. Die Anteile an der Umsatzsteuer werden nur durch einfaches Bundesgesetz festgelegt, das allerdings der Zustimmung des Bundesrates bedarf. Nach Art. 106 Abs. 4 GG sind sie neu festzusetzen, „wenn sich das Verhältnis zwischen den Einnahmen und Ausgaben des Bundes und der Länder wesentlich anders entwickelt.“ (vgl. ANDEL 1998, S. 520)

Dabei ist anzumerken, dass über die Verteilung der Einkommen- und Körperschaftsteuer auch eine horizontale Umverteilungswirkung erzielt wird, indem die Einkommensteuer nach dem Wohnsitz- und die Körperschaftsteuer nach dem Betriebsstättenprinzip verteilt wird. Das örtliche Aufkommen kann z.B. verzerrt werden, wenn ein Unternehmen mit mehreren Filialbetrieben in verschiedenen Bundesländern die Lohnzahlung von einer Zentralstelle aus vornimmt und dem gemäß auch die Lohnsteuer an das für die Zentralstelle zuständige Finanzamt abführt. Um solche Verzerrungen zu korrigieren, wird die Lohnsteuer in einem pauschalierenden Clearingverfahren in vierteljährlichen Zerlegungsrechnungen dem Wohnsitzland der Steuerpflichtigen zugeordnet (vgl. BUNDESMINISTERIUM DER FINANZEN 1998a, S. 23). Im Fall von Pendlern führt dies dazu, dass das Beschäftigungsland des Arbeitnehmers die Lohnsteuer an das Wohnsitzland weiterleitet (vgl. HUBER, LICHTBLAU 2000, S. 5). Die gesetzlichen Bestimmungen für diese Aufteilung finden sich im Gesetz über die Steuerberechtigung und die Zerlegung bei der Einkommensteuer und Körperschaftsteuer (Zerlegungsgesetz) (vgl. ANDEL 1998, S. 523).

2.1.3.3 Steuerverwaltungskompetenz

Art. 108 GG regelt die Verwaltungskompetenz der Besteuerung, worüber Abb. 2.1 einen Überblick gibt.

Abb. 2.1: Verteilung der Verwaltungskompetenz zwischen den Gebietskörperschaften in Deutschland

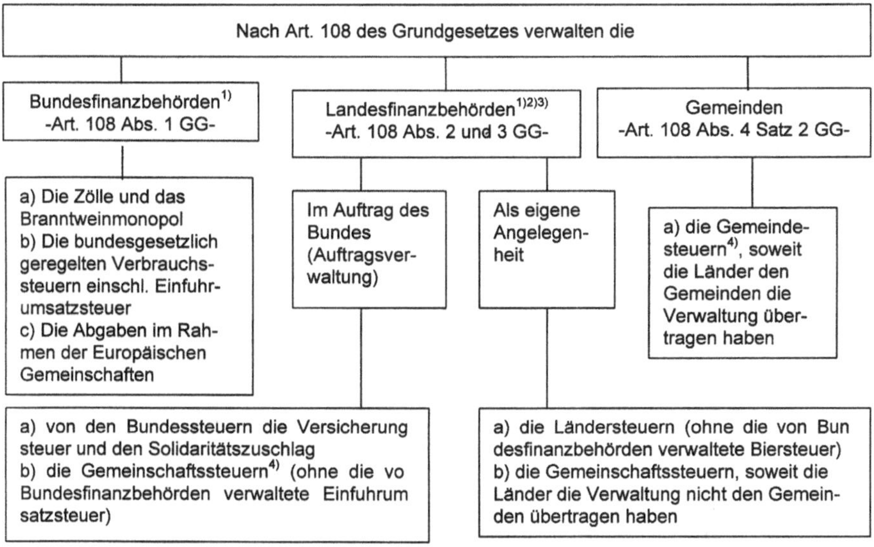

1) Unter der Voraussetzung, dass dadurch der Vollzug der Steuergesetze wesentlich verbessert oder erleichtert wird, kann durch Bundesgesetz vorgesehen werden (Art. 108 Abs. 4 Satz 1 GG):
   - ein Zusammenwirken von Bundes- und Landesfinanzbehörden (Beispiel: Mitwirkung der Bundeszollverwaltung bei der Umsatzsteuer und Kraftfahrzeugsteuer);
   - die Übertragung der Verwaltung der Steuern von Bundes- auf Landesfinanzbehörden;
   - die Übertragung der Verwaltung der Steuern von Landes- auf Bundesfinanzbehörden (Beispiel: Erstattung von Kapitalertragsteuer und Umsatzsteuer in bestimmten Fällen durch das Bundesamt für Finanzen).
2) Die Finanzämter verwalten nicht nur Steuern, sie sind u.a. auch zuständig für die Gewährung der Prämien nach dem Sparprämien- und dem Wohnungsbauprämiengesetz und die Zulagen nach dem Investitionszulagengesetz.
3) Nach Maßgabe der Landesgesetzgebung verwalten die Finanzämter auch die Kirchensteuer.

Quelle: Eigene Darstellung in Anlehnung an BUNDESMINISTERIUM DER FINANZEN 1998b, S. 48 f.

Es fällt auf, dass das Schwergewicht der Gesetzgebungszuständigkeit beim Bund, das Schwergewicht der Verwaltungstätigkeit dagegen bei den Ländern liegt. Dem Bund stehen zur Wahrung seiner Interessen im Bereich der Verwaltung allerdings Weisungs- und Aufsichtsrechte zu.

Konkret werden die Steuern hauptsächlich von Bundes- und Landesfinanzbehörden verwaltet. Die Hauptzollämter sind Bundesfinanzbehörden. Nach Art. 108 Abs. 1 verwalten sie die Zölle, die Finanzmonopole, die bundesgesetzlich geregelten Verbrauchsteuern einschließlich der Einfuhrumsatzsteuer und der (den Ländern zufließenden) Biersteuer sowie die Abgaben an die Europäische Union. Die Finanzämter sind Landesfinanzbehörden und zuständig für operative Aufgaben der Besteuerung. Neben den Ländersteuern verwalten sie im Auftrage des Bundes die Besitz- und Verkehrsteuern, die ganz oder zum Teil dem Bund zufließen, und bestimmte Gemeindesteuern (vgl. BUNDESMINISTERIUM DER FINANZEN 2001a, S. 18 f.).

Die Steuerkompetenzen hinsichtlich sämtlicher bestehender Steuerarten in Deutschland zeigt Tab. 2.3. Wie man aus der Tabelle erkennt, haben die Länder nur Gesetzgebungskompetenz über 7 kleine örtliche Steuerarten, während sie neben den ihnen selbst zustehenden Steuerarten im Auftrag des Bundes viele Steuerarten verwalten. Deshalb hat der Bund breite Gesetzgebungs-, aber geringe Verwaltungskompetenz, während die Länder bei der Steuervereinnahmung eine große Rolle spielen.

Tab. 2.3: Die Steuerkompetenzen auf einen Blick

Steuerart	Gesetzgebungs-kompetenz	Ertragskompetenz	Verwaltungskom-petenz
1. Abzugsteuern bei beschränkt Steuerpflichtigen	Bund	Bund/Länder	Länder[1]
2. Agrarabgaben	EU/Bund	EU	Bund (Zoll)
3. Ausfuhrabgaben	EU/Bund	EU	Bund (Zoll)
4. Biersteuer	Bund	Länder	Bund (Zoll)
5. Branntweinsteuer	Bund	Bund	Bund (Zoll)
6. Einfuhrumsatzsteuer	Bund	Bund/Länder	Bund (Zoll)
7. Einkommensteuer	Bund	Bund/Länder (Mit Gemeindeanteil)	Länder[1]
8. Erbschaft- und Schenkungsteuer	Bund	Länder	Länder
9. Feuerschutzsteuer	Bund	Länder	Länder
10. Getränkesteuer	Länder	Gemeinden	Gemeinden
11. Gewerbesteuer	Bund	Gemeinden (mit Umlage für Bund und Länder)	Länder/Gemeinden
12. Grundsteuer	Bund	Gemeinden	Länder/Gemeinden
13. Grunderwerbsteuer	Bund	Länder[2]	Länder
14. Hundesteuer	Länder	Gemeinden	Gemeinden
15. Jagd- und Fischereisteuer	Länder	Kreis/Gemeinden	Kreise/Gemeinden
16. Kaffeesteuer	Bund	Bund	Bund (Zoll)
17. Kapitalertragsteuer	Bund	Bund/Länder	Länder[1]
18. Kirchensteuer	Länder	Kirchen	Länder/Kirchen
19. Körperschaftsteuer	Bund	Bund/Länder	Länder[1]
20. Kraftfahrzeugsteuer	Bund	Länder	Länder
21. Lohnsteuer	Bund	Bund/Länder (Mit Gemeindeanteil)	Länder[1]
22. Milchgarantiemengenabgabe	EU/Bund	EU	Bund (Zoll)
23. Mineralölsteuer	Bund	Bund	Bund (Zoll)
24. Rennwett- und Lotteriesteuer	Bund	Länder	Länder
25. Schankerlaubnissteuer	Länder	Kreis/Gemeinden	Kreise/Gemeinden
26. Schaumweinsteuer	Bund	Bund	Bund (Zoll)
27. Solidaritätszuschlag	Bund	Bund	Länder
28. Spielbankabgabe	Bund/Länder	Länder	Länder
29. Sportwettsteuer	Länder	Länder	Länder
30. Stromsteuer	Bund	Bund	Bund (Zoll)
31. Tabaksteuer	Bund	Bund	Bund (Zoll)
32. Umsatzsteuer	Bund	Bund/Länder	Länder[1]
33. Vergnügungsteuer	Länder	Gemeinden	Gemeinden
34. Versicherungsteuer	Bund	Bund	Länder[1]
35. Zölle	EU/Bund	EU	Bund (Zoll)
36. Zucker-Produktionsabgabe	EU/Bund	EU	Bund (Zoll)
37. Zweitwohnungsteuer	Länder	Gemeinden	Gemeinden
38. Zwischenerzeugnissteuer	Bund	Bund	Bund

1) Im Auftrag des Bundes.
2) Die Gemeinde und Gemeindeverbände können durch Landesgesetz am Aufkommen der Grunderwerbsteuer beteiligt werden.

Quelle: BUNDESMINISTERIUM DER FINANZEN 2001a, S. 22 f.

2.1.4 Finanzausgleich im engeren Sinne

Beim Finanzausgleich im engeren Sinne werden die Steuereinnahmen zur Korrektur der primären Einnahmenverteilung von den reichen zu den armen Ländern umverteilt. Dies geschieht durch horizontale Zahlungen zwischen den Ländern im engeren Sinne und vertikale Zuweisungen des Bundes an bedürftige Länder (vgl. HUBER, LICHTBLAU 2000, S. 5). Dieser Finanzausgleich umfasst gegenwärtig drei Teilschritte:

- die besondere Art der Verteilung der Umsatzsteuer;
- den Länderfinanzausgleich im engeren Sinne;
- die Bundesergänzungszuweisungen.

Im Folgenden werden diese drei Schritte ausführlich dargestellt.

2.1.4.1 Umsatzsteuer-Vorwegausgleich

Nach § 2 Abs. 2 des Finanzausgleichsgesetzes (FAG) werden 75% des Umsatzsteueraufkommens nach der Einwohnerzahl verteilt und 25% an die Länder gezahlt, „deren Einnahmen aus der Einkommensteuer, der Körperschaftsteuer, der Gewerbesteuerumlage und aus den nach § 7 Abs. 1 ermittelten Landessteuern unter 92 vom Hundert des Länderdurchschnitts liegen." Das heißt, dass die Einnahmen der finanzschwachen Länder auf 92% des Länderdurchschnittes angehoben werden. Falls dazu weniger als 25% des Umsatzsteueraufkommens erforderlich sind, wird der verbleibende Betrag nach der Einwohnerzahl auf die Länder verteilt. Sind die 25% des Umsatzsteueranteils der Länder hingegen nicht ausreichend, so werden die Ergänzungsanteile entsprechend herabgesetzt. 1999 wurden im Rahmen des Umsatzsteuer-Vorwegausgleichs insgesamt 15,5 Mrd. DM umverteilt, hauptsächlich in die neuen Länder (vgl. HUBER, LICHTBLAU 2000, S. 6; ANDEL 1998, S. 523 f.).

2.1.4.2 Länderfinanzausgleich im engeren Sinne

Der Länderfinanzausgleich basiert auf Art. 107 Abs. 2 GG: „Durch das Gesetz ist sicherzustellen, dass die unterschiedliche Finanzkraft der Länder angemessen ausgeglichen wird; hierbei sind die Finanzkraft und der Finanzbedarf der Gemeinden (Gemeindeverbände) zu berücksichtigen. Die Voraussetzungen für die Ausgleichsansprüche der ausgleichsberechtigten Länder und für die Ausgleichsverbindlichkeiten der ausgleichspflichtigen Länder sowie die Maßstäbe für die Höhe der Ausgleichsleistungen sind in dem Gesetz zu bestimmen." Deshalb werden Zahlungen beim Länderfinanzausgleich von finanzstarken an finanzschwache Länder geleistet. Dabei

werden Diskrepanzen zwischen Finanzkraft und Finanzbedarf eines Landes ausgeglichen. Die konkrete Ermittlung des Finanzbedarfs und der Finanzkraft ist im FAG geregelt.
Die Finanzkraft, im FAG Finanzkraftmesszahl genannt, ergibt sich nach folgender Formel:

$$FK_i = Landessteuern_i + 50\% \times Gemeindesteuern_i$$

wobei
FK_i: Finanzkraft des Landes i;
$Landessteuern_i$: Steuereinnahmen[15] (nach Umsatzsteuer-Vorwegausgleich) des Landes i;
$Gemeindesteuern_i$: Steuereinnahmen[16] der Gemeinden des Landes i.

Bei der Finanzkraftrechnung wird (an der falschen Stelle) der Sonderbedarf einzelner Länder berücksichtigt. Die Länder Bremen, Hamburg, Mecklenburg-Vorpommern und Niedersachsen dürfen zur Abgeltung der mit dem Betrieb von Häfen verbundenen (vermeintlichen) Hafenlasten ihre Steuerkraft um zwischen 18 Mio. und 142 Mio. DM kürzen (vgl. ANDEL 1998, S. 524; HÄDE 1996, S. 271).

Der Finanzbedarf, im FAG Ausgleichsmesszahl genannt, wird nach folgender Formel berechnet:

$$FB_i = Durchschnittseinnahmen \times Einwohnerzahl_i$$

wobei
FB_i: Finanzbedarf des Landes i;
Durchschnittseinnahmen: Bundesdurchschnittliche Länder- und Gemeindeeinnahmen pro gewichtetem Einwohner;
$Einwohnerzahl_i$: gewichtete Einwohnerzahl des Landes i.

Die Berechnung der Einwohnerzahl folgt dem Prinzip „Einwohnerwertung (Einwohnerveredelung werden)". Beim Ausgleich der Landeseinnahmen werden die Einwohner von Berlin, Hamburg und Bremen mit 135% angesetzt. Beim Ausgleich der kommunalen Steuereinnahmen wird der Finanzbedarf durch nach Anzahl der Gemeindeeinwohner gestaffelte Zuschläge bis auf 130% (Einwohner über 1 Mio.) ange-

[15] Sie enthalten die Einnahmen aus den landeseigenen Steuern, aus den Anteilen an den Gemeinschaftssteuern und an der Gewerbesteuerumlage sowie aus der bergrechtlichen Förderabgabe.
[16] Sie enthalten die Gemeindeeinnahmen aus der Einkommensteuer und den Realsteuern (hier unter Verwendung normierter Hebesätze und nach Abzug der geleisteten Gewerbesteuerumlage).

hoben. Dazu erhalten die Gemeinden mit mehr als 500.000 Einwohnern je nach Bevölkerungsdichte Zuschläge von 2% bis 6%. (vgl. ANDEL 1998, S. 524 f.; HÄDE 1996, S. 276; PEFFEKOVEN 1987, 201 f.).

Ist der Finanzbedarf (FB) eines Landes größer als seine Finanzkraft (FK), ist es als finanzschwaches Land entsprechend seines Defizits (der Differenz zwischen Finanzkraft und Ausgleichsmesszahl) ausgleichsberechtigt; es erhält sog. Ausgleichszuweisungen. Übersteigt die Finanzkraft (FK) eines Landes hingegen seinen Finanzbedarf (FB), ist es als finanzstarkes Land nach Maßgabe seiner überschüssigen Finanzkraft ausgleichspflichtig; es muss sog. Ausgleichsbeiträge erbringen.

Die Ausgleichsleistungen werden zunächst so bemessen, dass die finanzschwachen Länder mindestens 95% des Länderdurchschnitts erreichen, indem alle ausgleichsberechtigten Länder nach § 10 Abs. 1 FAG zunächst 100% des Betrages erhalten, der ihrer Ausgleichsmesszahl an 92% des FB fehlt, und 37,5% des Fehlbetrages, der darüber hinaus zwischen 92% und 100% des FB fehlt (siehe Abbildung 2.2). Zur Finanzierung dieser Zahlungen werden die Ausgleichsbeiträge der finanzstarken Länder mit einem progressiven Tarif belegt. Der Abgabensatz der Ausgleichspflichtigen wird in einem zweistufigen Verfahren, wie Abb. 2.2 zeigt, festgelegt. Von dem Betrag, um den die FK über dem FB liegt, werden im Bereich zwischen 100 und 101% 15%, zwischen 101 und 110% 66% und über 110% 80% in die Bemessungsgrundlage einbezogen. Davon ist ein einheitlicher Prozentsatz abzuführen, der so festgesetzt wird, dass die Summe der Ausgleichsbeiträge der Summe der Ausgleichszuweisungen entspricht (vgl. ANDEL 1998, S. 525; HÄDE 1996, S. 278).

Abb. 2.2: Bemessungsgrundlage und Ausgleichssätze im FAG

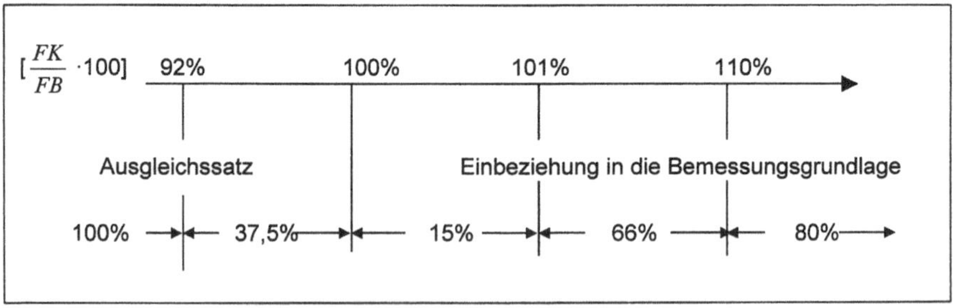

Quelle: ANDEL 1998, S. 525.

Ein wichtiger Grundsatz für die Umverteilung im Länderfinanzausgleich besteht darin, dass es beim Länderfinanzausgleich durch den Finanzausgleich nicht zu einer Veränderung der ursprünglichen Finanzkraftreihenfolge kommen darf. Dabei geht es um die Rangfolge der Länder im Hinblick auf die relative Finanzkraft, die als das Verhältnis von Finanzkraft und Finanzbedarf eines Landes definiert ist. Diese Rangfolge muss vor und nach dem Finanzausgleich erhalten bleiben (vgl. HUBER, LICHTBLAU 2000, S. 8).

Im Rahmen des eigentlichen Länderfinanzausgleichs wurden im Jahre 1999 14,6 Mrd. DM zwischen den Ländern umverteilt. Wie Tab. 2.4 zeigt, leistete pro Einwohner im Jahre 1999 Hessen mit 784 DM den weitaus größten Beitrag, gefolgt von Hamburg mit 390 DM. Auf der Empfängerseite standen Berlin mit 1570 DM und Bremen mit 1003 DM an der Spitze.

Tab. 2.4: Zahlungen im Rahmen des Länderfinanzausgleichs 1999

	Insgesamt in Mio. DM	Bevölkerung in Mio.	DM pro Einwohner
Ausgleichspflichtige Länder			
Hessen	-4744	6,052	-784
Hamburg	-665	1,705	-390
Baden-Württemberg	-3426	10,476	-327
Bayern	-3188	12,155	-262
Nordrhein-Westfalen	-2578	18,000	-143
Ausgleichsberechtigte Länder			
Berlin	5316	3,387	1570
Bremen	665	0,663	1003
Mecklenburg-Vorpommern	921	1,789	515
Thüringen	1218	2,449	497
Sachsen-Anhalt	1300	2,649	491
Sachsen	2149	4,460	482
Brandenburg	1147	2,601	441
Saarland	294	1,072	274
Niedersachsen	1037	7,899	131
Rheinland-Pfalz	379	4,031	94
Schleswig-Holstein	174	2,777	63

Quellen: BUNDESMINISTERIUM DER FINANZEN 2001b; STATISTISCHES BUNDESAMT 2000, S. 45; eigene Berechnungen.

2.1.4.3 Vertikaler Finanzausgleich in Form von Bundesergänzungszuweisungen

Neben den horizontalen weist der Bund den Länder auch vertikale Ausgleichszahlungen zu. Nach § 11 FAG gewährt der Bund „ab 1995 aus seinen Mitteln leistungsschwachen Ländern Zuweisungen zur ergänzenden Deckung ihres allgemeinen Finanzbedarfs sowie zum Ausgleich von Sonderlasten (Bundesergänzungszuweisungen)." Diese Definition der Bundesergänzungszuweisungen (BEZ) unterscheidet zwischen Fehlbetrags-BEZ und Sonderbedarfs-BEZ (vgl. ANDEL 1998, S. 526; HÄDE 1996, S. 281).

Auf der Grundlage des Länderfinanzausgleichs, der bereits einen Ausgleich von mindestens 95% bewirkt, gewährleistet der Bund durch die Fehlbetrags-BEZ, dass die Finanzkraft der finanzschwachen Länder mindestens auf 99,5% des Länderdurchschnitts angehoben wird. 1999 musste der Bund dafür 6,5 Mrd. DM aufwenden (vgl. ANDEL 1998, S. 526 f.; HÄDE 1996, S. 282; HUBER, LICHTBLAU 2000, S. 8).

Als Sonderbedarfs-BEZ zahlt der Bund noch eine Reihe weiterer Zuweisungen zum Ausgleich besonderer Lasten einiger Länder (vgl. ANDEL 1998, S. 527; DICKERTMANN 1996, S. 491 f.):

1) Sonderbedarfs-BEZ „wegen überdurchschnittlich hoher Kosten politischer Führung und der zentralen Verwaltung" (§ 11 Abs. 3 FAG) erhalten neun Länder: die neuen Länder (einschließlich Berlin, aber ohne Sachsen) sowie die alten Länder Bremen, Rheinland-Pfalz, Saarland und Schleswig-Holstein, in Höhe von jährlich insgesamt rd. 1,5 Mrd. DM (vgl. ANDEL 1998, S. 527; HÄDE 1996, S. 282).

2) Sonderbedarfs-BEZ „zum Abbau teilungsbedingter Sonderbelastungen sowie zum Ausgleich unterproportionaler kommunaler Finanzkraft" (§11 Abs. 4 FAG) fließen allein den neuen Bundesländern (einschließlich Berlin) in den Jahren 1995 bis 2004 zusätzlich in Höhe von insgesamt 14 Mrd. DM zu (vgl. ANDEL 1998, S. 527; HÄDE 1996, S. 283 f.).

3) Übergangs-BEZ „zum Ausgleich überproportionaler Belastungen" (§ 11 Abs. 5 FAG) durch die Einbeziehung der neuen Länder in den allgemeinen Finanzausgleich erhielten die finanzschwachen alten Bundesländer Bremen, Niedersachsen, Rheinland-Pfalz, Saarland und Schleswig-Holstein 1995 in Höhe von insgesamt 1,345 Mrd. DM (vgl. ANDEL 1998, S. 527; HÄDE 1996, S. 286). Diese Zuweisungen sind degressiv ausgestaltet. Sie vermindern sich in den Jahren 1996 bis 2000 stufenweise um jeweils 5% und in den Jahren 2001 bis 2005 jeweils um 15% der Ausgangsbeträge (vgl. BUNDESMINISTERIUM DER FINANZEN 1998a, S. 37).

4) Sonder-BEZ „zum Zweck der Haushaltssanierung" (§ 11 Abs. 6 FAG) wurden jährlich Bremen (1,8 Mrd. DM) und dem Saarland (1,6 Mrd. DM) in den Jahren 1995 bis 1998 gewährt (vgl. ANDEL 1998, S. 527; HÄDE 1996, S. 289). Von 1999 bis 2004 erhalten diese beiden Länder diese Zuweisungen in einem Volumen von insgesamt 7,7 bzw. 5 Mrd. DM, die jährlich reduziert werden (vgl. § 11 Abs. 6 FAG).

Der entscheidende Unterschied zu den horizontalen Länderausgleichszahlungen und den vertikalen Fehlbetrags-BEZ liegt darin, dass diese vertikalen Bundeshilfen (Sonderbedarfs-BEZ) als Pauschaltransfers gewährt werden, d.h. der Höhe nach fixiert und von der Veränderung der relativen Finanzkraft der Länder unabhängig sind. Außerdem gilt hier nicht das Verbot der Veränderung der ursprünglichen Finanzkraftreihenfolge (vgl. HUBER, LICHTBLAU 2000, S. 9).

Nach der Wiedervereinigung sind die Bundesergänzungszuweisungen sowohl der Art als auch dem Volumen nach erheblich ausgeweitet worden. Wie Tab. 2.5 zeigt, beliefen sich die verschiedenen Bundesergänzungszuweisungen 1999 auf insgesamt 25,8 Mrd. DM, die damit den Länderfinanzausgleich im engeren Sinne in Höhe von 11,2 Mrd. DM deutlich überstiegen. Deshalb fungieren sie nicht nur lediglich als „ergänzende" Zuweisungen. Dies weist darauf hin, dass im Transformationsprozess oder unter den Bedingungen großer regionalen Unterschiede der Zentralstaat beim Finanzausgleich eine wesentliche Rolle spielt.

Tab. 2.5: Bundesergänzungszuweisungen (BEZ) 1999, in Mio. DM

	Fehlbetrags-BEZ	Sonder-BEZ	Sonder-BEZ neue Länder	Übergangs-BEZ alte Länder	Sanierungs-BEZ Bremen und Saarland	Gesamt
BEZ insgesamt Davon:	6498	1537	14000	807	3000	25847
Niedersachsen	1556	0	0	304	0	1860
Berlin	919	219	2662	0	0	3800
Sachsen	910	0	3658	0	0	4568
Rheinland-Pfalz	568	219	0	271	0	1058
Sachsen-Anhalt	540	164	2208	0	0	2912
Brandenburg	525	164	1985	0	0	2674
Thüringen	498	164	2208	0	0	2670
Mecklenburg-Vorpommern	364	164	1479	0	0	2007
Schleswig-Holstein	261	164	0	136	0	561
Saarland	218	153	0	48	1200	1619
Bremen	139	126	0	48	1800	2113

Quelle: BUNDESMINISTERIUM DER FINANZEN 2001b.

Nicht im gesetzlichen Sinne, aber der Zielsetzung und der Wirkung nach den Bundesergänzungszuweisungen fast gleich sind die Investitionsbeihilfen, die der Bund den neuen Ländern einschließlich Berlin seit 1995 für die Dauer von 10 Jahren in Höhe von insgesamt 6,6 Mrd. DM jährlich nach dem Investitionsgesetz Aufbau Ost (IfG) gewährt, um die in diesen Regionen bestehenden Mängel v.a. im öffentlichen Kapitalstock zu beseitigen (vgl. BUNDESMINISTERIUM DER FINANZEN 1998a, S. 40; ANDEL 1998, S. 527 f.). Die Förderbereiche umfassen Maßnahmen zur Verbesserung der wirtschaftlichen Infrastruktur (z.B. Energie- und Trinkwasserversorgung, Erschließung von Gewerbeflächen), zur Förderung des Wohnungsbaus, des Städtebaus, der Aus- und Weiterbildung sowie der Wissenschaft, Forschung und Entwicklung (vgl. ANDEL 1998, S. 527 f.).

2.1.5 Vorübergehende Maßnahmen des Finanzausgleichs nach der deutschen Vereinigung

Eine Erfahrung mit dem Finanzausgleich Deutschlands, die hier besonders erwähnt werden soll, weil sie von großer Bedeutung für die Ausgestaltung des Finanzausgleichssystems Chinas ist, stellen die Übergangsregelungen des Finanzausgleichs nach der deutschen Vereinigung dar.

2.1.5.1 Die Übergangsregelungen nach der deutschen Vereinigung

Nach der Herstellung der deutschen Einheit wurde der Finanzausgleich mit großen Problemen konfrontiert. Das Pro-Kopf-BIP der neuen Länder war erheblich niedriger als das der alten Länder (siehe Tab. 2.6). Deshalb waren die Finanzkraftunterschiede zwischen den neuen und alten Länder beträchtlich. Zugleich waren wegen des erheblichen Nachholbedarfs in der örtlichen Infrastruktur die erforderlichen Ausgaben viel höher als in den alten Ländern (vgl. BRÜMMERHOFF 1996, S. 511). Deshalb hätte eine sofortige Beteiligung der neuen Länder am bestehenden Finanzausgleich zu große Risiken und Belastungen für die Haushalte der alten Länder bedeutet (vgl. MILBRADT, 1991, S. 59; BURCHARDT 1992, S. 581; HICKEL 1992, S. 563 f.).

Tab. 2.6: Vergleich des Pro-Kopf-BIP zwischen den neuen und den alten Ländern 1991 bis1994 (in jeweiligen Preisen)

	Neue Länder (in Mio. DM) (1)	Alte Länder (in Mio. DM) (2)	Relation (in %) (1):(2)
1991	12948	41321	31,3
1992	16694	43367	38,5
1993	19521	43545	44,8
1994	22064	45214	48,8

Quellen: STATISTISCHES BUNDESAMT 1995, Tabelle 24.2 und 24.6; STATISTISCHES BUNDESAMT 2000, Tabelle 3.1; eigene Berechnungen.

Deshalb wurden die neuen Länder nach der Vereinigung bis Ende 1994 nicht in die zwischen den alten Ländern bestehenden Ausgleichsmechanismen einbezogen (vgl. PEFFEKOVEN 1990, S. 346; GESKE 1991, S. 33; SCHUPPERT 1993, S. 26). Als Ersatz wurden der „Fonds Deutsche Einheit“ bis 1994 und das „Gemeinschaftswerk Aufschwung Ost“ für 1991 und 1992 während einer fünfjährigen Übergangszeit für die neuen Bundesländer eingeführt (vgl. HICKEL 1992, S. 563; GOTTRIED, WIEGARD 1991, S. 453; HENKE 1995, S. 19 f.):

1) Der Fonds „Deutsche Einheit“: Von 1990 bis 1994 erhielten die neuen Länder über den Fonds „Deutsche Einheit“ nicht zweckgebundene Leistungen von insgesamt 160,7 Mrd. DM. Davon wurden 49,6 Mrd. DM vom Bund und 16,1 Mrd. DM von den Ländern sowie 95 Mrd. DM über Kapitalmarktkredite finanziert. Die Mittel werden vom Bund und den alten Ländern (ohne Berlin) je zur Hälfte getilgt (vgl. BUNDESMINISTERIUM DER FINANZEN 1998a, S. 25 f.; BRÜMMERHOFF 1996, S. 511; KITTERER 1994, S. 71 f.).

2) Gemeinschaftswerk Aufschwung Ost: Das sog. Gemeinschaftswerk Aufschwung Ost, das u.a. durch die Anhebung der Mineralölsteuer und den Solidaritätszuschlag finanziert wurde, gewährte ein Finanzvolumen von jeweils 12 Mrd. DM für die Jahre 1991 und 1992. Diese Mittel finanzierten die Investitionen in öffentliche Infrastrukturprojekte wie z.B. Krankenhäuser, Schulen und Altenheime, Verkehrs-, Wohnungs- und Städtebau sowie Arbeitsbeschaffungsmaßnahmen (vgl. BURCHARDT 1992, S. 582; HICKEL 1992, S. 570).

Tab. 2.7 gibt einen Überblick über die Finanztransfers in die neuen Länder. Wie man aus der Tabelle erkennen kann, spielte der Bund bei der Finanzierung die wichtigste Rolle. Im Vergleich dazu wurden die alten Länder in einem geringeren Umfang belastet.

Tab. 2.7: Bruttotransfers in die neuen Bundesländer 1991 bis 1994 nach Trägern[1)]

	1991	1992	1993	1994	1995	1996	1997
Bruttoleistungen in Mrd. DM, davon (in %):	139	151	167	169	185	187	183
-Bund	54,1	58,3	68,2	67,5	73,0	73,8	71,6
-Westdeutsche Länder und Gemeinden	3,5	3,3	6,0	8,3	5,4	5,9	6,0
-Fonds Deutsche Einheit	22,3	15,9	9,0	3,0	-	-	-
-EG-Haushalt (Struktur- und Regionalfonds)	2,9	3,3	3,0	3,5	3,8	3,7	3,8
-Bundesanstalt für Arbeit	17,2	15,9	8,4	10,6	8,6	6,4	8,7
-Gesetzliche Rentenversicherung	-	3,3	5,4	7,1	9,2	10,2	9,8
abzüglich: Steuer- und Verwaltungseinnahmen in Ostdeutschland in Mrd. DM	33	37	39	43	45	47	47
Nettoleistungen in Mrd. DM	106	114	128	126	140	140	136

1) Die Beitragseinnahmen der Sozialversicherung wurden implizit von deren Bruttoleistung subtrahiert.

Quellen: Eigene Zusammenstellung in Anlehnung an BOHNET, HECK 1999, S. 108; BOHNET, HECK 2000, S. 134.

2.1.5.2 Maßnahmen zur Finanzierung der Transfers in die neuen Bundesländer

Die Finanzierung der geleisteten Bruttotransfers erfolgte aus folgenden wesentlichen Quellen:

(1) Finanzierung durch Steuererhöhungen

Nach 1991 wurden die Einkommensteuer und insbesondere die Verbrauchssteuern zur Beschaffung der Finanzmittel für die Transfers an die neuen Bundesländer erhöht. Dadurch kam es zu einem kontinuierlichen Anstieg der in den 1980er Jahren gesenkten Steuerquote von 22,6% in 1990 auf 24,4% in 1995. Im einzelnen wurden (neben der Nichterhebung der Gewerbekapital- und Vermögensteuer in Ostdeutschland) folgende Maßnahmen beschlossen (vgl. BOHNET, HECK 2000, S. 134 ff.; BUNDESMINISTERIUM DER FINANZEN 2001a, S. 90 f.):

- Einführung eines Solidaritätszuschlags als Ergänzungsabgabe zur Einkommen- und Körperschaftsteuer in Höhe von 7,5% der Steuerschuld zum 1.7.1991. Zunächst befristet auf ein Jahr, wurde er am 1.1.1995 unbefristet wiedereingeführt. Der Steuersatz beträgt derzeit 5,5%. Das Aufkommen aus dem Solidaritätszuschlag fließt dem Bund zu.
- Erhöhung der Mineralölsteuer zum 1.7.1991 und zum 1.1.1994.

- Erhöhung der Versicherungsteuer zum 1.7.1991 von 7% auf 10%, zum 1.7.1993 von 10% auf 12% und zum 1.1.1995 von 12% auf 15% des Versicherungsentgelts.
- Erhöhung der Tabaksteuer zum 1.3.1992 (um durchschnittlich 1 Pf je Zigarette); Erhöhung des Regelsteuersatzes der Mehrwertsteuer zum 1.1.1993 von 14% auf 15%.
- Erhöhung der Vermögensteuer zum 1.1.1995 von 0,5% auf 1%.

(2) Finanzierung durch Erhöhung der Sozialabgaben

Aufgrund der hohen Defizite im Sozialversicherungssystem der neuen Länder wurden Erhöhungen der Sozialbeiträge in Gesamtdeutschland durchgeführt. Insgesamt stieg die Sozialabgabenquote nach der Vereinigung von 17% in 1990 auf 18,6% in 1992 und sogar über 19% in 1994 (vgl. BOHNET, HECK 2000, S. 134).

(3) Finanzierung durch Verkauf öffentlichen Vermögens

Hierzu zählen im wesentlichen Erlöse aus dem Verkauf von öffentlichem Finanz- und Sachvermögen (vgl. BOHNET, HECK 2000, S. 134).

(4) Finanzierung durch Ausgabenkürzungen im Westdeutschland

Die staatlichen Ausgaben in den alten Bundesländern für die Versorgung mit öffentlichen Gütern (z.B. im Gesundheits-, Verkehrs-, Sicherheits- und Bildungsbereich), bei der Gewährung von Subventionen des Unternehmenssektors, der Sozialversicherung sowie bei den Personalausgaben wurden – wo politisch durchsetzbar – verringert (vgl. BOHNET, HECK 2000, S. 134 f.).

(5) Finanzierung durch öffentliche Kreditaufnahme

Die Kreditaufnahme stellt ein wichtiges Finanzierungsinstrument dar. Zu Beginn der deutschen Vereinigung wurden als eine wesentliche Maßnahme zur Finanzierung der Transfers in die neuen Bundesländer Staatsanleihen emittiert (vgl. BOHNET, HECK 2000, S. 134). Anfang 1991 betrug die Kreditfinanzierungsquote der Bruttotransfers fast zwei Drittel. Bis Ende 1992 machte sie durchschnittlich ca. 58% aus. Ab 1993 sank sie, lag aber Anfang 1995 noch bei 19%. Im gesamten Zeitraum wurden durchschnittlich ca. 43% der Bruttotransfers durch Kredite erbracht (vgl. BOHNET, HECK 2000, S. 135; HEILEMANN, RAPPEN 1997, S. 42).

Zusammengefasst machte die Kreditaufnahme den größten Anteil an den Finanzierungsquellen aus. Bis 1993 wurden rund 75% der Finanzierung durch öffentliche Kreditaufnahme (einschließlich des Defizits der Gesetzlichen Sozialversicherung) erbracht. Nur knapp 18% wurden durch Steuer- und Abgabenerhöhungen und lediglich etwa 6% durch Haushaltsumschichtungen und Ausgabenkürzungen finanziert. Seit 1993 ist der Kreditfinanzierungsanteil deutlich gesunken, während die Anteile der Steuer- und Abgabenfinanzierung sowie der Ausgabenkürzungen gestiegen sind (vgl. BOHNET, HECK 2000, S. 24; HARTWIG, PIES 1994, S. 166; HEILEMANN, RAPPEN 1997, S. 42; KITTERER 1993, S. 41 ff.).

Seit 1995 gilt der neugeordnete bundesstaatliche Finanzausgleich nach dem Einigungsvertrag, wobei die neuen Länder erstmalig vollständig und gleichberechtigt in einen gesamtdeutschen Finanzausgleich einbezogen wurden (vgl. BUNDESMINISTERIUM DER FINANZEN 1998a, S. 26; GESKE 1993, S. 71; PEFFEKOVEN 1994, S. 281; SELMER 1994, S. 332). „In seiner Grundstruktur entspricht das neugeordnete Finanzausgleichssystem dem bisherigen System.“ (BUNDESMINISTERIUM DER FINANZEN 1998a, S. 27) Der neugestaltete Finanzausgleich mit erheblichen zusätzlichen Bundesleistungen an die neuen Länder ermöglicht den neuen Ländern Pro-Kopf-Ausgaben von knapp 120% und Sachinvestitionen von knapp 170% des Niveaus der alten Länder. Die sehr schwierige Finanzlage der öffentlichen Haushalte in Ostdeutschland wurde spürbar verbessert. Damit ist für die neuen Länder mittelfristig eine finanzielle Basis geschaffen worden, um in absehbarer Zeit ihren infrastrukturellen Nachholbedarf abzubauen und die Annäherung an die Lebensverhältnisse in den alten Ländern zu schaffen (vgl. BUNDESMINISTERIUM DER FINANZEN 1998a, S. 27; DIW (HRSG.) 1996, S. 275; LENK 1999, S. 164).

2.2 Anregungen aus den Erfahrungen mit dem Finanzausgleichssystem Deutschlands für die VR China

Die Erfahrungen mit dem Finanzausgleichssystem Deutschlands sind hilfreich für den Aufbau des Finanzausgleichssystems Chinas. Einerseits kann China von den positiven Erfahrungen Deutschlands profitieren. Andererseits können die negativen Erfahrungen Deutschlands als Warnung dienen.

2.2.1 Positive Erfahrungen

2.2.1.1 Gute gesetzliche Rahmenbedingungen des Finanzausgleichssystems

Die wichtigsten Finanzausgleichsregelungen sind in Deutschland in der Verfassung festgeschrieben. Außerdem gibt es ein „Finanzausgleichsgesetz“, um den Finanzausgleich im engeren Sinne zu regeln. Deshalb kann man bei der Behandlung aller Angelegenheiten des Finanzausgleichs eine rechtliche Grundlage finden. Wichtig ist, dass die Bestimmungen über Änderungen der Finanzausgleichsregelungen ebenfalls eindeutig im Grundgesetz geregelt sind. Das verhindert, dass der Bund einseitig die Regelungen zu seinen eigenen Gunsten verändern kann.

Im Vergleich dazu ist das Finanzausgleichssystem in der VR China ein ungeregeltes System, weil der Finanzausgleich bis jetzt noch nicht gesetzlich verankert ist. Insbesondere fehlen Bestimmungen über Änderungen der Finanzausgleichsregelungen. Bei weiteren Reformen sollte China daher wie Deutschland gesetzliche Rahmenbedingungen für das Finanzausgleichssystem einrichten.

2.2.1.2 Beteiligung des Bundesrates als Vertreter der lokalen Gebietskörperschaften

In Deutschland haben die Länder bei Entscheidungen über den Finanzausgleich über die Beteiligung des Bundesrates ein Mitwirkungsrecht. Dadurch werden die Interessen der lokalen Gebietskörperschaften geschützt. Auch in China sollte eine Institution, die ähnlich wie der Bundesrat funktioniert, eingerichtet werden, damit die einzelnen lokalen Gebietskörperschaften ihre Interessen artikulieren und vertreten können.

2.2.1.3 Relativ eindeutige Aufgaben- und Ausgabenverteilung

In Deutschland werden zuerst die Aufgaben in der Form von eigenen Verwaltungsbefugnissen auf die drei Regierungsebenen eindeutig verteilt. Außerdem werden auch die Gemeinschaftsaufgaben von Bund und Ländern eindeutig geregelt. Die Zweckausgaben und Verwaltungsausgaben für jede Art von Aufgaben sind ebenfalls im Grundgesetz geregelt.

In China wird die Aufgabenverteilung nur grob zwischen der Zentralregierung und den Provinzen abgegrenzt. Es gibt keine Bestimmungen über gemeinsame Aufgaben der Zentralregierung und der lokalen Gebietskörperschaften. Insbesondere gibt es überhaupt keine Bestimmungen über die Ausgabenverteilung. Die Ausgabenverantwortungen sind daher im vielen Fällen unklar und werden häufig aufeinander abgewälzt. Bei der Neugestaltung des Finanzausgleichssystems Chinas müssen deshalb v.a. eindeutige Verteilungsregelungen der Aufgaben und der Ausgaben festgelegt werden.

2.2.1.4 Rationale Einnahmenverteilung auf die einzelnen Regierungsebenen

In Deutschland werden auch die Einnahmenarten mit Ausnahme der Umsatzsteuer durch die Verfassung auf die drei Regierungsebenen aufgeteilt. Insbesondere haben die Gemeinden, die unterste Regierungsebene, auch eigene Einnahmenquellen. Das Ziel ist, dadurch die Wahrnehmung ihrer Aufgaben zu garantieren.

In China werden die Steuerarten nur zwischen der Zentralregierung und den Provinzen aufgeteilt. Es fehlen Steuern, die für die Kommunen als eigene Einnahmenquellen fungieren könnten. Diese können deshalb ihre Aufgaben nicht oder nur unzureichend erfüllen und müssen einen Teil der Finanzmittel selbst beschaffen. Das verursacht nicht nur die erhebliche Ausdehnung der außerbudgetären Einnahmen, sondern auch die Entstehung der sogenannten selbsterwirtschafteten Finanzmittel, die völlig außerhalb der öffentlichen Budgets stehen. Deshalb sollten auch in China den Lokalregierungen bestimmte Steuerarten zugeteilt werden, damit sie stabile Einnahmenquellen zur Wahrnehmung ihre Aufgaben bekommen.

2.2.1.5 Effektives Transferzahlungssystem in Form der Kombination von horizontalem und vertikalem Ausgleich

Das Transferzahlungssystem Deutschlands besteht aus dem horizontalen und dem vertikalen Finanzausgleich. Der horizontale Länderfinanzausgleich ist eine Besonderheit des Finanzausgleichssystems Deutschlands. Die Erfahrungen damit liefern Anregungen zum Aufbau des Transferzahlungssystems in China. China hat bis jetzt nur einen vertikalen Finanzausgleich zwischen der Zentralregierung und den lokalen Gebietskörperschaften und keinen horizontalen Finanzausgleich zwischen den lokalen Gebietskörperschaften. Ein Transferzahlungssystem der Kombination von vertikalem und horizontalem Finanzausgleich ist für China denkbar.

2.2.1.6 Vielfältige Maßnahmen zur Vereinnahmung zusätzlicher Finanzmittel für den Finanzausgleich

Nach der Vereinigung hat Deutschland viele Maßnahmen, wie z.B. die Einführung des Solidaritätszuschlags, zur Finanzierung der Transfers in die neuen Länder ergriffen. China hat eine schwache Finanzkraft für die Finanzzuweisungen und sollte daher ähnliche Finanzierungsmaßnahmen erwägen.

2.2.2 Negative Erfahrungen

In der Praxis stößt der bundesdeutsche Finanzausgleich auch auf Probleme, die vielfach von den deutschen Wissenschaftlern kritisiert werden. Diese Probleme beziehen sich insbesondere auf die geringe Autonomie der einzelnen Gebietskörperschaften auf der Steuereinnahmenseite sowie die sehr weit gehende Angleichung der Finanzkraft. Diese negativen Eigenschaften sollen auch erwähnt werden, damit diese bei der Gestaltung des Finanzausgleichssystems Chinas vermieden werden können.

2.2.2.1 Geringe Autonomie der jeweiligen Gebietskörperschaften auf der Einnahmenseite

Die deutschen Wirtschaftswissenschaftler kritisieren, dass der steuerpolitische Spielraum der einzelnen Gebietskörperschaften in der Bundesrepublik Deutschland zu eng ist. Beim Bund besteht er nur bei einigen Verbrauchssteuern (insbesondere bei der Mineralölsteuer) und bei der Ergänzungsabgabe zur Einkommen- und Körperschaftsteuer. Insbesondere haben die Länder nur geringe Gesetzgebungskompetenz. Das einzelne Land besitzt überhaupt keine fiskalisch bedeutsame Steuer, die es allein verändern könnte, weil alle Ländersteuern einheitlich bundesgesetzlich geregelt sind. Deshalb gibt es weder für den Bund noch für die Länder insgesamt oder für ein einzelnes Land die Möglichkeit, die eigenen Einnahmen autonom zu ändern. Die Gemeinden haben nur das Recht, den Hebesatz für die Realsteuern zu ändern. Bei den Verbundsteuern müssen die Steuergesetze durch Zustimmung vom Bundestag und Bundesrat geändert werden.

2.2.2.2 Zu weit gehende Angleichung der Finanzkraft

Die hohe Grenzbelastung beim bundesdeutschen Finanzausgleich wird als ökonomisches Kernproblem kritisiert. Beim Länderfinanzausgleich muss ein Kompromiss zwischen der Forderung nach „Wahrung der Einheitlichkeit der Lebensverhältnisse" und der Notwendigkeit, genügend Anreize zur Selbsthilfe sicher zu stellen, gefunden werden. Allerdings betont die gegenwärtige Regelung den ersten Aspekt relativ zu stark (vgl. ANDEL 1998, S. 525).

Wie Tab. 2.8 zeigt, haben die einzelnen Länder mit einem Ausgleichssatz von 99,5% kaum Anreize, aus eigener Kraft ihre Einnahmen zu erhöhen. Solch ein stark nivellierender Finanzausgleich führt zu geringen Anstrengungen bei der regionalen Steuererhebung und zu geringen Anreizen zur Förderung des Wirtschaftswachstums in der eigenen Region (vgl. HUBER, LICHTBLAU 1998, S. 144 f.).

Tab. 2.8: Finanzkraft in % des Finanzbedarfs der einzelnen Bundesländer 1997

Land	Vor Länderfinanzausgleich	Nach Länderfinanzausgleich	Nach Länderfinanzausgleich und Bundesergänzungszuweisungen[1)]	Nach Länderfinanzausgleich, Bundesergänzungszuweisungen[1)] und Investitionsbeihilfen[2)]
Hessen	116,9	104,2	104,2	104,2
Bayern	109,4	103,1	103,1	103,1
Baden-Württemberg	108,7	103,0	103,0	103,0
Nordrhein-Westfalen	106,4	102,3	102,3	102,3
Hamburg	105,1	102,3	102,3	102,3
Schleswig-Holstein	100,6	100,5	103,6	103,6
Rheinland-Pfalz	95,0	96,9	103,2	103,2
Niedersachsen	94,4	96,5	100,9	100,9
Saarland	90,4	95,0	140,5	140,5
Bremen	86,4	96,0	154,4	154,4
Brandenburg	85,6	95,0	120,1	129,1
Sachsen	84,8	95,0	119,3	128,6
Sachsen-Anhalt	84,5	95,0	120,9	130,3
Thüringen	84,0	95,0	121,0	130,3
Mecklenburg-Vorpommern	83,7	95,0	121,7	131,2
Berlin	71,4	95,0	114,9	121,5

1) Einschließlich der Bundesergänzungszuweisungen zum Zwecke der Haushaltssanierung.
2) Investitionsbeihilfen nach Investitionsförderungsgesetz Aufbau Ost.

Quelle: In Anlehnung an ANDEL 1998, S. 531.

Dieser Nachteil des deutschen Finanzausgleichs weist darauf hin, dass bei der Ausgestaltung eines Finanzausgleichssystems Anreizaspekte berücksichtigt werden müssen. Das Ausgleichsverfahren muss gewährleisten, dass sowohl in den Nehmer- als auch in den Geberregionen Anreize zur Stärkung der eigenen Finanzkraft erhalten bleiben. Die regionalen Unterschiede der Finanzkraft in China sind größer als in Deutschland. Deshalb sollte China bei der Gestaltung eines horizontalen Finanzausgleichs besonders darauf achten, ein geeignetes Ausmaß des Finanzausgleichs festzulegen, um eine übermäßige Nivellierung zu vermieden.

Insgesamt wird das Finanzausgleichssystem im engeren Sinne von deutschen Wissenschaftlern stark kritisiert. So urteilte das Bundesverfassungsgericht am

11.11.1999 aufgrund von Klagen der Länder Bayern, Baden-Württemberg und Hessen, dass das gegenwärtige Finanzausgleichssystem nur noch bis Ende 2004 fortgeführt werden dürfe und eine grundsätzliche Neuordnung des Finanzausgleichssystems erforderlich sei (vgl. PEFFEKOVEN 1999, S. 709; MILBRADT, DIEDRICHS 2001, S. 331; SPAHN, FRANZ 2000, S. 713; RENZSCH 1999b, S. 716). Kritik in der einschlägigen Literatur wird vor allem an den konkreten Maßstäben beim Ausgleich geübt, wie z.B. an dem übermäßigen Nivellierungsgrad, der Einwohnerveredelung und der Berücksichtigung der Hafenlasten bei der Berechnung der Finanzkraft[17]. Tab. 2.9 gibt einen Überblick zu den Reformvorschlägen für den deutschen Finanzausgleich im engeren Sinne. Die nachfolgende Tabelle verdeutlicht, dass die Reformvorschläge ausschließlich die konkreten Maßstäbe bei jedem Teilschritt des Finanzausgleichs berühren. Das Grundmodell des Finanzausgleichssystems wird dagegen nicht in Frage gestellt.

[17] Zu der Diskussion darüber siehe BARETTI, HUBER, LICHTBLAU 2001, S. 143 f.; DIW 1998, S. 139 f; DIW 2000, S. 399 ff.; DIW 2001, S. 173 ff.; ELTGES, ZARTH, JAKUBOWSKI 2001, S. 323 ff.; GESKE 1999, S. 491; FISCHER 1989, S. 117; HOMBURG 1994, S. 313 ff.; HUBERT 1998, S. 72; OTTNAD 1998, S. 398; PEFFEKOVEN 1988, S. 414 f.; RENZSCH 1999a, S. 160; SCHERF 2000, S. 93 ff.; SCHMIDT 1996, S.330; SICHELSCHMIDT 2000, S. 488 ff.; TAUBE 1990, S. 375; ZIMMERMANN 2001, S. 222 ff.

Tab. 2.9: Ausgewählte Reformvorschläge für den Finanzausgleich in Deutschland im engeren Sinne

	Reformvorschläge von SÖLLNER	Reformvorschläge von HUBER, LICHTBLAU	Reformvorschläge von DÖRING	Reformvorschläge von SCHERF
Umsatzsteuer-Vorwegausgleich	Abschaffung des Umsatzsteuer-Vorwegausgleichs unter ausschließlicher Verteilung des Länderanteils an der Umsatzsteuer nach Einwohnern.	(1) Erhöhung des Länderanteils an der Umsatzsteuer. (2) Beibehaltung des Vorwegausgleichs unter Festschreibung eines gemischten finanzkraft- und einwohnerbezogenen Verteilungsschlüssels der Ergänzungsanteile.	Bis zu 85 % der länderdurchschnittlichen Finanzkraft werden zu 100% aufgefüllt.	Abschaffung des Umsatzsteuer-Vorwegausgleichs unter ausschließlicher Verteilung der Umsatzsteuer nach Einwohnern.
Länderfinanzausgleich im engeren Sinne	(1) Voller Einbezug der Gemeindesteuern. (2) Nichtberücksichtigung von bisherigen Sonderbedarfen bei der Finanzkraftermittlung. (3) Verzicht auf die Einwohnerveredelung auf Länder- und Gemeindeebene bei der Ermittlung der Ausgleichsmesszahl. (4) Einführung eines linearen Ausgleichstarifs mit einem Ausgleichssatz von 75%.	(1) Beibehaltung der bisherigen Verfahren zur Bestimmung der Finanzkraft- und der Ausgleichsmesszahl. (2) Mindestfinanzkraftgarantie von 90% des Länderdurchschnitts, die nach einem vorab festgelegten Einwohnerschlüssel finanziert wird. Länder mit einer Finanzkraft von weniger als 92% erhalten Bundeszuweisungen im Falle eines überdurchschnittlichen Finanzkraftwachstums. (3) Einführung eines linearen Ausgleichstarifs (50%).	(1) Vollständiger Einbezug der Gemeindesteuern. (2) Verringerung der Werte der Einwohnerwertung folgender Länder: NRW, ST, TH, BB. MV, HH und HB. Alle übrigen Länder erhalten keine gesonderte Einwohnerwertung. (3) Auffüllung: bis 80% der länderdurchschnittlichen Finanzkraft zu 85%, darüber zu 50%. Abschöpfung: bis 101% der länderdurchschnittlichen Finanzkraft zu 25%, bis 110% zu 55%, darüber zu 70%.	(1) Verzicht auf die Einwohnerwertung der Stadtstaaten bei der Ermittlung der Ausgleichsmesszahl. (3) Nichtberücksichtigung von Sonderlasten bei der Finanzkraftermittlung. (4) Allmähliche Reduktion des Ausgleichssatzes bis auf 50% und der Grenzbelastung bis auf 58%.
BEZ	Abschaffung der Fehlbetrags-BEZ sowie der Sonderbedarfs-BEZ für Kosten der politischen Führung und Haushaltsnotlagen.	Gewährung von BEZ nur für Strukturschwächen und Haushaltsnotlagen sowie in Form zeitlich befristeter Übergangshilfen.	Auffüllung bei der Fehlbetrags-BEZ bis zu 100% der länderdurchschnittlichen Finanzkraft zu 70%. Kürzung der Sonderbedarfs-BEZ für Kosten der politischen Führung und Haushaltsnotlagen und für die neuen Bundesländer.	Vergabe der BEZ nur an die neuen Bundesländer. Abschaffung aller anderen Arten von BEZ

Quellen: SÖLLNER 2000, S. 614; HUBER, LICHTBLAU 2000, S. 33 f.; DÖRING 2001, S. 365; SCHERF 2001, S. 228 ff.; eigene Zusammenstellung.

Im Juli 2001 hat der Deutsche Bundestag aufgrund der Beschlussempfehlung und des Berichtes des Sonderausschusses Maßstäbegesetz/Finanzausgleich den von der Bundesregierung eingebrachten „Entwurf eines Gesetzes über verfassungskonkretisierende allgemeine Maßstäbe für die Verteilung des Umsatzsteueraufkommens, für den Finanzausgleich unter den Ländern sowie für die Gewährung von Bundesergänzungszuweisungen (Maßstäbegesetz-MaßstG)" unter Berücksichtigung des Änderungsantrags angenommen (vgl. MASSSTÄBEGESETZ 2001). Nach diesem Maßstäbegesetz wurde die Grundstruktur des bisherigen Systems trotz Änderung in den konkreten Maßstäben beim Ausgleich beibehalten (vgl. Tab. 2.10). Dies zeigt, dass das Grundmodell des Finanzausgleichssystems Deutschlands nicht abgelehnt wird. Es kann deshalb weiter als Anregung zum Aufbau des Finanzausgleichssystem Chinas dienen.

Tab. 2.10: Neuregelung des bundesstaatlichen Finanzausgleichs ab 2005

	Geltendes Recht	Neuregelung
I. Ergänzungsanteil		
Auffüllung der Fehlbeträge bei Landessteuern und Landesanteil an Gemeinschaftssteuern	Auffüllung um 100% auf 92% des Länderdurchschnitts	Auffüllung um 95% auf 97% des Länderdurchschnitts, dann degressiv fallend auf 60% Auffüllung bei 100%
II. Länderfinanzausgleich		
Einbeziehung Kommunalsteuern	Zu 50%	Zu 64%
Ermittlung Realsteuerkraft	Über einheitliche Hebesätze	Ohne Hebesätze
Landessteuerwertung	135% Stadtstaaten	135% Stadtstaaten
Gemeindeeinwohnerwertung	Nach Gemeindegröße und Einwohnerdichte gestaffelte Einwohnerwertung	135% Stadtstaaten, 105% MV, 103% BB, 102% ST Mehrbedarf ermittelt in Abhängigkeit von Indikator
Hafenlasten	Für HH, HB, NI insgesamt 300 Mio. DM als Abzugsbetrag von der Finanzkraft	Keine innerhalb des Ausgleichssystems
Ausgleichstarif Nehmerländer	Auffüllung bis 92% des Länderdurchschnitts um 15%, bis 100% des Länderdurchschnitts um 37,5%	Auffüllung bis 80% des Länderdurchschnitts um 75%, dann bis 93% des Länderdurchschnitts fallend auf 70%, dann bis 100 des Länderdurchschnitts fallend auf 44%
Ausgleichstarif Geberländer	Abschöpfung bis 101% des Länderdurchschnitts um 15%, bis 110% des Länderdurchschnitts um 66%, ab 110% des Länderdurchschnitts um 80%	Abschöpfung bis 107% des Länderdurchschnitts steigend von 44% auf 70%, dann bis 120% des Länderdurchschnitts steigend auf 75%, dann ab 120% des Länderdurchschnitts 75%
Garantieklauseln	mehrere	„Deckelung" der durchschnittlichen Abschöpfung für jedes Geberland auf 72,5% der Überschüsse
Anreizprämie für überproportionale Steuermehreinnahmen gegenüber dem Vorjahr	keine	Für jedes Land bleiben 12% der überproportionalen Steuermehreinnahmen je Einwohner gegenüber dem Vorjahr bei der Finanzkraftermittlung unberücksichtigt
III. Bundesergänzungszuweisungen (BEZ)		
Fehlbetrags-BEZ	Auffüllung um 92% zu 100% des Länderdurchschnitts	Auffüllung um 77,5% zu 99,5% des Länderdurchschnitts
BEZ Kosten Politischer Führung	1,5 Mrd. an 9 Länder, größere Länder höhere BEZ als kleinere	1011 Mio. DM an 10 Länder
IV. Fonds Deutsche Einheit	Anteilige Finanzierung durch alte Länder in Höhe von 6,85 Mrd. DM	Übernahme durch Bund gegen Kompensation aus BEZ-Minderung und Umsatzsteuerfestbetrag

Quelle: MASSSTÄBEGESETZ 2001 (Anlage).

2.2.2.3 Geringe Auswirkungen der Transfers in die neuen Bundesländer

Nach der deutschen Vereinigung wurden erhebliche Finanztransfers in die neuen Länder vorgenommen. Ihre Auswirkungen auf Produktion und Beschäftigung sind jedoch gering. Wie Tab. 2.11 verdeutlicht, ist bis heute der Konvergenzprozess zwischen Ost- und Westdeutschland nicht abgeschlossen. Zurzeit dominiert die Ansicht, dass sich in den neuen Bundesländern bisher noch kein selbsttragender Aufschwung entwickelt hat. Einer der Gründe liegt darin, dass der konsumtive Anteil an den gesamten Bruttotransfers fast 50% betrug. Nur 30% wurden in Wirtschaftsförderung und Infrastruktur investiert (vgl. BOHNET, HECK 1999, S. 117).

Tab. 2.11: Indikatoren für den wirtschaftlichen Aufholprozess in Ostdeutschland 1991 bis 1999 (westdeutscher Wert = 100%, in jeweiligen Preisen)

	1991	1992	1993	1994	1995	1996	1997	1998[1)]	1999[1)]
BIP je Einwohner	31	40	48	52	55	56	56	56	57
Arbeitsproduktivität[2]	29	42	51	54	56	58	59	59	59
Lohnstückkosten[3]	160	145	133	130	128	128	127	126	126

1) Prognose des Instituts für Weltwirtschaft.
2) Arbeitsproduktivität = Bruttoinlandsprodukt in jeweiligen Preisen je Erwerbstätigem.
3) Lohnstückkosten = im Inland entstandene Bruttoeinkommen je abhängig Beschäftigtem bezogen auf das nominale Bruttoinlandsprodukt je Erwerbstätigem.

Quelle: BOSS, u.a. (1998), S. 33 (zit. nach BOHNET; HECK 1998, S. 40).

China kann eine Lehre daraus ziehen: Durch zweckgebundene Zuweisungen ist eher gewährleistet, dass die Transfers an die finanzschwachen Regionen möglichst in die unterentwickelte Infrastruktur, wie z.B. die Bereiche Verkehr und Kommunikationsinfrastruktur, fließen und so die Wirtschaftsentwicklung stärken.

2.3 Besonderheiten bzw. Beschränkungen bei der Gestaltung des Finanzausgleichssystems in der VR China

Die Praxis des Finanzausgleichssystems in der Bundesrepublik Deutschland liefert zwar Anregungen für die VR China hinsichtlich der Ausgestaltung ihres eigenen Finanzausgleichssystems. Allerdings hat China noch viele Besonderheiten bzw. Beschränkungen im Unterschied zu Deutschland bezüglich des Finanzausgleichs, die bei der Ausgestaltung des Finanzausgleichssystems Chinas berücksichtigt werden müssen. Im Folgenden werden einige wesentliche Aspekte behandelt.

2.3.1 Politikordnung (Staatssystem)

Anders als Deutschland als Föderativstaat ist China ein zentralistischer Staat, die Zentralregierung übernimmt wesentlich mehr Aufgaben. Deshalb benötigt die Zentralregierung in China bei der Einnahmenverteilung anteilig mehr Finanzmittel als der Bund in Deutschland. In föderativen Staaten wie Deutschland gilt das Subsidiaritätsprinzip, d.h. die Aufgabenkompetenzen werden grundsätzlich den Gebietskörperschaften der unterstmöglichen Ebene zugeordnet. Eine föderative Struktur erscheint derzeit in China politisch nicht durchsetzbar.

2.3.2 Große regionale Unterschiede in den natürlichen Bedingungen

Die Fläche des Staatsgebietes Chinas beträgt etwa 9,6 Mio. Quadratkilometer und ist ca. 30mal so groß wie die Bundesrepublik Deutschland, die nur so groß wie eine Provinz mittlerer Größe in China ist. Das Staatsgebiet erstreckt sich von Ost bis West über 60 Längengrade (von 73°O bis 135°5´ O) und von Nord bis Süd über 50 Breitengrade (von 53°31´ N bis 4° N). Von Ost bis West beträgt die Zeitdifferenz mehr als vier Stunden. In einem so großen Flächenstaat variieren die natürlichen Bedingungen sehr stark in den einzelnen Regionen (vgl. ZHAO, ZHENG, WANG, XU 1990, S. 12).

Zunächst hat China große geographische Unterschiede. Ostchina ist Flachland, während sich Tibet auf einen Plateau mit einer Höhenlage von 4000 Metern über dem Meeresspiegel und Sichuan in einem Becken befindet. Die Xinjiang-Provinz ist bekannt für ihr Wüstengebiet und die Innere Mongolei für Grasland. Die Provinzen in Mittelchina liegen in Gebirgsregionen, während die Provinzen im Südosten viele Flüsse und Seen besitzen. Außerdem gibt es eine regional ungleiche Ausstattung mit Bodenschätzen.

Die Klima variiert ebenfalls sehr stark. Im Norden, z.B. in der Heilongjiang-Provinz, erreicht die Temperatur im Januar -30°C und noch weniger, während sie in Südchina, wie in den Provinzen Guangdong, Guangxi und Fujian, mehr als 10°C beträgt. In der Provinz Hainan und im Süden der Yunnan-Provinz liegt die Temperatur im Januar über 15°C und in den Inseln im südchinesischen Meer ist es noch wärmer; dort schwankt die Temperatur im kältesten Monat zwischen 22°C und 26°C. Außerdem ist der Temperaturunterschied in Nordchina zwischen Winter und Sommer sehr groß; die Temperatur bewegt sich zwischen unter -30° C und über +30° C (vgl. ZHAO, ZHENG, WANG, XU 1990, S. 16 f.).

Darüber hinaus gibt es große demographische Unterschiede. Obwohl China ein großer Flächenstaat ist, beträgt seine Bevölkerungsdichte 114 Personen pro Quadratkilometer und damit ca. das 3fache des weltweiten Durchschnitts. Im Nordwesten beträgt die Bevölkerungsdichte jedoch nur 10,6 Personen pro Quadratkilometer (vgl. ZHAO, ZHENG, WANG, XU 1990, S. 14).

Die oben genannten regionalen Unterschiede in den natürlichen Bedingungen verursachen nicht nur eine unterschiedliche wirtschaftliche Leistungsfähigkeit (Finanzkraft), sondern auch unterschiedlichen Finanzbedarf in den einzelnen Regionen. Beispielsweise sind die Kosten für den Aufbau eines Gebäudes oder die Erhaltung einer Straßenbahn in Nordchina wegen der strengen Kälte im Winter und des großen jährlichen Temperaturunterschiedes viel höher als in Südchina. Bei der Ausgestaltung der Finanzausgleichsregelungen in China sollten solche Unterschiede berücksichtigt werden. Außerdem erfordern die regionalen Unterschiede in der Finanzkraft auch mehr Autonomie der lokalen Gebietskörperschaften.

2.3.3 Große regionale wirtschaftliche Entwicklungsunterschiede

Neben den regionalen Unterschieden in den natürlichen Bedingungen hat China auch große regionale wirtschaftliche Entwicklungsunterschiede. Wie man aus Abb. 2.3 erkennen kann, lag das Pro-Kopf-BIP im Jahre 1999 in Shanghai bei 27374 Yuan, während es in der Provinz Guizhou nur bei 2458 Yuan oder 8,99% desjenigen von Shanghai lag.

Aus den großen regionalen Unterschieden der Wirtschaftsentwicklung resultiert eine große Diskrepanz in der Finanzkraft zwischen den Provinzen. 1999 lag der Unterschied der Finanzkraft zwischen Shanghai (2849 Yuan) und Tibet (179 Yuan) bei ca. 16:1 (vgl. STATISTISCHES JAHRBUCH CHINAS 2000, S. 96 und 272). Obwohl nach den Finanztransfers die Disparität im Vergleich zu den eigenen Einnahmen kleiner wird, sind die Unterschiede in den Ausgaben der einzelnen Provinzen erheblich. Der größte Unterschied der Ausgaben bestand zwischen Shanghai (3620 Yuan) und Henan (409 Yuan) und betrug 1999 ca. 8,8:1 (vgl. STATISTISCHES JAHRBUCH CHINAS 2000, S. 96 und 276). Durch die großen Finanzkraftunterschiede entstehen große Differenzen in der Fähigkeit zur Bereitstellung öffentlicher Güter und Leistungen zwischen den einzelnen Provinzen.

Abb. 2.3: Pro-Kopf-BIP der 31 Provinzen 1999, in Yuan

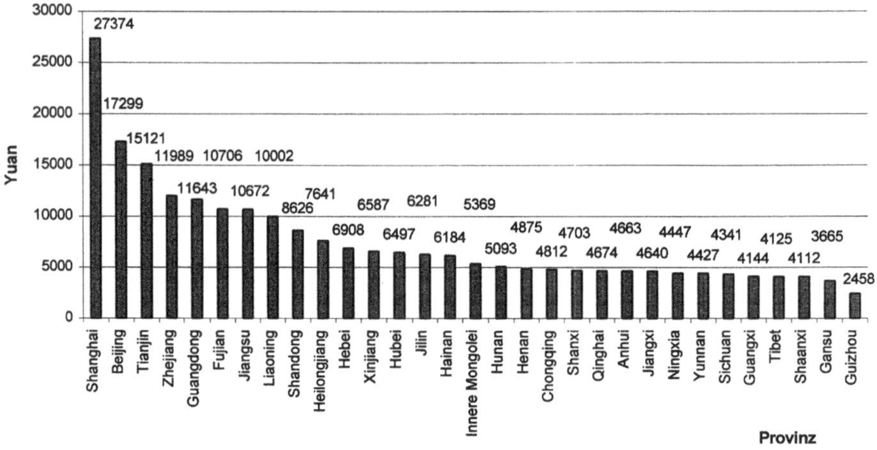

Quelle: STATISTISCHES JAHRBUCH CHINAS 2000, S. 60 und 96.

Tab. 2.12 gibt einen Überblick über die regionalen wirtschaftlichen Unterschiede im Jahre 1999. Die Tabelle zeigt, dass die Disparität zwischen Westchina und Ostchina besonders hoch ist. Das Ausmaß der Disparität zwischen West- und Ostchina ähnelt demjenigen zwischen Ost- und Westdeutschlands am Anfang der deutschen Vereinigung (vgl. Tab. 2.6).

Bei großen regionalen Unterschieden der Leistungsfähigkeit ist ein rein horizontaler Finanzausgleich politisch nur schwer durchzusetzen. In Deutschland wurde deshalb nach der Wiedervereinigung bis Ende 1994 auch kein Länderfinanzausgleich zwischen alten und neuen Bundesländern eingeführt, sondern dieser durch den Fonds „Deutsche Einheit" ersetzt. In Ostdeutschland wurde also der horizontale Finanzausgleich vollständig durch einen vertikalen ersetzt. Allerdings flossen die Zuweisungen nicht direkt vom Zentralstaat (Bund), sondern aus einem zentralen Fonds.

Tab. 2.12: Wirtschaftliche Unterschiede zwischen Ost- und Westchina 1999, in Yuan

	Gesamtchina (1)	Ostchina (2)	Westchina (3)	Relation (in %)	
				(3):(1)	(3):(2)
Pro-Kopf-BIP	7058	10693	4234	59,99	39,60
Pro-Kopf-Einnahmen	450	716	291	64,67	40,64
Pro-Kopf-Ausgaben	724	978	615	84,94	62,88

Anmerkung:
Die reichen Regionen Ostchinas sind folgende elf Provinzen: Beijing, Tianjin, Hebei, Liaoning, Shanghai, Jiangsu, Zhejiang, Fujian, Shandong, Guangdong und Hainan. Die armen Regionen Westchinas umfassen ebenfalls elf Provinzen: Xinjiang, Gansu, Qinghai, Ningxia, Innere Mongolei, Shaanxi, Sichuan, Yunnan, Guangxi, Guizhou und Tibet.

Quellen: STATISTISCHES JAHRBUCH CHINAS 2000, S. 60, 96, 272, 276; eigene Berechnungen.

2.3.4 Nationalitätenproblematik

China ist außerdem mit der Nationalitätenproblematik konfrontiert. Auf dem Territorium Chinas leben insgesamt 56 Nationalitäten. Davon sind 93% Han-Chinesen. Die nationalen Minderheiten wohnen überwiegend in den acht autonomen Gebieten der nationalen Minderheiten: Innere Mongolei, Xinjiang, Tibet, Ningxia, Guangxi, Yunnan, Qinghai und Guizhou. Die meisten Gebiete nationaler Minderheiten befinden sich in dünn besiedelten Hochebenen oder in Gebirgsgegenden und sind weit entfernt von den wirtschaftlichen Zentren in Westchina. Aus der Existenz vieler verschiedener Nationalitäten resultieren folgende Probleme:

(1) Rückständige Wirtschaftsentwicklung

Die schlechte wirtschaftliche Lage vieler Regionen nationaler Minderheiten resultiert eher aus einem rückständigen Bewusstsein als aus ihrer geographischen Lage. Die Wirtschaft in diesen Regionen ist stark von niedriger Arbeitsproduktivität, niedriger Wissensintensität und einer niedrigen Wertschöpfung geprägt. Dort dominieren meist die Land- und Viehwirtschaft. Es fehlen v.a. Hochtechnologieprodukte mit hoher Wertschöpfung. Deshalb können diese Regionen nicht mit den anderen Regionen konkurrieren, so dass es zu einem zunehmenden Auseinanderklaffen in den Pro-Kopf-Einkommen kommt. Von den acht autonomen Regionen der nationalen Minderheiten zählten sechs Regionen zu den zehn Provinzen mit dem niedrigsten Pro-Kopf-BIP im Jahre 1999 (vgl. Abb. 2.3).

(2) Schwache Finanzkraft

Aus ihrer rückständigen Wirtschaftsentwicklung ergibt sich eine schwache Finanzkraft der Gebiete der nationalen Minderheiten. Tibet, Guizhou und Ganshu sind seit 1996 die drei Provinzen mit den niedrigsten Pro-Kopf-Finanzeinnahmen. Aus der schwachen Finanzkraft resultiert ein niedriges Niveau der Versorgung mit öffentlichen Gütern. Beispielsweise lagen die Pro-Kopf-Ausgaben für Bildung in Guizhou 1998 bei nur ca. 8,2% derjenigen von Beijing und bei ca. 41,3% des Landesdurchschnitts (vgl. STATISCHES JAHRBUCH CHINAS 2000, S. 676; STATISCHES JAHRBUCH CHINAS 1999, S. 113). Das Ausbildungsniveau, insbesondere die Hochschulausbildung, ist daher in den autonomen Regionen niedrig. So betrug der landesdurchschnittliche Anteil der Beschäftigen mit Hochschulausbildung an den gesamten Beschäftigten (ohne Bauern) im Jahre 1999 3,8%, während in der Provinz Guangxi dieser Anteil sogar nur bei 0,9%[18] lag und somit 23% des Landesdurchschnitts ausmachte (vgl. STATISCHES JAHRBUCH CHINAS 2000, S. 155).

(3) Höherer Finanzbedarf

Darüber hinaus haben die Autonomiegebiete der nationalen Minderheiten auch einen höheren Finanzbedarf: Zunächst haben diese Regionen erheblichen Nachholbedarf hinsichtlich der örtlichen Infrastruktur. Außerdem erhöht die parallele Verwendung von zwei Sprachen (die eigene Sprache jeder nationalen Minderheit und Hoch-Chinesisch) den Finanzbedarf. So müssen z.B. die Schulbücher in zwei Sprachen gedruckt oder Sendungen von Fernsehen und Radio in zwei Sprachen produziert werden. Darüber hinaus erfordern die Sitten und Gebräuche der nationalen Minderheiten zusätzliche Finanzmittel, z.B. die Ausgaben für die Reparatur und Erhaltung der eigenen Tempel der nationalen Minderheiten, wie etwa der weltweit bekannte Potala in Tibet.

(4) Politische Instabilität

Nationalitätenkonflikte oder nationale Unabhängigkeitsbewegungen wie z.B. in Tibet und Xinjiang sind das schwierigste Nationalitätenproblem. Um die politische Stabilität zu erhalten, werden zusätzliche Finanzmittel z.B. für Polizei oder Sicherheitsdienste benötigt. Zugleich ist ein übliches Problem für die nationale Minderheiten das Emp-

---

[18] Mit Bauern wäre dieser Anteil der Provinz Guangxi noch niedriger, da der Anteil der Bauern an der Gesamtbevölkerung in Guangxi überdurchschnittlich hoch und der Ausbildungsgrad der Bauern sehr niedrig ist.

finden von nationaler Diskriminierung oder nationaler Unterdrückung. M.a.W.: Ein kleines Problem kann in den Gebieten der nationalen Minderheiten sehr leicht zu einem großen politischen Problem führen.

Die obigen Ausführungen machen deutlich, dass der Nationalitätenproblematik bei der Ausgestaltung des Finanzausgleichssystems Chinas große Aufmerksamkeit geschenkt werden muss. Eine die nationalen Minderheiten unterstützende Fiskalpolitik ist zu ergreifen, um das Auseinanderfallen des ganzen Landes zu vermeiden. Eine zu starke Zentralisierung kann zur Unterdrückung von Minderheiteninteressen führen. Deshalb müssen neben mehr finanzieller Autonomie bei der Entscheidung über fiskalpolitische Maßnahmen die ökonomischen und politischen Interessen der nationalen Minderheiten berücksichtigt werden.

2.3.5 Begrenzte Finanzkraft für einen Finanzausgleich

Die staatliche Finanzkraft Chinas ist gegenwärtig noch sehr gering. Zunächst ist der Anteil der staatlichen Einnahmen am BIP sehr niedrig. Zwar nahm er nach 1995 jährlich zu, aber die Wachstumsrate ist noch immer zu niedrig. So lag der Anteil im 2000 der staatlichen Einnahmen am BIP nur bei 15,0% (vgl. STATISTISCHES JAHRBUCH CHINAS 2001, S. 246). Damit liegt dieser Anteil weit unter demjenigen nicht nur in entwickelten Ländern, sondern auch in den meisten Entwicklungsländern.

Diese Probleme werden durch die schwache Finanzkraft der Zentralregierung verschärft. Obwohl sich die Finanzkraft der Zentralregierung nach der Reform des Jahres 1994 deutlich erhöht hat, ist sie immer noch niedriger als geplant, insbesondere im Vergleich zu den Ausgaben. Wie Abb. 2.4 zeigt, ist der Ausgabendruck ständig gestiegen, während der Einnahmenzuwachs gesunken ist. Die Einnahmen, die die Zentralregierung für Finanzzuweisungen verwenden kann, sind derzeit allein auf ihre zunehmenden Einnahmen aus Verbrauchssteuern und Mehrwertsteuer beschränkt. Ein Freisetzung zusätzlicher Finanzmittel durch Senkung der Ausgaben für andere Zwecke wird politisch nicht angestrebt. Damit ist der Spielraum der Zentrale zur Gewährung nivellierender Finanzausgleichszahlungen sehr begrenzt (vgl. LIANG 1996, S. 28).

Abb. 2.4: Jahreswachstumsrate der Einnahmen und -ausgaben 1994 bis 1998, in %

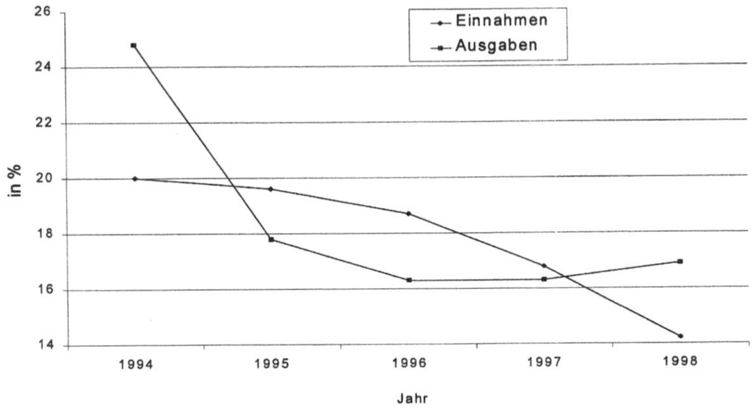

Quelle: STATISTISCHES JAHRBUCH CHINAS 1999, S. 265.

2.3.6 Chinas Besonderheiten als Transformationsland

Als Transformationsland weist China folgende für den Finanzausgleich relevante Charakteristika auf:

(1) Wachsende Aufgaben der Zentralregierung

In der Anfangsphase der Transformation dominieren eindeutig die Stabilisierungs-, die Privatisierungs- und die Liberalisierungsaufgabe. Diese Aufgaben sollte der Zentralstaat wahrnehmen, um eine schnelle und einheitliche Vorgehensweise bei der Umwandlung einer Zentralplanwirtschaft in eine Marktwirtschaft sicherzustellen. Deshalb spielt der Zentralstaat in dieser Transformationsphase eine herausragende Rolle.

(2) Vergrößerung der regionalen Unterschiede

In sozialistischen Planwirtschaften wurde eine einseitige regionale Wirtschaftsstruktur angelegt, bei der reine Landwirtschaftsregionen, Industriezentren oder Rüstungsindustriegebiete geschaffen wurden. Beispielsweise war Nordostchina, also die drei Provinzen Heilongjiang, Jilin und Liaoning, ein Schwerindustriegebiet. In diesen Regionen dominierten viele große Staatsunternehmen. Diese erwiesen sich im Transformationsprozess als nicht wettbewerbsfähig, so dass große Verluste erwirtschaftet wurden und Arbeitslosigkeit entstand. Die Wirtschaft hat sich daher in den betreffenden Regionen deutlich langsamer als in Südchina entwickelt.

Aus den unterschiedlichen Startbedingungen und Transformationsgeschwindigkeiten resultieren eine Vergrößerung der regionalen Divergenzen und eine sehr unterschiedliche finanzielle Leistungsfähigkeit der einzelnen Regionen. Die durch den Transformationsprozess ausgelösten unterschiedlichen regionalen Wirtschaftsentwicklungen führen darüber hinaus zu einer regionalen Diskrepanz der Möglichkeiten bei der Einnahmenerhebung wie auch hinsichtlich des transformationsbedingten finanziellen Zusatzbedarfs (vgl. BELL 1998, S. 135 f.).

(3) Verstärkung der Probleme bei der Ermittlung der Transferzahlungen

In der Transformationsphase kann die neue Wirtschaftsordnung nicht übergangslos etabliert werden. Deshalb muss die Regierung einige Aufgaben, die in einer reinen Marktwirtschaft i.d.R. nicht von ihr zu tragen sind, wie z. B. die Bereitstellung von Informationen, die Bewertung der Glaubwürdigkeit der Unternehmen und die Überwachung des Geschäftsgebarens, übergangsweise weiter übernehmen. Auch die Aufgaben in den Bereichen Bildung, Kultur, Gesundheitswesen, Sport und Wissenschaft, die von Verbänden oder vom privaten Sektor getragen werden könnten, werden weiterhin von der Regierung erfüllt (vgl. BOHNET 2001, S. 133). Umgekehrt schiebt sie einige öffentliche Aufgaben, die von der Regierung erledigt werden sollten, wie z.B. Bildung und medizinische Versorgung der Arbeitnehmer, den Unternehmen zu. Dies bringt große Schwierigkeiten bei den exakten Berechnungen der Regierungseinnahmen und -ausgaben im Bereich der öffentlichen Dienstleistungen. Dadurch vergrößern sich die Schwierigkeiten bei der Festlegung der Nivellierungszuweisungen (vgl. ZHUANG 1995, S. 24).

(4) Verstärkung der Finanzprobleme der öffentlichen Haushalte

Ebenso wie in den übrigen Transformationsländern ist die Finanzlage der öffentlichen Haushalte in China problematisch. Die öffentlichen Haushalte sind stark gefordert, die notwendigen öffentlichen Leistungen zu erbringen. So muss z.B. das System der sozialen Sicherung ausgebaut werden, weil diese Aufgabe von den Betrieben auf den Staat übertragen worden ist. Außerdem sind für die zahlreichen Reformmaßnahmen auch erhebliche Finanzmittel erforderlich. Allgemein ist der Finanzbedarf in der Transformation höher als in Normalzeiten.

2.3.7 Statistik- und Datenproblematik

Um Genauigkeit und Gerechtigkeit bei den Transferzahlungen zu erreichen, müssen exakte Schätzungen und Berechnungen der Finanzkraft und der notwendigen Finanzbedarfs der einzelnen Regionen durchgeführt werden. Dies beansprucht einen großen Aufwand bei der Datensammlung und deren statistischer Analyse. In der Vergangenheit wurde in China immer die Basisjahrmethode angewandt, weshalb die erforderlichen statistischen Daten für die Verwendung des standardisierten Berechnungsmodells bei der Einnahmen- und Ausgabenermittlung nur teilweise vorliegen. Einige Daten sind überhaupt nicht verfügbar. Manchen Daten fehlt es an Genauigkeit und Zuverlässigkeit, einige sind statistisch nicht repräsentativ (vgl. ZHUANG 1995, S. 25). In den Statistischen Jahrbüchern sind oft Fehler zu finden. Solche Probleme können in kurzer Zeit kaum bewältigt werden.

2.3.8 Schwierigkeiten bei der Veränderung der bestehenden regionalen Interessenstruktur

In China werden die Interessen der finanzstarken Provinzen verletzt, wenn die bestehende Verteilungsstruktur verändert wird. Diese Veränderung wird auch den Anreiz zur Mehrbesteuerung der finanzstarken Provinzen dämpfen, was einen negativen Einfluss auf die staatlichen Gesamtfinanzeinnahmen und die wirtschaftliche Entwicklungsgeschwindigkeit hat. Und weil der politische Einfluss der finanzstarken Provinzen in China groß ist, sind die Widerstände der Regionen gegen Veränderungen im Finanzausgleich stärker als in Deutschland. Deshalb wurde die bestehende regionale finanzielle Verteilungsstruktur z.B. durch Steuerrückerstattungen bei der Reform des Finanzausgleichssystems 1994 als der „Preis" für die Reform im neuen Finanzausgleichssystem beibehalten (vgl. YANG 1996, S. 9). Nivellierungseffekte ergeben sich lediglich aus den Transferzahlungen aus den zunehmenden Einnahmen der Zentralregierung, die allerdings nur einen sehr kleinen Teil aller Transferzahlungen ausmachen. Weitere Reformen zur Beseitigung von nicht rationalen Maßnahmen wie Steuerrückerstattungen werden durch die Bestrebung der Lokalregierungen zur Wahrung der eigenen Interessen erschwert. Wie der Widerstand der Lokalregierungen der reichen Regionen verringert werden kann, ist für China eine zentrale Frage bei der Neugestaltung des Transferzahlungssystems.

KAPITEL 3:
DIE HISTORISCHE ENTWICKLUNG DES FINANZAUSGLEICHSSYSTEMS IN DER VR CHINA: DARSTELLUNG UND BEURTEILUNG

In diesem Kapitel wird ein Rückblick auf die historische Entwicklung des Finanzausgleichssystems in der VR China vorgenommen. Dies ist die Grundlage zur Beurteilung des gegenwärtigen Finanzausgleichssystems, weil der aktuelle Status quo im Sinne einer Pfadabhängigkeit von der historischen Entwicklung entscheidend determiniert wird.

Von 1949 (dem Jahr der Gründung der VR China) bis heute hat das Finanzausgleichssystem Chinas vier Entwicklungsphasen durchlaufen. Von 1950 bis 1952 wurde ein hochgradig zentralisiertes Finanzausgleichssystem praktiziert. Von 1953 bis 1979 wurde mit einem auf verschiedenen Ebenen verwalteten Finanzausgleichssystem gearbeitet, das allerdings fast zyklischen Schwankungen im Dezentralisierungsgrad unterlag. Von 1980 bis 1993 war ein auf dem so genannten Verantwortungssystem basierendes Finanzausgleichssystem in Kraft. 1994 wurde ein auf dem Steuertrennsystem basierendes Finanzausgleichssystem eingeführt, das bis heute angewendet wird (vgl. CHEN 1999, S. 269; MA 1996, S. 352; WU 1995, S. 262). In diesem Kapitel wird die historische Entwicklung des Finanzausgleichssystems in der VR China von 1949 bis 1993 dargestellt und analysiert.

Das Kapitel besteht aus vier Abschnitten. Nach einigen einleitenden Erläuterungen werden in drei Abschnitten die historischen Entwicklungsphasen des Finanzausgleichssystems der VR China vor 1994 dargestellt. Die ersten zwei Entwicklungsphasen werden lediglich in ihren Grundzügen skizziert. Schwerpunktmäßig wird die letzte Phase, das von 1980 bis 1993 praktizierte Finanzausgleichssystem, dargestellt und bewertet, da die Wurzeln der Probleme des gegenwärtigen Finanzausgleichssystems in den Finanzausgleichsregelungen dieses Zeitraums zu suchen sind. Der letzte Teil enthält eine Zusammenfassung der Ergebnisse.

Zum Verständnis der nachfolgenden Ausführungen sind folgende Vorwegerläuterungen hilfreich:

1) In der Vergangenheit hatte die Verteilung der Aufgaben in der VR China spezifische Charakteristika: Sie erfolgte nicht im Rahmen des öffentlichen Finanzsystems, sondern im Rahmen des staatlichen Planungs- und Wirtschaftsverwaltungssystems. Vor der Wirtschaftsreform 1978 gab es in der VR China keinen nennenswerten privaten Sektor. Die Regierung war für die Bereitstellung aller öffentlichen und privaten Güter verantwortlich. Die Zuordnung der Unternehmen und der öffentlichen Institutionen zur Zentralregierung und zu den lokalen Gebietskörper-

schaften war aber entscheidend für die Verteilung der Aufgaben innerhalb des Staatssektors.

2) Von 1949 bis 1993 war die Gesetzgebungshoheit bezüglich der Besteuerung hochgradig zentralisiert. Bemessungsgrundlagen und Tarife aller Steuern wurden von der Zentralregierung festgelegt. Weil es hier zwischen 1950 und 1994 keine Änderungen gab, wird die Gesetzgebungshoheit in der folgenden Darstellung vernachlässigt.

3) Die Finanzzuweisungen zwischen und innerhalb aller Ebenen hatten bis 1994 die Besonderheit, dass sie kein allgemein geregeltes Transferzahlungssystem darstellten. Finanzzuweisungen existierten dennoch, allerdings in versteckten Formen. Die horizontalen Finanzzuweisungen ergaben sich aus einer unterschiedlichen Behandlung der einzelnen Provinzen bei der Mittelverteilung, nach der die reichen Gebietskörperschaften Abführungen an die Zentralregierung abgeben sollten, während die armen Gebietskörperschaften Zuschüsse von der Zentralregierung bekommen konnten. Als vertikale Finanzzuweisungen galten Zuschüsse der Zentralregierung an die lokalen Gebietskörperschaften, um deren Ausgaben und Einnahmen auszugleichen und wirtschaftlich rückständige Gebietskörperschaften zu unterstützen. Ein anderes Instrument für die vertikalen Finanzzuweisungen waren von der Zentralregierung durchgeführte Schlüsselinvestitionen im Rahmen der „Fünfjahrespläne“ in bestimmten Gebietskörperschaften. Aber auch sie stellten keine allgemein geregelten Finanztransfers dar, sondern auf Jahresplänen beruhende Finanzzuschüsse.

3.1 Aufbau und Umgestaltungen des Finanzausgleichssystems im Zeitraum von 1950 bis 1952

Die Periode von 1950 bis 1952 kann in zwei Phasen eingeteilt werden: Die Errichtung eines hochgradig zentralisierten Finanzausgleichssystems im Jahr 1950 und dessen Umgestaltung in den Jahren 1951 bis 1952.

3.1.1 Errichtung eines hochgradig zentralisierten Finanzausgleichssystems (1950)

In dieser kurzen Periode wurde die Politikordnung in China stark verändert. Obwohl die Wirtschaftsordnung formal zunächst noch eine kapitalistische Marktwirtschaft blieb, griff der Staat zunehmend in die Wirtschaft ein, insbesondere indem er mit der Verstaatlichung der Unternehmen begann. Kurz nach der Gründung der VR China war die wirtschaftliche und fiskalische Situation desolat. Der Staatshaushalt hatte während des Kriegs jahrelang Defizite aufgehäuft und die Inflation galoppierte. Deshalb waren die zentralen Aufgaben der Kommunistischen Partei Chinas (KPCh) in den ersten Jahren nach der Gründung der VR China, die galoppierende Inflation zu unterdrücken, die Marktordnung zu reorganisieren und die Volkswirtschaft parallel zur Gesellschaftsumgestaltung wieder aufzubauen (vgl. ZHAO, WANG 1986, S. 66; LI, ZHANG 1999, S. 7; CHEN (Hrsg.) 1987, S. 37; SONG (Hrsg.) 1997, S. 49; XIANG (Hrsg.) 1999, S. 66).

In dieser besonderen Situation wurde im März 1950 ein hochgradig zentralisiertes Finanzausgleichssystem eingeführt: Die erforderlichen Finanzausgaben der Regierungen aller Ebenen wurden von der Zentralregierung einheitlich überprüft und bestätigt. Sodann wurden die benötigten Finanzmittel Ebene für Ebene nach unten zugewiesen. Außer den lokalen Steuern und sonstigen kleinen Einnahmen, die die lokalen Gebietskörperschaften selbst behalten und ausgeben durften, waren alle anderen Einnahmen an die Zentralregierung abzuführen. Die von den lokalen Gebietskörperschaften erhobenen Einnahmen standen also in keinem direkten Zusammenhang mit ihren Ausgaben (vgl. ALLGEMEINE ABTEILUNG DES FINANZMINISTERIUMS 1982, S. 2; YANG 1995, S. 170; HAN, DU, YANG 1989, S. 49).

3.1.2 Umgestaltung des hochgradig zentralisierten Finanzausgleichssystems (1951 bis 1952)

1951 hatten sich die wirtschaftliche Situation und die Finanzlage deutlich verbessert. Es stellten sich aber gleichzeitig Nachteile des hochgradig zentralisierten Finanzausgleichssystems heraus. Deshalb entschied der Staat im März 1951, ein weniger zentralisiertes Finanzausgleichssystem einzuführen: Zunächst wurden die staatlichen Finanzen in drei Ebenen unterteilt. Neben der Zentralregierung wurden die großen Verwaltungsbezirke[19] und die Provinzen geschaffen, die zusammen als die lokalen Gebietskörperschaften bezeichnet wurden. Tab. 3.1 zeigt, wie die Aufgaben bzw. Ausgaben zwischen der Zentralregierung und den lokalen Gebietskörperschaften aufgeteilt wurden.

Auch die Einnahmenverteilung wurde für die Zeit ab März 1951 neu geregelt. Tab.3.2 gibt hierzu einen Überblick.

---

[19] Verwaltungsbezirk war die einige Jahre nach der Befreiung Chinas bestehende Verwaltungseinheit oberhalb der Provinzebene.

Tab. 3.1: Verteilung von Aufgaben bzw. Ausgaben zwischen der Zentralregierung und den lokalen Gebietskörperschaften in China 1951

Zentralregierung	Lokale Gebietskörperschaften
• Investitionen für die zentralen Staatsunternehmen • Verteidigung • Wirtschaftsaufbau auf der Zentralebene • Kultur und Bildung auf der Zentralebene • Administration der Zentralregierung • Rückzahlungen und Zinsen inländischer und ausländischer Kredite	• Investitionen für die lokalen Staatsunternehmen • Wirtschaftsaufbau auf der Lokalebene • Kultur und Bildung auf der Lokalebene • Administration der Lokalregierungen

Quelle: Eigene Zusammenstellung in Anlehnung an ALLGEMEINE ABTEILUNG DES FINANZMINISTERIUMS 1982, S. 3.

Tab. 3.2: Verteilung der Einnahmen zwischen der Zentralregierung und den lokalen Gebietskörperschaften in China 1951

<table>
<tr><th>Zentralregierung</th><th>Lokale Gebietskörperschaften</th></tr>
<tr><td>• Gewinnabführungen der zentralen Staatsunternehmen
• Agrarsteuer
• Zölle
• Salzsteuer</td><td>• Gewinnabführungen der lokalen Staatsunternehmen
• Schlachtsteuer
• Vertragsteuer
• städtische Immobiliensteuer
• Sonderverbrauchsteuer
• Kennzeichensteuer für Fahrzeuge</td></tr>
<tr><td colspan="2">An die Zentralregierung proportional abzuliefernde Einnahmen oder von den lokalen Gebietskörperschaften proportional einzubehaltende Einnahmen (Gemeinschaftssteuern):
• Warensteuer[1)]
• Steuern auf Gewerbebetriebe aus Industrie und Handel[2)]
• Stempelsteuer
• Marktsteuer
• Zinssteuer</td></tr>
</table>

1) Die Warensteuer war eine in den ersten Jahren nach der Gründung der VR China eingeführte Mengensteuer. Steuerpflichtige waren die Produzenten und die Importeure.

2) Sie setzen sich aus der Besteuerung des Umsatzes und der Gewinnbesteuerung zusammen.

Quelle: Eigene Zusammenstellung in Anlehnung an ALLGEMEINE ABTEILUNG DES FINANZMINISTERIUMS 1982, S. 4.

Beim Ausgleich der Ausgaben und Einnahmen der lokalen Gebietskörperschaften wurde folgende Regelung eingeführt: Die Ausgaben und Einnahmen wurden jährlich von der Zentralregierung nach einer Prüfung festgelegt. Soweit möglich, wurden die Ausgaben zuerst mit den eigenen Einnahmen ausgeglichen. Danach wurde der fehlende Teil mit den von den lokalen Gebietskörperschaften proportional einzubehaltenden Einnahmen gedeckt. Sofern die lokalen Gebietskörperschaften im vorhergehenden Jahr Überschüsse erzielt hatten, wurden diese als Einnahmen der eigenen Ebene in den laufenden Finanzhaushalt zur Deckung der Ausgaben eingesetzt. Um die Eigeninitiative der lokalen Gebietskörperschaften zu erhöhen, durften sie 50% der das Plansoll übersteigenden Agrarsteuer behalten (vgl. ALLGEMEINE ABTEILUNG DES FINANZMINISTERIUMS 1982, S. 4).

3.1.3 Zusammenfassung und Bewertung

Obwohl im Jahr 1951 das zunächst zentrale Finanzausgleichssystem auf drei Ebenen aufgeteilt wurde, war dies nur der Anfang einer Finanzverwaltung auf verschiedenen Ebenen. Die Finanzkraft und die Finanzbefugnisse der lokalen Gebietskörperschaften waren noch sehr gering, weil der Staat mit der Gesellschaftsumgestaltung und dem Krieg in Korea gegen die USA beschäftigt war und deshalb den größeren Teil der Finanzmittel auf die Zentralregierung konzentrierte. Deshalb war das von 1950 bis 1952 praktizierte Finanzausgleichssystem letztlich hochgradig zentralisiert (vgl. XIANG 1989, S. 34). Insgesamt nahmen die staatlichen Einnahmen in den Jahren 1951 und 1952 deutlich zu, so dass sogar ein Überschuss erzielt werden konnte (vgl. WIRTSCHAFTSJAHRBUCH CHINAS 1994, S. 846). Die Inflation wurden eingedämmt und ein deutlicher Rückgang der Armut wurde erreicht (vgl. STATISTISCHES JAHRBUCH CHINAS 1987, S. 36 und 647).

Es existierten damit gute wirtschaftliche und fiskalische Ausgangsbedingungen für den ersten Fünfjahresplan, der 1953 begann. Aber dieses hochgradig zentralisierte Finanzausgleichssystem war nur ein unter den besonderen historischen Bedingungen entstandenes vorläufiges System, das sich an die Veränderung des übrigen ordnungspolitischen Rahmens anpassen musste (vgl. CHEN 1999, S. 269).

3.2 Entwicklung des Finanzausgleichssystems im Zeitraum von 1953 bis 1979

Von 1953 bis 1979 hat sich parallel zu den mehrfachen Veränderungen der politischen und wirtschaftlichen Situation auch das Finanzausgleichssystem entsprechend häufig verändert. Gemäß den Veränderungen in der politischen und wirtschaftlichen Situation kann diese Periode nochmals in drei Phasen unterteilt werden: Die Phase der Sozialisierung (1953 bis 1957), die Phase des „Großen Sprungs nach vorn“ und die darauf folgende Neuausrichtung der Wirtschaft (1958 bis 1965) sowie die Phase der „Großen Kulturrevolution" (1966 bis 1979).

3.2.1 Die Phase der Sozialisierung (1953 bis 1957)

Im Zeitraum des ersten Fünfjahresplans (1953 bis 1957) wurde in der VR China die Sozialisierung weitergeführt und vollendet und der heute noch geltende Aufbau des chinesischen Staates geschaffen (vgl. LI, ZHANG 1999, S. 53 ff.). Das 1951 eingeführte „hochgradig zentralisierte Finanzausgleichssystem" wurde mehrmals dezentralisiert. 1953 wurden die großen Verwaltungsbezirke abgeschafft und neben den Provinzen die Ebene der Kreise eingerichtet. Innerhalb des zunächst noch einheitlichen Haushalts erhielten die lokalen Ebenen bereits eigene Einnahmen, die je nach Finanzsituation durch zentrale Zuschüsse ergänzt wurden oder bei Einnahmenüberschüssen abzuführen waren. Wurden Einnahmen erwirtschaftet, die über dem vorgegebenen Plansoll lagen, durften sie von den lokalen Ebenen einbehalten und in eigener Verantwortung ausgegeben werden (vgl. ALLGEMEINE ABTEILUNG DES FINANZMINISTERIUMS 1982, S. 4 f.). Im Jahr 1954 wurde dieses Finanzausgleichssystem erneut umgestaltet. Wesentlich ist, dass eine neue Verteilungsregelung für die Einnahmen eingeführt wurde, die eine Aufteilung nach den Arten der Einnahmen beinhaltete (vgl. ALLGEMEINE ABTEILUNG DES FINANZMINISTERIUMS 1982, S. 6).

Allgemein hatten die lokalen Gebietskörperschaften unter diesem Finanzausgleichssystem feste und verlässliche Einnahmequellen und waren finanziell recht flexibel. Die lokalen Gebietskörperschaften erwirtschafteten sogar beachtliche Überschüsse, so dass sie Initiativen zur Förderung der Wirtschaft in der eigenen Region ergreifen konnten (vgl. ALLGEMEINE ABTEILUNG DES FINANZMINISTERIUMS 1982, S. 6). In dieser Phase hat China seinen ersten wirtschaftlichen Aufschwung realisiert (vgl. KRUG 1993, S. 44). Sowohl die Finanzausstattung der verschiedenen Staatsebenen als auch das BIP stiegen laufend (vgl. WIRTSCHAFTSJAHRBUCH CHINAS 1994, S. 846 f.; STATISTISCHES JAHRBUCH CHINAS 1998, S. 55). Da zugleich die Preise stabil blieben (vgl. STATISTISCHES JAHRBUCH CHINAS 1987, S. 647), kamen die Wirtschaftsentwicklung und die Erhöhung des Lebensstandards der Bevölkerung recht schnell voran.

3.2.2 Die Phase des „Großen Sprungs nach vorn“ (1958 bis 1960) und die darauf folgende Neuausrichtung der Wirtschaft (1961 bis 1965)

In der Phase des „Großen Sprungs nach vorn“ wurde zunächst im Jahre 1958 ein Finanzausgleichssystem mit starker Dezentralisierung der Einnahmen- und Ausgabenkompetenzen eingeführt (vgl. ALLGEMEINE ABTEILUNG DES FINANZMINISTERIUMS 1982, S. 7 f.). Da aber Mao zugleich ein viel zu ehrgeiziges staatliches Entwicklungskonzept für Chinas Wirtschaft erstellte und zu implementieren versuchte, kam es zu erheblichen wirtschaftlichen Verwerfungen, die sich in einer monetären Aufblähung und letztlich einem wirtschaftlichen Zusammenbruch niederschlugen, der einen starken Rückgang der Staatsfinanzen bewirkte. Als Reaktion hierauf erfolgte im Jahre 1959 eine Rezentralisierung des Finanzausgleichssystems (vgl. ALLGEMEINE ABTEILUNG DES FINANZMINISTERIUMS 1982, S. 9 ff.).

Im Januar 1961 stellte sich die Mehrheit des Zentralkomitees der KPCh erstmals gegen Mao und seine entwicklungspolitischen Vorstellungen und entschied sich für einen neuen Weg. Dieser ist unter dem Motto „Neuausrichtung, Konsolidierung, Auffüllung und Erhöhung“ mit dem Ziel beschritten worden, die Wirtschaft neu auszurichten, die staatliche Finanzkraft zu stärken und die Wirtschaft wieder auf einen Wachstumspfad zu bringen. Zur Durchsetzung dieses neuen Leitprinzips wurden einige konkrete Zentralisierungsmaßnahmen ergriffen (vgl. ALLGEMEINE ABTEILUNG DES FINANZMINISTERIUMS 1982, S. 12 f.). Allerdings erholte sich China von diesem Einbruch erst wieder bis zum Jahre 1965, in dem alle wichtigen Wirtschaftsindikatoren wieder das höchste Niveau des Zeitraums des ersten Fünfjahresplans erreichten (vgl. ALLGEMEINE ABTEILUNG DES FINANZMINISTERIUMS 1982, S. 14; KRUG 1993, S. 47).

3.2.3 Die Phase der „Großen Kulturrevolution“ (1966 bis 1979)

Die Zeit der großen Kulturrevolution bis hin zum Beginn der Deng'schen Wirtschaftsreformen war durch ein weitreichendes Wirtschaftschaos bestimmt, in dem es der Zentralregierung nicht mehr gelang, effektiv Einfluss auf die Entwicklung der Volkswirtschaft zu nehmen. Im Ergebnis kam es zu einer Dezentralisierung mit einer weitreichenden Übertragung von Finanzbefugnissen auf die lokalen Gebietskörperschaften. Zwar kam es zunächst zu einer leichten Verlagerung der Einnahmen hin zur Zentralregierung. Da aber die Staatsbetriebe in zunehmendem Umfang den lokalen Ebenen unterstellt wurden, setzte sich trotz kurzzeitiger Veränderung der Ertragshoheit der (Steuer-)Einnahmen 1974 zugunsten der Zentrale in den Folgejahren die Dezentralisierung der Einnahmenverteilung fort. Wie Abb. 3.1 und Tab. 3.3 verdeutlichen, verblieben zum Ende der 70er Jahre nur noch ca. 15% der budgetären Einnahmen bei der Zentrale. In diesem Zeitraum änderte sich das Finanzausgleichssystem aufgrund der Änderungen der politischen Situation sehr häufig, zwischen 1970 und 1976 beinahe jährlich. Die Vielzahl der Veränderungen des Finanzausgleichssystems entsprach allerdings nur konzeptlosen und kurzatmigen Behelfsmaßnahmen, um akute wirtschaftliche und fiskalische Schwierigkeiten zu überwinden. Es gab keine Reformen, die die Probleme des chinesischen Wirtschafts- und Finanzsystems langfristig gelöst hätten.

Abb. 3.1: Anteil der budgetären Einnahmen der Zentralregierung an den budgetären Gesamteinnahmen in China 1953 bis 1979, in %

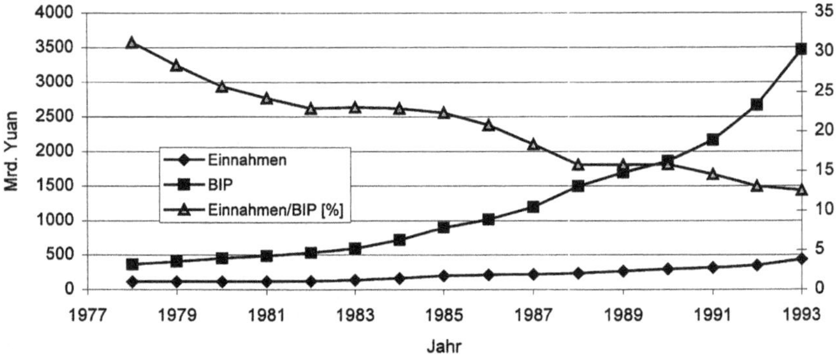

Quelle: STATISTISCHES JAHRBUCH CHINAS 2000, S. 267.

Tab. 3.3: Verteilung der gesamten Einnahmen[1] zwischen der zentralen Regierung und den lokalen Gebietskörperschaften in China 1953 bis 1980, in %

Zeitraum	Einnahmen der		Eigenschaft des Finanzausgleichssystems	Tendenz des Finanzausgleichssystems
	Zentralregierung	lokalen Gebietskörperschaften		
Erster Fünfjahresplan (1953-1957)	45,4	54,6	Zentralistisch	Abnehmende Zentralisierung
Zweiter Fünfjahresplan (1958-1962) (Phase des Großen Sprungs)	22,7	77,3	Dezentralistisch	Dezentralisierung
1963 – 1965 (Neuausrichtung)	27,6	72,4	Dezentralistisch	Abnehmender Dezentralisierungsgrad
Dritter Fünfjahresplan (1966-1970) (Phase der Kulturrevolution)	31,2	68,8	Dezentralistisch	Abnehmender Dezentralisierungsgrad
Vierter Fünfjahresplan (1971-1975) (Phase der Kulturrevolution)	14,7	85,3	Dezentralistisch	Zunehmende Dezentralisierung
Fünfter Fünfjahresplan (1976-1980)	15,6	84,4	Dezentralistisch	Abnehmender Dezentralisierungsgrad

1) Die Einnahmen der Zentralregierung und der lokalen Gebietskörperschaften sind definiert als die Einnahmen, die der jeweiligen Ebene nach dem Gesetz zustehen.

Quelle: Eigene Zusammenstellung in Anlehnung an ALLGEMEINE ABTEILUNG DES FINANZMINISTERIUMS 1992, S. 102 und 181.

3.2.4 Zusammenfassung und Bewertung

Im Gegensatz zu den Jahren 1950 bis 1952, in denen in China fiskalisch gesehen ein Zentralstaat ohne darunter angesiedelte lokale Gebietskörperschaften existierte, gab es in den Jahren 1953 bis 1979 bereits mehrere Ebenen des Staates. Dies war aber das einzige gemeinsame Merkmal der verschiedenen Finanzausgleichssysteme dieser Zeit. Diese unterschieden sich nicht nur durch den Zentralisierungsgrad der Einnahmen, der mit den Reformen des politischen Systems und der wirtschaftlichen Situation in erheblichem Maß schwankte (vgl. Abb. 3.1). Auch die Aufgabenhoheit wurde häufig verändert. Verglichen mit der Ausgangssituation von 1952 zeigt sich bis

1979 dennoch ein Trend weg von einem hoch zentralisierten hin zu einem „auf verschiedenen Ebenen“ verwalteten Finanzausgleichssystem (vgl. Tab. 3.3).

3.3 Reformen des Finanzausgleichssystems im Zeitraum von 1980 bis 1993

In der folgenden Periode von 1980 bis 1993 fand eine entscheidende Veränderung der politischen Situation in China statt: Die *Mao*-Ära, in der die Politik die erste Stelle einnahm, endete und die *Deng*-Zeit begann, in der die Wirtschaft in den Mittelpunkt gestellt wurde. Bereits Ende 1978 beschloss das Zentralkomitee der KPCh, den Schwerpunkt der Parteiarbeit auf den Aufbau der chinesischen Wirtschaft zu legen. Zugleich wurden die ersten grundlegenden Wirtschaftsreformen beschlossen. Weil am Anfang die öffentliche Finanzlage besonders schwierig war, entschied das Zentralkomitee der KPCh, mit der Reform des öffentlichen Finanzsystems zu beginnen. Das Finanzausgleichssystem wurde dementsprechend im Jahre 1980 reformiert. Weitere Veränderungen folgten in den Jahren 1985 und 1988.

3.3.1 Einführung des Finanzausgleichssystems, das als „Kochen in separaten Küchen“ bezeichnet wird (1980 bis 1984)

Bereits im Jahre 1979 hatte China Reformexperimente bezüglich des Finanzausgleichssystems in den zwei Provinzen Sichuan und Jiangsu verwirklicht. In Sichuan wurde ein Finanzausgleichssystem eingeführt, das dem später landesweit eingeführten System des „Kochens in separaten Küchen“ entsprach (s.u.). In Jiangsu wurde ein Finanzausgleichssystem etabliert, das die Aufteilung der Einnahmen zwischen der Zentralregierung und den lokalen Gebietskörperschaften nach einem festen Schlüssel vorsah. Beide Arten von Finanzausgleichssystemen vergrößerten gleichzeitig sowohl die fiskalischen Rechte als auch die Verantwortung der lokalen Gebietskörperschaften (vgl. DAI, XU 1992, S. 6).

Im selben Jahr hatte die Zentralregierung einige andere Reformmaßnahmen, wie z.B. eine Erhöhung des Ankaufspreises für Agrarprodukte sowie die Senkung oder den Erlass der Agrarsteuer, durchgeführt. Diese Reformmaßnahmen führten sowohl zu einer Verringerung der Einnahmen als auch zu einer Erhöhung der Ausgaben. Als Resultat entstand ein hohes Defizit, zu dem es keine Parallele in der Vergangenheit gibt. Da sich zugleich alle lokalen Gebietskörperschaften mit der Forderung nach mehr Finanzmitteln an die Zentralregierung wandten, geriet diese unter sehr großen Druck. Einen Ausweg sah sie darin, das 1979 in Sichuan probeweise eingeführte Finanzausgleichssystem, bei dem die Verantwortung für festgelegte Einnahmen und Ausgaben auf verschiedenen Ebenen lag, 1980 landesweit einzuführen (vgl. DAI, XU 1992, S. 6 f.; CONG 1998, S. 16).

Dieses Finanzausgleichssystem hat folgende Eigenschaften: Zunächst wurden die Ausgaben- und Einnahmenarten auf die Zentralregierung und die lokalen Gebietskörperschaften aufgeteilt. Sodann wurde die Höhe der Abführungen der Einnahmen der lokalen Gebietskörperschaften an die Zentrale und der Finanzzuschüsse der Zentrale an die lokalen Gebietskörperschaften für einen Zeitraum von fünf Jahren festgelegt. Die lokalen Gebietskörperschaften hatten dabei die Pflicht, unter diesen Rahmenbedingungen ihren Finanzhaushalt durch eigene Bemühungen auszugleichen (vgl. XIANG 1989, S. 36; HONG, Z. 1995, S. 24; HE 1983, 450 f.).

Das neue Finanzausgleichssystem wurde im ganzen Land (die drei Stadtstaaten Beijing, Tianjin und Shanghai, in denen das alte System weiter praktiziert wurde, ausgenommen) je nach Finanzlage der jeweiligen Gebietskörperschaften mit vier Arten von Regelungen eingeführt.

In 14 Provinzen[20] wurde das typische Verantwortungssystem eingeführt. Zuerst wurden die Ausgaben in drei Arten eingeteilt: Ausgaben der Zentralregierung, Ausgaben der lokalen Gebietskörperschaften und die von der Zentralregierung für besondere Aufgaben zugewiesenen Ausgaben. Tabelle 3.4 gibt hierzu einen Überblick.

[20] Sichuan, Shaanxi, Gansu, Henan, Hubei, Hunan, Anhui, Jiangxi, Shandong, Shanxi, Hebei, Liaoning, Jilin und Zhejiang.

Tab. 3.4: Verteilung der Aufgaben bzw. Ausgaben zwischen der Zentralregierung und den lokalen Gebietskörperschaften in China 1980

Zentralregierung	Lokale Gebietskörperschaften	Von der Zentralregierung für besondere Aufgaben zugewiesene Ausgaben
• Investitionen in die Infrastruktur auf zentraler Ebene • Umlaufmittel, Neuerungsmittel und Mittel für die probeweise Herstellung neuer Produkte der zentralen Staatsunternehmen • Verteidigung • Geologische Schürfung • Unterstützungshilfe für Ausländer • Staatliche Materialreserven • Kulturwesen, Bildung, Gesundheitspflege und wissenschaftliche Forschung auf zentraler Ebene • Landwirtschaft auf zentraler Ebene • Wasserwirtschaftswesen auf zentraler Ebene • Meteorologie auf zentraler Ebene • Administrative Ausgaben der Industrie, des Verkehrswesens und des Handelswesens • Administrative Ausgaben der zentralen Staatsorgane	• Investitionen in die Infrastruktur auf lokaler Ebene • Umlaufmittel, Neuerungsmittel und Mittel für die probeweise Herstellung neuer Produkte der lokalen Staatsunternehmen • Stadterhaltung • Unterstützungshilfe für die ländlichen Volkskommunen • Sozialhilfe • Kulturwesen, Bildung, Gesundheitspflege und wissenschaftliche Forschung auf lokaler Ebene • Land- und Forstwirtschaft auf lokaler Ebene • Wasserwirtschaftswesen auf lokaler Ebene • Meteorologie auf lokaler Ebene • Administrative Ausgaben der Industrie, des Verkehrswesens und des Handelswesens • Administrative Ausgaben der lokalen Staatsorgane	• Hilfe für große Naturkatastrophen • Unterstützungshilfe für wirtschaftlich rückständige Regionen

Quelle: Eigene Zusammenstellung in Anlehnung an JIA, YAN 1999, S. 52.

Die Einnahmen wurden in Festeinnahmen der Zentralregierung, Festeinnahmen der lokalen Gebietskörperschaften, Gemeinschaftseinnahmen und Ausgleichseinnahmen eingeteilt (siehe Tab. 3.5). Zentral war, dass eine neue Regelung zum Ausgleich der Ausgaben und Einnahmen eingeführt wurde, die die Verantwortung für die Einnahmen und Ausgaben auf verschiedene Ebenen übertrug. Zunächst wurden die im Jahre 1979 bei der Aufstellung der Finanzhaushalte für jede lokale Gebietskörperschaft berechneten Ausgaben und Einnahmen - von kleinen Korrekturen abgesehen - als Standardausgaben und -einnahmen verwendet. Falls die Standardeinnahmen einer lokalen Gebietskörperschaft höher als ihre Standardausgaben waren, war ein Teil von diesem Überschuss an die Zentralregierung abzuführen. Waren die Standardeinnahmen einer lokalen Gebietskörperschaft hingegen geringer als ihre Standardausgaben, sollte der fehlende Teil von der Zentralregierung über eine Zuweisung aus den Ausgleichseinnahmen (Industrie- und Handelsteuer) ergänzt werden. Falls das Defizit dann noch immer nicht gedeckt war, sollte die Zentralregierung den lokalen Gebietskörperschaften einen Zuschuss in Höhe des Restdefizits geben. Wichtig war sodann, dass die Anteile bei der Aufteilung der Ausgleichseinnahmen (Industrie- und Handelsteuer) und die Höhe der festgelegten Abführungen und Zuschüsse fünf Jahre lang nicht geändert werden sollten. Wenn die lokalen Gebietskörperschaften innerhalb dieses Rahmens in den Folgejahren Mehreinnahmen erzielten, durften sie diese auch behalten und ausgeben. Falls sie geringere Einnahmen erzielten, mussten sie ihre Ausgaben entsprechend senken. M.a.W.: Sie waren für einen Ausgleich ihrer Finanzen selbst verantwortlich (vgl. JIA, YAN 1999, S. 53).

Tab. 3.5: Verteilung der Einnahmen zwischen der Zentralregierung und den lokalen Gebietskörperschaften in China 1980

Zentralregierung	Lokale Gebietskörperschaften
• Gewinnabführungen der zentralen Staatsunternehmen • Zölle • Sonstige Einnahmen	• Gewinnabführungen der lokalen Staatsunternehmen • Salzsteuer • Agrar- und Viehwirtschaftsteuer • Gewerbeertragsteuer • Lokalsteuer • Sonstige Einnahmen
Gemeinschaftseinnahmen: • Gewinnabführungen der Unternehmen, die gemäß der Genehmigung des Staatsrates von den verschiedenen Zweigen der Zentralregierung direkt verwaltet wurden (80%)	Gemeinschaftseinnahmen: • Gewinnabführungen der Unternehmen, die gemäß der Genehmigung des Staatsrates von den verschiedenen Zweigen der Zentralregierung direkt verwaltet wurden (20%)
Ausgleichseinnahmen: • Industrie- und Handelsteuer[1)]	

1) Die Industrie- und Handelsteuer wurde von allen Gewerbebetrieben von 1979 bis 1984 erhoben. Bemessungsgrundlage war der Nettoumsatz. 1984 wurde diese Steuer in vier Steuern (Produktsteuer, Mehrwertsteuer, Geschäftsteuer und Satzsteuer) aufgeteilt.

Quelle: Eigene Zusammenstellung in Anlehnung an JIA, YAN 1999, S. 52.

Für acht autonome Gebiete[21] der nationalen Minderheiten gab es eine besondere Finanzausgleichsregelung: In diesen Gebieten wurden die Aufgaben bzw. Ausgaben und die Einnahmen zunächst ebenfalls nach den oben genannten Regelungen aufgeteilt. Nach der Festlegung der Einnahmen und Ausgaben wurde aber darüber hinaus für alle diese Regionen ein bestimmter Betrag als Unterstützungshilfe von der Zentralregierung festgelegt. Gleichzeitig sagte die Zentralregierung zu, diese Unterstützungshilfe jährlich um 10% zu erhöhen. Wurden zusätzliche Einnahmen erwirtschaftet, verblieben diese bei den lokalen Ebenen. Außerdem wurde eine Stiftung für die Förderung der Wirtschaftsentwicklung der rückständigen Regionen errichtet, in die die Zentralregierung zweckgebundene Einzahlungen leistete, um damit die Finanzkraft der autonomen Gebiete der nationalen Minderheiten zu stärken (vgl. DAI, XU 1992, S. 8).

In den Provinzen Guangdong und Fujian wurde eine bevorzugte Finanzausgleichsregelung eingeführt: Weil die beiden Provinzen an Hongkong und Macao angrenzen oder zumindest ganz in der Nähe liegen und weil die Zentralregierung hier eine überdurchschnittliche Beschleunigung der Wirtschaftsentwicklung anstrebte, wurden den beiden Provinzen besondere Rechte eingeräumt. Die Sonderregelung bestand darin, dass Guangdong über fünf Jahre hinweg einen Festbetrag in Höhe von jährlich 1 Mrd. Yuan an die Zentralregierung abzuführen hatte. Aufgrund der hohen Wachstumsraten des BIP stiegen auch die Einnahmen in dieser Provinz stark an. Ihr verblieben sämtliche Mehreinnahmen, über die die Provinzregierung weitgehend frei verfügen konnte. Ähnlich war die Regelung für die Provinz Fujian, nur dass sie einen konstanten Zuschuss von jährlich 0,15 Mrd. Yuan erhielt (vgl. DAI, XU 1992, S. 7).
In der Provinz Jiangsu wurde das 1979 probeweise eingeführte Finanzausgleichssystem, das die Aufteilung der Einnahmen zwischen der Zentralregierung und den lokalen Gebietskörperschaften nach einem festen Schlüssel vorsah, auch im Jahr 1980 fortgeführt. 1981 wurde dann das Verantwortungssystem (Kochen in separaten Küchen) auch in Jiangsu eingeführt (vgl. DAI, XU 1992, S. 7).

Obwohl die geplante Laufzeit des 1980 eingeführten Finanzausgleichssystems fünf Jahre betrug, wurde es bereits 1983 teilweise geändert. Der Hauptgrund dafür war, dass die Zentralregierung ab 1981 kontinuierlich Defizite auswies und sich deshalb sogar bei den Lokalregierungen verschulden musste. Um die Gefahr einer weiter zunehmenden Verschuldung zu bannen, korrigierte die Zentralregierung die unter dem 1980 eingeführten Finanzausgleichssystem festgelegten Basisausgaben, die Aufteilung der Einnahmen und den Betrag der Zuschüsse zu ihren Gunsten (vgl. JIA, YAN 1999, S. 56; HE 1983, S. 451 f.). Dadurch erhöhte sich der Anteil der Zentralregie-

---

[21] Dabei handelt es sich um die Innere Mongolei, Xinjiang, Tibet, Ningxia, Guangxi, Yunnan, Qinghai und Guizhou.

rung an den Gesamteinnahmen des Staates von 24,5% im Jahre 1980 auf 40,5% im Jahr 1984 (vgl. Abb. 3.2).

Abb. 3.2: Anteil der budgetären Einnahmen der Zentralregierung an den budgetären Gesamteinnahmen in China 1980 bis 1993, in %

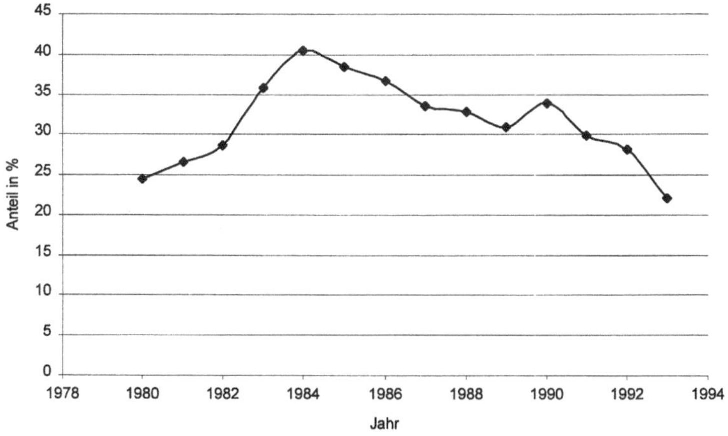

Quelle: STATISTISCHES JAHRBUCH CHINAS 2000, S. 267.

3.3.2 Einführung des Finanzausgleichssystems, bei dem die Einnahmen gemäß der Steuerart aufgeteilt wurden (1985 bis 1987)

1984 hat China eine Reform des Steuersystems beschlossen, die auch die Verteilung der Einnahmen auf die verschiedenen Ebenen beeinflusste. Die wichtigste Änderung war, dass die Unternehmen – vertragsgebundene Staatsunternehmen und militärische Industrieunternehmen ausgenommen – nunmehr statt der Gewinnabführung eine Körperschaftsteuer und eine Ausgleichsteuer entrichten mussten. Da Ende 1984 zudem das 1980 eingeführte Finanzausgleichssystem ausgelaufen war, hat China 1985 sein Finanzausgleichssystem auf der Einnahmenseite neu gestaltet. Tab. 3.6 enthält die neue Steuerverteilung zwischen der Zentralregierung und den lokalen Gebietskörperschaften im Jahre 1995 (vgl. YANG 1995, S. 184 f. und 197 ff.; JIA, YAN 1999, S. 56).

Tab. 3.6: Einnahmenverteilung zwischen der Zentralregierung und den lokalen Gebietskörperschaften 1985

Zentralregierung	Lokale Gebietskörperschaften
• Körperschaftsteuer und Ausgleichsteuer der zentralen Staatsunternehmen • Gewinnabführung der vertragsgebundenen zentralen Staatsunternehmen • Gewinnabführung der militärischen Industrieunternehmen • Geschäftsteuer von Eisenbahn, Fluggesellschaft, Post- und Fernmeldewesen, Zentralstelle der Banken und Zentralstelle der Versicherungsgesellschaften • Einheitliche Industrie- und Handelsteuer[1)] und Körperschaftsteuer der ausländischen und Joint Venture-Offshore-Öl-Unternehmen • Sondersteuer auf den Ölverbrauch • Zölle • Staatsverschuldung • Fonds für den staatlichen Aufbauschwerpunkt Energie und Verkehr • Produkt-, Mehrwert- und Geschäftsteuer der zentralen Energie- und Rohstoffunternehmen[2)] (70%)	• Körperschaftsteuer und Ausgleichsteuer der lokalen Staatsunternehmen • Gewinnabführung der vertragsgebundenen lokalen Staatsunternehmen • Körperschaftsteuer für Kollektivunternehmen • Agrarsteuer • Kennzeichensteuer für Fahrzeuge • Städtische Immobiliensteuer • Viehgeschäftsteuer • Vertragsteuer • Strafabgaben bei Steuerhinterziehung • Produkt-, Mehrwert- und Geschäftsteuer der zentralen Energie- und Rohstoffunternehmen[2)] (30%)
Gemeinschaftseinnahmen: • Produkt-, Mehrwert- und Geschäftsteuer (ohne die Einnahmen von den zentralen Energie- und Rohstoffunternehmen, Eisenbahn, Fluggesellschaft, Post- und Fernmeldewesen, Zentralstelle der Banken und Zentralstelle der Versicherungsgesellschaften) [2)] • Ressourcensteuer • Salzsteuer • Bausteuer • Einkommensteuer • Prämiensteuer der Staatsunternehmen • Einheitliche Gewerbesteuer und Körperschaftsteuer der ausländischen Unternehmen (ohne die Einnahmen von Offshore-Öl-Unternehmen)	

1) Die einheitliche Industrie- und Handelsteuer wurde von ausländischen Unternehmen und Joint Ventures schon 1973 bis 1993 erhoben. Bemessungsgrundlage war der Nettoumsatz.
2) Die Produktsteuer wurde von Produktionsunternehmen auf 96 Warengruppen entrichtet. Bemessungsgrundlage war der Nettoumsatz, die Steuersätze lagen je nach Produkt zwischen 3% und 60%. Die Mehrwertsteuer war von Produktionsunternehmen zu entrichten, die weitere insgesamt 30 Warengruppen erfasste. Die Steuersätze betrugen je nach Warengruppe zwischen 8% und 45%, Bemessungsgrundlage war der Mehrwert. Die Geschäftsteuer wurde von Handels- und Dienstleistungsunternehmen auf 11 Warengruppen erhoben. Das Steuerobjekt war der Umsatz. Die Steuersätze betrugen je nach Warengruppe zwischen 3% und 15% (vgl. HONG, Z. 1995, S. 214).

Quelle: Eigene Zusammenstellung in Anlehnung an JIA, YAN 1999, S. 57.

Sodann wurde auch die Finanzausgleichsregelung neu überarbeitet: Hierfür wurden die Ist-Zahlen der Einnahmen und Ausgaben des Jahres 1983 als Standardeinnahmen und -ausgaben für die Festlegung der Abführungen oder Zuschüsse in den folgenden Jahren verwendet. Falls die Standardeinnahmen einer lokalen Gebietskörperschaft höher als ihre Standardausgaben waren, musste ein Teil dieses Überschusses an die Zentralregierung abgeführt werden. Fielen die Standardeinnahmen einer lokalen Gebietskörperschaft geringer als ihre Standardausgaben aus, sollte den lokalen Gebietskörperschaften ein Teil der Gemeinschaftseinnahmen nach einem festgelegten Schlüssel überlassen werden. Falls diese lokalen Gebietskörperschaften ihre Standardausgaben auch dann noch nicht decken konnten, leistete die Zentralregierung einen Zuschuss. Der festgelegte Anteil bei der Aufteilung der Gemeinschaftseinnahmen, die Höhe der Abführungen bzw. Zuschüsse sollten wieder jeweils für fünf Jahre gültig sein. Innerhalb dieses Rahmens sollten die lokalen Gebietskörperschaften ihre Haushalte selbst ausgleichen (vgl. JIA, YAN 1999, S. 58). Insoweit entspricht diese Regelung derjenigen des Jahres 1980.

In den zwei Provinzen Guangdong und Fujian sowie in den autonomen Gebieten der nationalen Minderheiten galt das alte System weiter.

3.3.3 Einführung des Finanzausgleichssystems, das als „vielfältiges lokales Verantwortungssystem" bezeichnet wird (1988 bis 1993)

Eines der Probleme des 1985 eingeführten Systems bestand darin, dass der Anteil der Abführungen an die Zentrale in den Regionen, deren Einnahmen schnell angewachsen waren, zu hoch war, während der einbehaltene Teil der Einnahmen sich als zu niedrig erwies. Deshalb hatten die betreffenden lokalen Gebietskörperschaften wenig Interesse, mehr Steuern zu erheben. Die Einnahmen stiegen demzufolge in diesen Regionen sehr langsam, teilweise gingen sie sogar zurück. Daher beschloss der Staatsrat, positive Erfahrungen mit dem Gewinnverantwortungssystem bei der Reform der Gewinnverteilung zwischen dem Staat und den Unternehmen zu berücksichtigen und im Jahre 1988 das Verantwortungssystem auch in die Finanzausgleichsordnung einzuführen (vgl. JIA, YAN 1999, S. 59 f.). Die chinesische Regierung hoffte, dadurch den Anreiz zu einer effektiven Steuererhebung der jeweiligen lokalen Gebietskörperschaften zu erhöhen.

Nach dem Verantwortungssystem schlossen alle Provinzen und die im staatlichen Plan gesondert behandelten Städte (außer Guangzhou und Xian) mit der Zentralregierung Verträge ab, in denen unter anderem die Aufteilung der Einnahmen zwischen Zentrale und den Provinzen gemäß verschiedenen Berechnungsformen für einen Zeitraum von drei Jahren festgelegt wurde. Innerhalb dieses Rahmens sollten alle lokalen Regierungen für die Finanzierung ihrer Ausgaben selbst verantwortlich sein. Sechs verschiedene Arten von Vertragsformen wurden praktiziert, weshalb dieses Finanzausgleichssystem auch als „vielfältiges lokales Verantwortungssystem" bezeichnet wird (vgl. XIANG 1989, S. 39 f.; JIA, YAN 1999, S. 60 f.). Tabelle 3.7 gibt einen Überblick über die sechs Vertragsformen und deren Geltungsbereiche.

Tab. 3.7: Vertragsformen der Gebietskörperschaften im Rahmen des lokalen Verantwortungssystems beim Finanzausgleich in China 1988

Vertragsformen	Betroffene Gebietskörperschaften
Verantwortung für zunehmende Einnahmen	Beijing, Hebei, Liaoning, Shenyang, Harbin, Jiangsu, Zhejiang, Ningbo, Henan, Chongqing
Aufteilung der Einnahmen nach einem festen Schlüssel	Tianjin, Shanxi, Anhui
Aufteilung der Basiseinnahmen nach einem festen Schlüssel plus Zuwachsaufteilung der Einnahmen	Dalian, Qingdao, Wuhan
Verantwortung für zunehmende Abführungen	Guangdong, Hunan
Konstante Abführungen	Shanghai, Shandong, Heilongjiang
Konstante Zuschüsse durch Finanzzuweisungen	Jilin, Jiangxi, Gansu, Shaanxi, Fujian, Innere Mongolei, Guangxi, Tibet, Ningxia, Xinjiang, Guizhou, Yunnan, Qinghai, Hainan, Hubei, Sichuan

Quelle: Eigene Zusammenstellung in Anlehnung an JIA, YAN 1999, S. 60 f.

Die konkrete Ausgestaltung der einzelnen Vertragsformen wird im Folgenden kurz erläutert (vgl. JIA, YAN 1999, S. 60 f.; XIANG (Hrsg.) 1999, S. 345):

1) Verantwortung für zunehmende Einnahmen: Hier wurden die Ist-Zahl der Einnahmen und die Soll-Zahl der Ausgaben der lokalen Gebietskörperschaften des Jahres 1987 als Basiseinnahmen und -ausgaben für 1988 bis 1990 angewendet. Gemäß diesen Basiseinnahmen und -ausgaben und dem Zuwachs der Einnahmen der verschiedenen Gebietskörperschaften in den letzten Jahren wurden der Anteil der Einnahmen, den die lokalen Gebietskörperschaften von den Einnahmen des Basisjahres behalten durften, und die Wachstumsrate der Abführungen festgelegt. Falls der Anstieg der aktuellen Einnahmen die festgelegten Zuwachsraten der Einnahmen überschritt, konnten die lokalen Gebietskörperschaften entsprechende Mehreinnahmen behalten. Falls ihre aktuellen Einnahmen die festgelegte Zuwachsrate der Einnahmen dagegen nicht erreichten, mussten sie den fehlenden Teil, der an die Zentralregierung abzuführen war, aus eigenen Finanzmitteln bereitstellen.

2) Aufteilung der Einnahmen nach einem festen Schlüssel: Hier wurde die Verteilung der Einnahmen auf Zentralregierung und lokale Ebene mit Hilfe des Verhältnisses von Einnahmen und Ausgaben des Basisjahres festgelegt. So durfte etwa die Provinz Shanxi in den Jahren ab 1988 jeweils 87,6% der Einnahmen behalten.

3) Aufteilung der Basiseinnahmen nach einem festen Schlüssel plus Zuwachsaufteilung der Einnahmen: Hier wurden die tatsächlichen Einnahmen der lokalen Gebietskörperschaften aus dem vorhergehenden Jahr als Basiseinnahmen festgelegt. Wenn die tatsächlichen Einnahmen aus dem laufenden Jahr die Basiseinnahmen nicht überschritten, wurden die Einnahmen wie im Basisjahr aufgeteilt. Falls die tatsächlichen Einnahmen der lokalen Gebietskörperschaften aus dem laufenden Jahr die Basiseinnahmen überschritten, wurden diese Mehreinnahmen nach einem anderen Schlüssel zwischen der Zentralregierung und den lokalen Gebietskörperschaften aufgeteilt. Dieser Schlüssel war das Ergebnis von Verhandlungen[22].

4) Verantwortung für zunehmende Abführungen: Hier wurde der Betrag der 1987 an die Zentralregierung abgeführten Einnahmen als Basisabführung benutzt. Die lokalen Gebietskörperschaften verpflichteten sich, jährlich einen mit einer festgelegten Zuwachsrate steigenden Betrag an die Zentralregierung abzuführen. Darüber hinaus gehende Einnahmen durften die lokalen Gebietskörperschaften behalten.

5) Konstante Abführungen: Hier wurde ein bestimmter Betrag der Einnahmen festgelegt, der in den nächsten Jahren in stets gleicher Höhe an die Zentralregierung abzuführen war. Stiegen die Einnahmen an, so blieben die Mehreinnahmen in vollem Umfang bei der lokalen Ebene.

6) Konstante Zuschüsse durch Finanzzuweisungen: Nach diesem System wurde ein bestimmter Betrag an Zuschüssen festgelegt, den die Zentralregierung über mehrere Jahre hinweg als Finanzzuweisungen zu leisten hatte. Seine Höhe hing von dem im Jahr 1987 entstandenen Defizit im Haushalt der Provinz oder autonomen Region ab.

---

22 Weil die drei Städte Dalian, Qingdao und Wuhan, in denen die Vertragsform „Vollständige Aufteilung plus Zuwachsaufteilung der Einnahmen“ praktiziert wurde, schon ab 1992 das auf dem Steuertrennsystem basierende Finanzausgleichssystem probeweise eingeführt hatten, wurde diese Vertragsform 1992 abgeschafft. Deshalb gab es ab 1992 nur noch fünf Arten von Vertragsformen (vgl. Tab. 3.8).

Tab. 3.8: Vertragsformen der Gebietskörperschaften im Rahmen des lokalen Verantwortungssystems beim Finanzausgleich in China 1992

Provinz (Stadt, autonomes Gebiet)	Aufteilung der Einnahmen nach einem festen Schlüssel	Verantwortung für zunehmende Einnahmen		Verantwortung für zunehmende Abführungen		Konstante Abführungen (in Mrd. Yuan)	Konstante Zuschüsse (in Mrd. Yuan)
	Anteil der einbehaltenen Einnahmen (in %)	Anteil der einbehaltenen Einnahmen (in %) (1987 als Basisjahr)	Jährliche Wachstumsrate (in %)	Festgelegter Betrag am Anfang (in Mrd. Yuan) (1987 als Basisjahr)	Jährliche Wachstumsrate (in %)		
Shanxi	87,6						
Anhui	77,5						
Henan		80,0	5,0				
Hebei		70,0	4,5				
Beijing		50,0	4,0				
Harbin		45,0	5,0				
Jiangsu		41,0	5,0				
Ningbo		27,9	5,3				
Shanghai						10,5	
Heilongjiang						0,3	
Shandong						0,2	
Guangdong				1,41	9,0		
Hunan				0,8	7,0		
Innere Mongolei							1,84
Tibet							0,90
Guizhou							0,74
Yunnan							0,67
Qinghai							0,66
Guangxi							0,61
Ningxia							0,53
Hainan							0,14
Gansu							0,13
Shaanxi							0,12
Jilin							0,11
Fujian							0,05
Jiangxi							0,05

Quelle: JIA, YAN 1999, S. 62.

Die Laufzeit dieses Verantwortungssystems sollte ursprünglich drei Jahre betragen, es sollte also bis 1990 Geltung haben. Tatsächlich wurde es auch noch nach 1990 praktiziert. Allerdings wurden das ab 1994 generell gültige Steuertrennsystem und die darauf basierenden neuen Finanzausgleichsregelungen versuchsweise bereits 1992 in neun Provinzen bzw. Städten eingeführt[23]. Diese sind deshalb auch nicht mehr in Tab. 3.8 enthalten, die einen Überblick über die konkreten Regelungen im Jahre 1992 gibt.

3.3.4 Zusammenfassung und Bewertung

Von 1980 bis 1993 hat China nach einer Periode der hohen Zentralisierung seiner staatlichen Finanzen ein neues Finanzausgleichssystem eingeführt. Obwohl dieses 1985 und 1988 noch zweimal verändert wurde, blieb der Grundtyp derselbe. Alle drei Varianten hatten die gleichen Eigenschaften, die als „Kochen in separaten Küchen" bezeichnet werden: Dezentralisierung, Verstärkung der Finanzkraft der lokalen Gebietskörperschaften und Übertragung von Finanzbefugnissen auf die lokalen Gebietskörperschaften. Entwicklungspolitisch gesehen hatte dieser Typ des Finanzausgleichssystems positive Wirkungen. So bewirkte er, dass sich die Wirtschaftsaktivitäten der lokalen Gebietskörperschaften besser entfalten konnten. Sowohl die Einnahmen des Staates als auch das BIP stiegen Jahr für Jahr an, insbesondere wuchs das BIP mit hohen Wachstumsraten (siehe Abb. 3.3). Außerdem schuf dieses Finanzausgleichssystem eine Basis für die spätere Einführung des auf dem Steuertrennsystem basierenden Finanzausgleichssystems.

---

23 Liaoning, Zhejiang, Shenyang, Dalian, Tianjin, Qingdao, Wuhan, Chongqing und Xinjiang. (vgl. JIANG, MEI 1997, S. 2).

Abb. 3.3: Entwicklung der budgetären Einnahmen und des BIP 1978 bis 1993

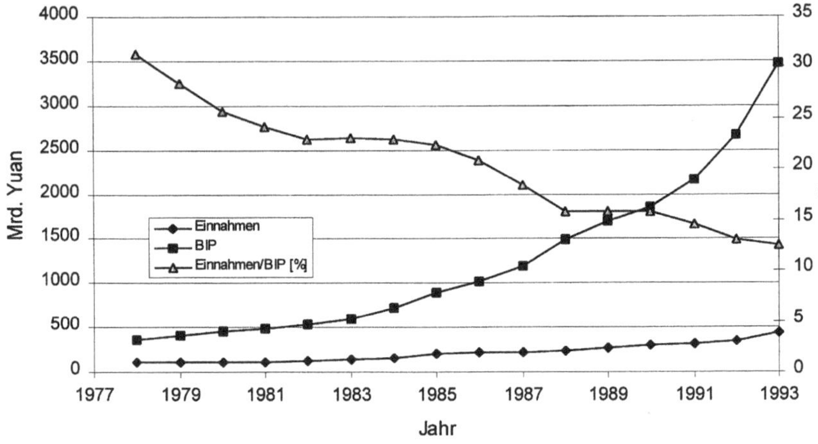

Quelle: STATISTISCHES JAHRBUCH CHINAS 1998, S. 55 und 269.

Das System hatte jedoch gleichzeitig eine Reihe ungeplanter und z.T. nicht intendierter Nebeneffekte und Probleme, die mit der Einführung der marktwirtschaftlichen Elemente immer deutlicher wurden. Die wichtigsten Probleme waren:

(1) Rückgang des Anteils der Zentralregierung an den Staatsfinanzen

Das Finanzausgleichssystem des „Kochens in separaten Küchen" führte dazu, dass der Anteil der Einnahmen der Zentralregierung an den gesamten staatlichen Einnahmen ab 1984 ständig sank. Dies gilt sowohl für die budgetären als auch für die außerbudgetären Einnahmen. In den meisten Industrie- und Entwicklungsländern liegt dieser Anteil in der Regel zwischen 55% und 65% (vgl. JIANG 1997, S. 57). In China sank dieser Anteil (einschließlich der außerbudgetären Einnahmen) jedoch bis 1993 auf 20,8% (vgl. Tab. 3.9).

Tab. 3.9: Anteil der Einnahmen der Zentralregierung an den gesamten Einnahmen in China 1982 bis 1993, in %

Jahr	Anteil der budgetären Einnahmen der Zentralregierung an den gesamten budgetären Einnahmen[1)]	Anteil der außerbudgetären Einnahmen der Zentralregierung an den gesamten außerbudgetären Einnahmen	Anteil der budgetären und außerbudgetären Einnahmen der Zentralregierung an den gesamten budgetären und außerbudgetären Einnahmen
1982	28,6	33,7	30,6
1883	35,9	37,2	36,4
1984	40,5	39,6	40,1
1985	38,4	41,6	39,8
1986	36,7	41,2	38,7
1987	33,5	40,8	37,0
1988	32,9	38,4	35,6
1989	30,9	40,3	35,6
1990	33,8	39,6	36,6
1991	29,8	42,6	36,3
1992	28,1	44,3	36,6
1993	22,0	17,2	20,8

1) Die Einnahmen der Zentralregierung und der lokalen Gebietskörperschaften waren die Einnahmen, die ihnen nach der festgelegten Ertragshoheit zustanden. Die Einnahmen enthalten keine inländischen und ausländischen Kredite.

Quellen: STATISTISCHES JAHRBUCH CHINAS 1995, S. 222 und 1998, S. 281; ALLGEMEINE ABTEILUNG DES FINANZMINISTERIUMS 1992, S. 193; eigene Berechnungen.

Dadurch wurde die Steuerungsfähigkeit der Zentralregierung stark geschwächt. Der Hauptgrund für den Rückgang lag darin, dass die Beteiligung der Zentralregierung an den Zuwächsen der Einnahmen der lokalen Ebene sehr niedrig war. Auch der Anteil der für die Zentralregierung nach Umverteilung verfügbaren Einnahmen ist ständig gesunken, bis auf 23,3% im Jahre 1993 (vgl. Tab. 3.10). Da zugleich die Ausgaben der Zentralregierung schneller als die Einnahmen gestiegen waren, kam es zu einem von Jahr zu Jahr wachsenden Defizit, das die Zentralregierung sogar dazu zwang, sich bei den (reichen) Provinzen zu verschulden (vgl. WANG 1997, S. 115 f.). Diese äußerst schlechte Finanzlage der Zentralregierung stellte eine bedeutende Restriktion für die effektive Umsetzung wirtschaftspolitischer Ziele dar (vgl. XIANG 1994, S. 113; LIU, YANG 1989, S. 435 f.; DONG 1996, S. 5; LIANG 1998, S. 5).

Tab. 3.10: Anteil der verfügbaren Finanzmittel der Zentralregierung an den gesamten staatlichen Einnahmen in China 1990 bis 1993

Jahr	Gesamte Einnahmen des Staates (in Mrd. Yuan)	Verfügbare Einnahmen der Zentral-regierung[1] (in Mrd. Yuan)	Aktuelle Ausgaben der Zentral-regierung (in Mrd. Yuan)	Überschuss/ Defizit (in Mrd. Yuan)	Anteil der Einnahmen der Zentralregierung an den Gesamteinnahmen (in %)
1990	293,71	88,93	137,28	-48,35	30,3
1991	314,95	87,38	151,77	-64,39	27,7
1992	348,34	94,17	181,79	-87,63	27,0
1993	434,90	101,32	195,72	-94,40	23,3

1) Die verfügbaren Finanzmittel der Zentralregierung sind definiert als die der Zentralregierung zustehenden Einnahmen + die Abführungen der lokalen Gebietskörperschaften – Unterstützungshilfe der Zentralregierung. Die Einnahmen enthalten keine inländischen und ausländischen Kredite. Die Ausgaben für die Rückzahlung und Zinsen für inländische und ausländische Kredite und für die von ausländischen Krediten finanzierten Investitionen in die Infrastruktur sind hier nicht erfasst.

Quellen: ZHOU, QI 1996, S. 50; STATISTISCHES JAHRBUCH CHINAS 1998, S. 269; eigene Berechnungen.

(2) Das Vordringen lokaler „Egoismen“

Durch die fiskalische Dezentralisierung wuchsen das Interesse und die Möglichkeiten der lokalen Gebietskörperschaften, die Wirtschaftsentwicklung der eigenen Region kräftig zu fördern. Mit den zunehmenden Finanzmitteln versuchten die Provinzen insbesondere, viele Investitionen im eigenen Gebiet anzusiedeln. Die Folge war, dass es volkswirtschaftlich gesehen zu Überinvestitionen kam. Man spricht auch von „Duplikaten“ oder „blinden Investitionen“ in dieser Zeit (vgl. OSTKOLLEG DER BUNDESZENTRALE FÜR POLITISCHE BILDUNG 1998, S. 101). So investierten die lokalen Gebietskörperschaften viel Geld in Industriebranchen, die den Lokalregierungen mehr Steuern einbringen konnten. Beispiele hierfür sind kleine Alkohol-, Zigaretten- und Textilfabriken (vgl. XIANG 1994, S. 20). Um eigene wirtschaftliche Interessen zu schützen, schotteten die Lokalregierungen darüber hinaus die lokalen Märkte vor der Konkurrenz aus anderen Provinzen bzw. Regionen ab. Diese als „Kurfürsten-Wirtschaft“ von der Zentralregierung kritisierten Verhältnisse verhinderten die Entstehung eines einheitlichen Marktes im ganzen Land und die Rationalisierung der Industriestruktur (vgl. HERRMANN-PILLATH, LACKNER 1998, S. 294 f.). Die Durchsetzung regionaler Interessen stand damit zunehmend im Widerspruch zu den Zielen der Wirtschaftspolitik der Zentralregierung (vgl. JIA, YAN 1999, S. 63 ff.; LIU, YANG 1998, S. 439; DONG 1996, S. 6).

(3) Willkürliche Bestimmung von Finanzkraft und Finanzbedarf

Im Rahmen des Verantwortungssystems wurden die Einnahmen der lokalen Ebene und deren Abführungen an die Zentralregierung bzw. die Unterstützungshilfe von der Zentralregierung auf der Basis der Einnahmen und Ausgaben der vergangenen Jahre festgelegt. So wurde beispielsweise das Jahr 1987 beim 1988 eingeführten System als Grundjahr benutzt, indem die Basiseinnahmen und -ausgaben für die lokalen Gebietskörperschaften nach den Ist- bzw. Planzahlen des Jahres 1987 festgelegt wurden. Das führte dazu, dass alle Einnahmen und vor allem Ausgaben dieses Jahres anerkannt wurden, egal ob sie Effizienzkriterien genügten oder nicht. Zudem waren die Verteilung der Aufgaben sowie die Verantwortung für verschiedene Ausgaben zwischen der Zentralregierung und den lokalen Gebietskörperschaften unklar. Deshalb wälzten die Zentralregierung und die lokalen Gebietskörperschaften die Verantwortung bei der Durchsetzung der Finanzhaushalte häufig aufeinander ab. Die Konsequenz war, dass es zwar in der Theorie ein Verantwortungssystem gab, dass sich aber in Wirklichkeit niemand für ein rationales System verantwortlich fühlte.

(4) Die Vertragsformen des Verantwortungssystems waren zu vielfältig und ungeregelt

Welche lokale Gebietskörperschaft welche Vertragsform erhielt und durchführen sollte, wurde über ein „Feilschen um den Preis" zwischen der Zentralregierung und der jeweiligen lokalen Gebietskörperschaft festgelegt. Letztlich wurden durch dieses Verhandlungssystem zumeist (finanziell) mächtigere Regionen begünstigt. Ein Beispiel ist Shanghai, wo die Pro-Kopf-Einnahmen am höchsten waren und die Zunahme der Einnahmen sehr schnell vonstatten ging. Dennoch wurde beim 1988 eingeführten Finanzausgleichssystem die Vertragsform „konstante Abführung" in Shanghai praktiziert (siehe Tabelle 3.8). Die Folge war, dass der Anteil der von Shanghai einbehaltenen Einnahmen immer größer wurde. Deshalb wurde die wirtschaftliche Disparität zwischen den lokalen Gebietskörperschaften unter diesem System auch laufend vergrößert. Wie man aus Tab. 3.11 erkennen kann, ist nicht nur die absolute Differenz des BIP pro Kopf zwischen den reichen Regionen im Osten und den armen Regionen im Westen Chinas immer größer geworden; auch die relative Differenz nahm (das Jahr 1990 ausgenommen) jährlich zu.

Tab. 3.11: Entwicklung der wirtschaftlichen Disparität zwischen den reichen und den armen Regionen in China 1978 bis 1993

Jahr	Reiche Regionen[1]			Arme Regionen[2]			Absolute Differenz (Yuan) $O_t - W_t$	Relative Differenz O_t/W_t
	BIP (Mrd. Yuan)	Bevölkerung (Mill.)	BIP pro Kopf (Yuan) O_t	BIP (Mrd. Yuan)	Bevölkerung (Mill.)	BIP pro Kopf (Yuan) W_t		
1978	174,3	359,34	485	65,6	248,57	264	221	54,4
1980	219,8	368,15	597	79,8	254,88	313	284	52,4
1985	439,5	391,48	1123	155,3	271,35	572	551	50,9
1988	761,0	408,19	1640	257,6	284,24	906	958	55,2
1989	865,2	414,50	2087	295,3	288,42	1024	1063	49,1
1990	953,7	426,52	2236	344,9	295,32	1168	1068	52,2
1991	1122,8	431,24	2604	396,0	299,08	1324	1280	50,8
1992	1410,2	435,04	3242	466,8	302,44	1543	1699	47,6
1993	1911,1	438,98	4354	587,3	305,84	1920	2434	44,1

1) Die reichen Regionen umfassen 11 Provinzen in Ostchina: Beijing, Tianjin, Hebei, Liaoning, Shanghai, Jiangsu, Zhejiang, Fujian, Shandong, Guangdong und Hainan.
2) Die armen Regionen umfassen 11 Provinzen in Westchina: Xinjiang, Gansu, Qinghai, Ningxia, Innere Mongolei, Shaanxi, Sichuan, Yunnan, Guangxi, Guizhou und Tibet.

Quelle: YIN, HE 2001, S. 66.

Besonders deutlich wurde eine Schwäche des Systems der sechs Vertragsformen, wenn inflationäre Prozesse stattfanden. Während bei den ersten vier Vertragsformen die Aufteilung der Finanzmittel auf die Zentrale und die Provinzen von Inflation weitgehend unbeeinflusst blieb, waren die Provinzen mit konstanter Abführung (insbesondere Shanghai) die großen Gewinner. Umgekehrt waren die zumeist relativ armen 14 Provinzen und autonomen Gebiete, die konstante Zuschüsse erhielten, die Verlierer. Schon nach fünf Jahren sank z.B. bei einer 5%igen jährlichen Inflationsrate der Realwert der Zuschüsse auf etwa 70% des Ausgangswertes. Für Shanghai kam es hingegen zu einem doppelt positiven Effekt. Da es jährliche Wachstumsraten seines BIP von jährlich bis zu 20% erzielte und zudem inflationäre Prozesse stattfanden, verlor die zu erbringende Abführung an die Zentralregierung zusätzlich Jahr für Jahr um wenigstens 25% an Wert.

(5) Die hochgradig dezentralisierte Verwaltungshoheit der Besteuerung führte zu einer Reihe von neuen Problemen

Einerseits war die steuerliche Gesetzgebung wie früher hochgradig zentralisiert. Andererseits wurde die Verwaltungshoheit der Besteuerung weitgehend auf die lokalen Gebietskörperschaften übertragen. Fast alle Steuern wurden von den lokalen Gebietskörperschaften erhoben. Die Zentralregierung hatte praktisch keine eigene Steuerverwaltung. Die Einnahmen der Zentralregierung waren damit abhängig von den konkreten Ablieferungen der Steuereinnahmen der lokalen Gebietskörperschaften. Außerdem hatten die lokalen Gebietskörperschaften das Recht bzw. die Möglichkeit, Unternehmen Steuerbefreiungen oder Steuerermäßigungen zu gewähren. Daraus resultierten im einzelnen folgende Probleme:

a) Rückgang der Steuererhebungsanstrengungen und der Steuerquote

Beim Verantwortungssystem wurden die Aufteilungsregelung der Einnahmen und die Planziffern der Abführungen aus den Steuern, die die lokalen Gebietskörperschaften im Auftrag der Zentralregierung erhoben, über Verhandlungen zwischen der Zentralregierung und den einzelnen lokalen Gebietskörperschaften festgelegt. Einzelne Regelungen, wie z.B. der Anteil der Abführungen, wurden nach einigen Jahren nochmals über Verhandlungen neu festgelegt. Weil die lokalen Gebietskörperschaften Sorge hatten, dass die Anteile der Abführungen der Einnahmen und die Planziffern der Steuerabführungen erhöht werden könnten, falls sie ihre Steueranstrengung verstärkten, bemühten sie sich erst gar nicht, Steuermehreinnahmen zu erwirtschaften. Zugleich hatten sie Steuerbefreiungs- und Steuerermäßigungsrechte, was ihnen die Realisierung eigener Ziele ermöglichte. Oft gewährten die Lokalregierungen ihren untergeordneten Unternehmen sogar mehr Steuerbefreiungen und Steuerermäßigungen, als diesen rechtlich zustand. Dadurch verblieben mehr Geldmittel in der eigenen Region. Zugleich gingen aber nach groben Schätzungen durch diese nicht rechtmäßigen Steuerbefreiungen und -ermäßigungen jährlich Steuereinnahmen in Höhe von 30 bis 40 Mrd. Yuan verloren (vgl. WANG 1997, S. 110 f.). Die gesamtwirtschaftlich negative Folge dieser Politik war ein deutlicher Rückgang der Steuerquote (vgl. Abbildung 2.3). Wie Tab. 3.12 zeigt, ging die Relation von budgetären Einnahmen, die im wesentlichen aus Steuereinnahmen bestehen, und BIP von 31,2% im Jahr 1978 auf 12,6% im Jahre 1993 zurück. Aber auch unter Einbeziehung der außerbudgetären Einnahmen ist ein deutlicher Rückgang der Staatseinnahmenquote festzustellen.

Tab. 3.12: Anteil der staatlichen Einnahmen am BIP in China 1978 bis 1993, in %

Jahr	Ohne außerbudgetäre Einnahmen (in %)	Mit außerbudgetären Einnahmen (in %)
1978	31,2	40,8
1980	25,7	38,0
1985	22,4	39,4
1988	15,8	31,6
1990	15,8	30,4
1991	14,6	29,6
1992	13,1	27,5
1993	12,6	16,7

Quelle: STATISTISCHES JAHRBUCH CHINAS 1998, S. 55, 269; eigene Berechnungen.

Im internationalen Vergleich sind diese Anteile sehr niedrig (vgl. Abb. 3.4).

Abb. 3.4: Anteil der Einnahmen der Gebietskörperschaften am BIP in ausgewählten Ländern 1992, in %

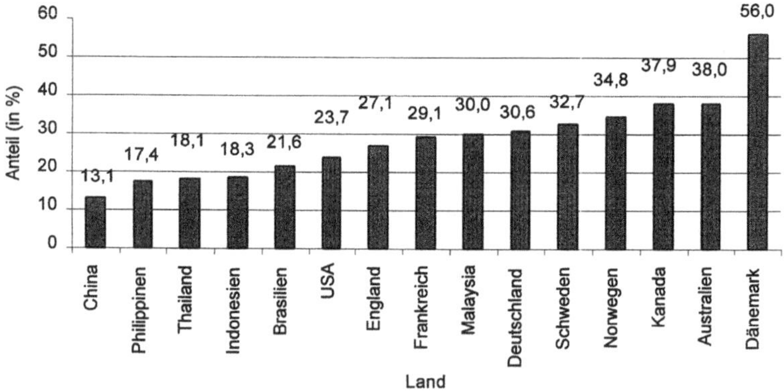

Quelle: In Anlehnung an CONG 1998, S. 109 f.

So machte 1992 der Anteil der Staatseinnahmen ohne Einnahmen der Sozialversicherung am BIP in acht erfassten Indus-trieländern durchschnittlich 35,2% und in acht weiteren Entwicklungs- bzw. Schwellenländern durchschnittlich 19% aus (vgl. CONG 1998, S. 109 f.; WANG 1997, S. 44). Der Anteil der Einnahmen am BIP 1992 in China nicht nur niedriger als in den betrachteten Industrieländern, sondern auch geringer als in den ausgewählten Entwicklungsländern war.

b) Abnehmende Kontrollmöglichkeiten durch die Zentralregierung

Weil die Zentralregierung kein eigenes Steuererhebungssystem hatte und ihre Einnahmen von den Steuerabführungen der lokalen Gebietskörperschaften abhingen, erlangten die Lokalregierungen eine für die Zentralregierung ungünstige starke Position bei den Verhandlungen über die Einnahmenverteilung. Um die Steueranstrengung der lokalen Gebietskörperschaften zu fördern, musste sich die Zentralregierung auf Kompromisse einlassen. Konkret liefen diese oft darauf hinaus, dass die lokalen Gebietskörperschaften nach jeder Verhandlung über die Einnahmenverteilung einen höheren Anteil an den Einnahmen erhielten. Vor allem bei dem 1988 eingeführten Finanzausgleichssystem hatte die Zentralregierung große Zugeständnisse insbesondere an die reichen Lokalregierungen gemacht, indem sie mit diesen Verträge mit besonderen Vergünstigungen abschloss (vgl. WANG 1997, S. 111).

c) Anstieg der außerbudgetären Einnahmen

Die außerbudgetären Einnahmen hatten eine große Attraktivität für die Lokalregierungen. Erstens wurde ihre Verwendung nicht von der Finanzverwaltung kontrolliert; zweitens beteiligte sich die Zentralregierung nicht an diesen Einnahmen. Deshalb ist es verständlich, dass die Lokalregierungen soweit wie möglich versuchten, die budgetären Einnahmen unter Ausnutzung ihrer Verwaltungshoheit in außerbudgetäre Einnahmen „umzuwandeln". So verwundert es auch nicht, dass von 1978 bis 1992 die budgetären Einnahmen um das dreifache zunahmen, die außerbudgetären Einnahmen dagegen um das elffache (vgl. WANG 1997, S. 111). Wie Tab. 3.13 verdeutlicht, betrug die Relation der außerbudgetären zu den budgetären Einnahmen im Jahr 1978 noch 31,0%, während sie 1988 bereits über 90% und 1992 sogar bei 97,7% lag.

Tab. 3.13: Außerbudgetäre Einnahmen und ihr Anteil an den budgetären Einnahmen in China 1978 bis 1993, in %

Jahr	Relation der außerbudgetären Einnahmen zu den budgetären Einnahmen (in %)	Jahr	Relation der außerbudgetären Einnahmen zu den budgetären Einnahmen (in %)
1978	31,0	1986	79,5
1979	42,4	1987	89,7
1980	53,5	1988	94,8
1981	59,1	1989	94,8
1982	74,1	1990	86,4
1883	79,9	1991	94,5
1984	81,0	1992	97,7
1985	83,3	1993	30,3[1)]

1) Der Grund für den massiven Rückgang der außerbudgetären Einnahmen im Jahre 1993 lag darin, dass im Juli 1993 ein neues Buchhaltungssystem in China eingeführt wurde, durch das Erfassung und Zuordnung der außerbudgetären Einnahmen geändert wurden. Die wichtigste Änderung war, dass die zweckgebundenen Fonds und der einbehaltene Gewinn der Staatsunternehmen nach Steuerzahlung, die früher zu den außerbudgetären Einnahmen zählten, von 1993 an nicht mehr den außerbudgetären Einnahmen zugeordnet wurden, sondern den Staatsunternehmen belassen wurden. D.h., dass die Staatsunternehmen nun über diese Geldmittel selbständig verfügen konnten. Das führte dazu, dass die außerbudgetären Einnahmen um etwa zwei Drittel abnahmen.

Quellen: ALLGEMEINE ABTEILUNG DES FINANZMINISTERIUMS 1992, S. 186 f.; STATISTISCHES JAHRBUCH CHINAS 1995, S. 223.

3.4 Zusammenfassende Darstellung und Bewertung der Entwicklung des Finanzausgleichssystems Chinas von 1949 bis 1993

Zwischen 1949 und 1979 wurde das Finanzausgleichssystem mehr als zehnmal grundlegend geändert. Gleichzeitig schienen die Veränderungen einer zyklischen Gesetzmäßigkeit zu folgen, die folgendem Muster entsprach: Zentralisierung – Dezentralisierung –Rezentralisierung – Dezentralisierung (vgl. JIA, 1999, S. 25; GUO 2001, S. 82 f.). Die Zeitabstände zwischen den einzelnen Reformen betrugen zwischen ein und fünf Jahren.

Eine klare Zielrichtung der Reformen ist nicht erkennbar. Dies ist wohl darauf zurückzuführen, dass das Finanzausgleichssystem häufig als Instrument zur Durchsetzung übergeordneter politischer Ziele der politischen Entscheidungsträger eingesetzt wurde (vgl. JIA, 1999, S. 25).

Mit den allgemeinen, im Jahre 1979 begonnenen Wirtschaftsreformen wurde auch das Finanzausgleichssystem grundlegend geändert. Die Aufgabenkompetenzen wurden zumindest formal klarer verteilt und die Zuordnung der Ertragshoheit über Gewinne und Steuern wurde eindeutig geregelt. Damit war das System des „Kochens in separaten Küchen" geschaffen. Dadurch, dass die den jeweiligen Gebietskörperschaften zustehenden Finanzmittel auf der Basis der Einnahmen und Ausgaben des Jahres 1979 zugewiesen wurden, erhielten die lokalen Regierungen Handlungsspielräume für die Beschaffung von Mitteln, mit denen sie das bisherige Ausgabenniveau erhöhen oder wenigstens konstant halten konnten. Entwicklungspolitisch gesehen ist dieses System des „Kochens in separaten Küchen" positiv zu bewerten, weil damit Initiativen der lokalen Ebenen zu vermehrter Mittelbeschaffung und Wirtschaftstätigkeit ausgelöst wurden.

Insgesamt überwogen vor Einführung des derzeit geltenden Steuertrennsystems zum 1.1.1994 allerdings die Probleme, die durch die vorausgegangenen Reformen nicht gelöst oder sogar neu geschaffen worden waren. Die wichtigsten seien abschließend aufgeführt:

- Die Verteilung der Aufgaben bzw. Ausgaben war bei den jeweiligen Reformen wenig beachtet worden. Stattdessen konzentrierten sich die Reformen des Finanzausgleichssystems fast ausschließlich auf die Verteilung der Einnahmen, obwohl die Verteilung der Aufgaben bzw. Ausgaben die Grundlage für die Verteilung der Einnahmen darstellen sollte.

- China fehlte bis 1993 ein Transferzahlungssystem, das die Disparität der öffentlichen Leistungen zwischen den reichen und den armen Regionen verkleinert und insbesondere ein ähnliches Niveau bei der Bereitstellung der Grunddienstleistungen jeder Lokalregierung ermöglicht hätte. Zwar transferierte die Zentralregierung jährlich Finanzmittel in verschiedenen Formen an die lokalen Gebietskörperschaften und hier insbesondere an die autonomen Gebiete der nationalen Minderheiten. Diese Zahlungen reichten aber nicht für die Verringerung der wirtschaftlichen Disparität zwischen reichen und armen Regionen. Es kommt hinzu, dass diese Transferzahlungen unter den Bedingungen der Planwirtschaft meistens für konkrete investive Zwecke bestimmt waren und nur zu einem geringen Teil dazu dienten, das unterschiedliche Niveau in den öffentlichen Dienstleistungen, wie z.B. Bildung, ärztliche Versorgung und wichtige öffentliche Infrastruktur, zwischen reichen und armen Regionen auszugleichen.

- Es fehlte ein objektiver quantitativer Maßstab bei der Verteilung der Finanzmittel. Sowohl bei der Verteilung der Ausgaben und Einnahmen als auch bei der Festlegung der Zuschüsse wurde kein objektiver quantitativer Maßstab angelegt. Insbesondere bei den Finanzausgleichszahlungen wurde meistens nach subjektiver Einschätzung vorgegangen.

- Schließlich gab es bis Ende 1993 (und das gilt bis heute) keine Gesetze, die die Finanzbeziehungen zwischen der Zentralregierung und den lokalen Gebietskörperschaften verbindlich geregelt hätten.

Zusammengefasst kann gesagt werden, dass es der VR China es von ihrer Gründung bis 1993 nicht gelungen ist, ein geeignetes Finanzausgleichssystem zu finden, um die Verteilung der Staatsfinanzen zwischen der Zentralregierung und den lokalen Gebietskörperschaften ökonomisch effizient und verteilungspolitisch gerecht zu ordnen. Eine bahnbrechende Reform erfolgte erst im Jahre 1994, in dem das auf dem „Steuertrennsystem" basierenden Finanzausgleichssystem eingeführt wurde.

KAPITEL 4: DAS GEGENWÄRTIGE FINANZAUSGLEICHSSYSTEM IN CHINA: DARSTELLUNG UND PROBLEME

Das gegenwärtig in der VR China geltende Finanzausgleichssystem wurde im Jahre 1994 eingeführt. Dieses Kapitel stellt zunächst Ziele und Inhalte der Reform des Finanzausgleichssystems dar. Anschließend erfolgt eine Bestandsaufnahme der bisher erzielten Erfolge sowie der nach wie vor bestehenden Defizite.

4.1 Die Reform des Finanzausgleichssystems im Jahre 1994

Im Jahre 1994 wurde eine umfassende Reform des öffentlichen Finanzsystems in China durchgeführt, die hauptsächlich zwei Bereiche, das Steuersystem und das Finanzausgleichssystem, berührt .

Bei der Reform des Finanzausgleichssystems wurde eine neue Verteilungsregelung der Einnahmen - das „tax sharing system" oder „tax division system" - eingeführt. Wörtlich übersetzt handelt es sich um ein „Steuertrennsystem", gemeint ist aber - in deutscher Terminologie - tatsächlich eine Mischung von Trennsystem und Verbundsystem. Die Einführung des „Steuertrennsystems" bei der Einnahmenverteilung war eine der wichtigsten Reformmaßnahmen bei der Reform des Finanzausgleichssystems 1994. Deshalb wird das neue Finanzausgleichssystem - das auf dem Steuertrennsystem basierende Finanzausgleichssystem - in China einfach „Steuertrennsystem" genannt.

Auf die Einführung des Steuertrennsystems hat sich China lange vorbereitet. Vor der allgemeinen Inkraftsetzung wurde das Steuertrennsystem im Jahre 1992 zuerst in neun Provinzen oder Städten offiziell probeweise praktiziert (vgl. Kapitel 3, Abschnitt 3.3.3). Ab dem 1.1.1994 wurde es dann landesweit eingeführt.

4.1.1 Ziele der Reform des Finanzausgleichssystems

Ein Hauptziel der Reform des öffentlichen Finanzsystems 1994 bestand darin, durch die Reform des Finanzausgleichssystems die finanzielle Lage des Staates zu verbessern. Hierbei sollte vor allem die Finanzkraft der Zentralregierung gestärkt werden. Die Zentralregierung sollte sich sodann bemühen, durch Finanzzuweisungen nach unten den großen Unterschied der Finanzkraft zwischen den Gebietskörperschaften derselben Ebene zu reduzieren. Die konkreten Zielsetzungen der Reform des Finanzausgleichssystems waren folgende:

1) Steigerung der staatlichen Finanzeinnahmen: Beim alten System ging die Steuererhebungsanstrengung der lokalen Gebietskörperschaften zurück. Außerdem gingen durch die Steuerbefreiungen und -ermäßigungen jährlich Steuereinnahmen in erheblichem Umfang verloren. Die Steuerquote war sehr niedrig. Durch die Einführung des Steuertrennsystems sollte die Erhöhung der staatlichen Gesamteinnahmen und der Steuerquote erreicht werden.

2) Erhöhung des Anteils der Zentralregierung an den Gesamteinnahmen: Vor 1994 flossen 60 bis 70% der Gesamteinnahmen den lokalen Gebietskörperschaften zu. Durch die Einführung des neuen Systems war beabsichtigt, die Zentralregierung viel stärker als bisher - konkret bis zu 60% - an den Steuereinnahmen zu beteiligen, um die Fähigkeit der Zentralregierung zur Makrosteuerung zu verbessern.

3) Gestaltung einer klar geregelten Finanzverteilung zwischen den Gebietskörperschaften: Unter dem neuen System sollte die primäre Verteilung der Finanzeinnahmen zwischen der Zentrale und den lokalen Gebietskörperschaften eindeutig definiert werden. Zugleich sollte ein Transferzahlungssystem aufgebaut werden, um die Finanzzuweisungen nach einheitlichen Regelungen an die lokalen Gebietskörperschaften auszuzahlen.

4.1.2 Inhalt der Reform des Finanzausgleichssystems

Die Reform des Finanzausgleichssystems zur Umsetzung der genannten Ziele bezieht sich auf die Neuverteilung von Aufgaben bzw. Ausgaben sowie der Einnahmen auf die einzelnen Gebietskörperschaften und auf die Errichtung eines Transferzahlungssystems.

4.1.2.1 Die Verteilung der Aufgaben bzw. der Ausgaben

Im neuen System bleibt die Gesetzgebungshoheit nach wie vor bei der Zentralregierung. Die Verwaltungskompetenzen zwischen der Zentralregierung und den lokalen Gebietskörperschaften sind wie folgt aufgeteilt worden: Die Zentralregierung übernimmt die Ausgaben für die staatliche Sicherheit, auswärtige Angelegenheiten und staatliche Administration, die Regulierung der sektoralen Struktur, die Koordination der regionalen Entwicklung und die Makrosteuerung. Die Lokalregierung übernimmt die Ausgaben für die Administration und für die Wirtschaftsentwicklung in der eigenen Region (vgl. Tab. 4.1).

Tab. 4.1: Die Verteilung der Aufgaben bzw. der Ausgaben zwischen der Zentralregierung und den lokalen Gebietskörperschaften 1994

Zentralregierung	Lokale Gebietskörperschaften
Verteidigung	-
Auswärtige Angelegenheiten und Finanzhilfe für das Ausland	-
Bewaffnete Polizei auf der Zentralebene	Bewaffnete Polizei auf der Lokalebene
Administrative Ausgaben der zentralen Staatsorgane	Administrative Ausgaben der lokalen Staatsorgane
Investitionen in Infrastruktur auf zentraler Ebene	Investitionen in Infrastruktur auf lokaler Ebene
Mittel für Innovationen und für die probeweise Herstellung neuer Produkte der zentralen Staatsunternehmen	Mittel für Innovationen und für die probeweise Herstellung neuer Produkte der lokalen Staats-unternehmen
Geologische Schürfung	Stadterhaltung und –aufbau
Unterstützungszahlungen für die Landwirtschaft	Unterstützungszahlungen für die Landwirtschaft
Schuldentilgung	Preissubventionen
Organe der öffentlichen Sicherheit, Staatsanwaltschaften und Volksgericht auf zentraler Ebene	Organe der öffentlichen Sicherheit, Staatsanwaltschaften und Volksgericht auf lokaler Ebene
Kultur, Bildung, Gesundheit und wissenschaftliche Forschung auf zentraler Ebene	Kultur, Bildung, Gesundheit und wissenschaftliche Forschung auf lokaler Ebene

Quelle: CHEN 1999, S. 279 f.; eigene Zusammenstellung.

4.1.2.2 Die Verteilung der Einnahmen

Bei der Einführung des neuen Finanzausgleichssystems war eine Neuregelung der Steuergesetzgebungshoheit nicht vorgesehen. Deshalb liegt sie nach wie vor beim Zentralstaat. Der Kern der Reform besteht darin, die Steuerertragshoheit neu zu regeln.

Bei der Reform des Steuersystems 1994 wurden viele Steuern abgeschafft und einige neue Steuern eingeführt. Die Gesamtzahl der Steuerarten wurde von 32 auf 22 reduziert. Die 22 neu geltenden Steuern sind die folgenden: Mehrwertsteuer, Verbrauchsteuer, Geschäftsteuer, Zölle, Ressourcensteuer, Körperschaftsteuer für inländische Unternehmen, Körperschaftsteuer für ausländische Unternehmen und Joint Ventures, Einkommensteuer, Grundstückswertzuwachssteuer, Agrarsteuer, Ausgleichsteuer für Anlageinvestitionen, Stempelsteuer, städtische und ländliche Erhaltungs- und Aufbausteuer, städtische Bodennutzung-steuer, Hausbesitzsteuer,

Fahrzeugsteuer, Ackerbodennutzungsteuer, Vertragsteuer, Börsenumsatzsteuer, Erbschaft- und Schenkungsteuer, Schlachtsteuer und Bankettsteuer. Die Börsenumsatzsteuer und die Erbschaft- und Schenkungsteuer werden allerdings bis heute noch nicht erhoben (vgl. YANG 1995, S. 20).

Sodann wurden die Steuereinnahmen nach der Ertragshoheit in drei Gruppen eingeteilt (vgl. Tab. 4.2).

Tab. 4.2: Die Einnahmenverteilung zwischen der Zentralregierung und den lokalen Gebietskörperschaften nach der Reform 1994

Zentralregierung	Lokale Gebietskörperschaften
• Zölle • Vom Zollamt erhobene Verbrauch- und Mehrwertsteuer • Verbrauchsteuer • Körperschaftsteuer der zentralen Staatsunternehmen • Körperschaftsteuer der Nicht-Bank-Geldinstitute • Einnahmen aus Eisenbahn, Zentralstelle der Banken und Zentralstelle der Versicherungsgesellschaften[1)] • Gewinnabführungen der zentralen Staatsunternehmen	• Geschäftsteuer[2)] • Körperschaftsteuer der lokalen Staatsunternehmen[3)] • Gewinnabführungen der lokalen Staatsunternehmen • Einkommensteuer • Städtische Bodennutzungsteuer • Ausgleichsteuer für Anlageinvestitionen[4)] • Städtischer und ländlicher Erhaltungs- und Aufbauzuschlag[2)] • Hausbesitzsteuer • Fahrzeugsteuer • Stempelsteuer • Schlachtsteuer • Agrarsteuer • Ackerbodennutzungsteuer • Vertragsteuer • Grundstückswertzuwachssteuer • Erbschaft- und Schenkungsteuer • Nutzungsabgabe von Staatsboden
Gemeinschaftseinnahmen: • Mehrwertsteuer (75%) • Ressourcensteuer auf Offshore-Ölförderung • Börsenumsatzsteuer (80%)	Gemeinschaftseinnahmen: • Mehrwertsteuer (25%) • Ressourcensteuer (außer auf Offshore-Ölförderung) • Börsenumsatzsteuer (20%)

1) Die Einnahmen enthalten die Geschäftsteuer, die Körperschaftsteuer, den städtischen und ländlichen Erhaltungs- und Aufbauzuschlag sowie Gewinnabführungen.
2) Außer den Einnahmen aus Eisenbahn, Zentralstelle der Banken und Zentralstelle der Versicherungsgesellschaften.
3) Außer den Einnahmen aus den Nicht-Bank-Geldinstituten.
4) Die Erhebung dieser Steuer wurde zum 1.1.2000 vorläufig beendet (vgl. LIU 2001, S. 45).

Quelle: Eigene Zusammenstellung nach CHEN 1999, S. 280.

Die erste Gruppe umfasst alle Steuern, deren Einnahmen der Zentralregierung allein zufließen. Die zweite Gruppe beinhaltet diejenigen Steuern, deren Einnahmen den lokalen Gebietskörperschaften zur Verfügung stehen. Bei der letzten Gruppe handelt es sich um Gemeinschaftssteuern, deren Aufkommen zwischen der Zentralregierung und den lokalen Gebietskörperschaften aufgeteilt wird. Hierbei ist quantitativ nur die Mehrwertsteuer von Bedeutung. 75% der Einnahmen aus der Mehrwertsteuer fließen der Zentralregierung zu, die restlichen 25% stehen den lokalen Gebietskörperschaften zu.

Darüber hinaus wurde die Verwaltungshoheit zentralisiert, weil beim alten System die hochgradig dezentralisierte Verwaltungshoheit eine Reihe von Problemen verursachte (vgl. Kapitel 3, Abschnitt 3.3.4). Zuerst wurde das „Zwei-Steuerämter-System" eingerichtet. Die Zentralregierung hat eine eigene Steuererhebungsinstanz, das sogenannte „nationale Steueramt", neu eingerichtet. Dieses ist zuständig für die Steuererhebung der Einnahmen der Zentralregierung und der Gemeinschaftseinnahmen und verfügt über eigene Niederlassungen auf Provinz-, Bezirks-, Kreis- und Gemeindeebene. Für die Erhebung der Einnahmen der lokalen Gebietskörperschaften sind „lokale Steuerämter" verantwortlich, die von den Provinzen verwaltet werden. Das lokale Steueramt jeder Provinz hat ebenfalls eigene Zweigstellen auf Bezirks-, Kreis- und Gemeindeebene. Dies hat dazu geführt, dass auf der lokalen Ebene (also ab Provinzebene) zwei parallele Institutionen nebeneinander bestehen, nämlich die Niederlassung des nationalen Steueramtes sowie die des lokalen Steueramtes.

Außerdem nahm die Zentralregierung von den Provinzen die Rechte für Steuerbefreiungen und Steuerentlastungen zurück, damit die Steuerermäßigungen streng kontrolliert und die Steuerverluste reduziert werden können. Steuerermäßigungen müssen nun vom Staatsrat genehmigt werden (vgl. WANG 1997, S. 120).

4.1.2.3 Die Einführung des Transferzahlungssystems

Neben der Einführung des Steuertrennsystems 1994 wurde ein Transferzahlungssystem errichtet, um die Finanzzuweisungen nach einheitlichen Regelungen an die lokalen Gebietskörperschaften verteilen zu können.

(1) Formen der Finanzzuweisungen

Das heutige Transferzahlungssystem ist ein vertikales Transferzahlungssystem und besteht aus fünf Arten von Finanzzuweisungen (vgl. ZHANG 2000, S. 45; LI 2001, S. 40 f.):

a) Steuerrückerstattungen

Bei der Reform 1994 hat sich die Verteilungsregelung der Einnahmen in China erheblich geändert. Vor 1994 flossen 60 bis 70% der Gesamteinnahmen den lokalen Gebietskörperschaften zu. Durch die Einführung der neuen Verteilungsregelung sollte der Anteil der Zentralregierung mindestens 60% an den Steuereinnahmen erreichen. Weil dies den bestehenden finanziellen Interessen der lokalen Gebietskörperschaften zuwider gelaufen wäre, hatten die Lokalregierungen der Reform starken Widerstand entgegen gesetzt. Um die Reform reibungslos durchführen zu können, wurden einige Maßnahmen ergriffen, um keine lokale Gebietskörperschaft durch die Reform finanziell schlechter als im Jahre 1993 zu stellen. Die Steuerrückerstattung ist ein Hauptinstrument, um dieses Ziel zu verwirklichen. Die Formel zur Berechnung der Steuerrückerstattungen ist wie folgt (vgl. CHEN 1999, S. 280 f.):

$$T_t^{rück} = T_{t-1}^{rück}(1+0{,}3R)$$

wobei
$T^{rück}$: Steuerrückerstattung;
R: Wachstumsrate der Einnahmen aus Mehrwert- und Verbrauchsteuern.

Diese Formel besteht aus zwei Teilen: Zuerst wurde die Höhe der Ist-Zahlen der Steuereinnahmen des Jahres 1993 als Basiseinnahmen für jede Gebietskörperschaft festgelegt. Wenn eine Gebietskörperschaft im Jahre 1994 nach den neuen Verteilungsregelungen weniger Steuereinnahmen bekam als die Basiseinnahmen, erhielt sie diesen Steuereinnahmenausfall von der Zentralregierung erstattet. Diese werden als Steuerrückerstattungen bezeichnet. Zweitens sollten diese Steuerrückerstattungen in den folgenden Jahren mit einer Wachstumsrate steigen, die an die Wachstumsrate der Einnahmen aus Mehrwert- und Verbrauchsteuern der einzelnen Gebietskörperschaften gekoppelt ist. Von den gesamten Steuermehreinnahmen bekommt die Zentralregierung 70%, während die Lokalregierungen 30% erhalten.

Wenn eine Gebietskörperschaft weniger Einnahmen aus Verbrauchssteuern und Mehrwertsteuer als im Vorjahr, aber mehr als im Basisjahr (1993) erwirtschaftet, wird lediglich die Differenz zwischen den tatsächlichen Einnahmen des laufenden Jahres und denen des Basisjahres zurückgezahlt.

Durch die Gewährung der Steuerrückerstattung wurden alle Gebietskörperschaften im Jahre 1994 zumindest mit den gleichen Finanzmitteln wie 1993 ausgestattet. Eine Veränderung der Verteilung der Finanzmittel, so wie sie durch die Finanzsystemreform angestrebt worden war, findet also lediglich über eine Neuverteilung der zusätzlichen Einnahmen aus Mehrwert- und Verbrauchssteuern statt.

b) Abführungen oder Zuschüsse nach altem System

Sie sind eine vom alten System übernommene Verteilungsmethode. Nach dieser Verteilungsregelung müssen 21 finanzstarke lokale Gebietskörperschaften[24] nach wie vor einen vereinbarten Betrag von ihren Einnahmen an die Zentralregierung abführen. Diese Abführungen werden „Abführungen nach altem System" genannt. Die restlichen 16 finanzschwachen lokalen Gebietskörperschaften[25] erhalten nach wie vor Zuschüsse in Form von Finanzzuweisungen der Zentralregierung. Diese Zuschüsse werden als „Zuschüsse nach altem System" gekennzeichnet.

c) Jahresabschlussbedingte Zuweisungen bzw. Abführungen

An jedem Jahresende gibt es eine Abrechnung zwischen der Zentralregierung und den lokalen Gebietskörperschaften für Veränderungen der Eigentümer von Staatsunternehmen und für die Finanzierung neuer Aufgaben. Zuerst werden Salden zwischen der Zentralregierung und den lokalen Gebietskörperschaften errechnet, wenn die Verteilung der Eigentumsrechte an Betrieben zwischen der Zentralregierung und den lokalen Gebietskörperschaften geändert wurde und dadurch eine Verlagerung der Steuerstrome stattfand. Außerdem vergibt die Zentralregierung an die lokalen Gebietskörperschaften Zuschüsse, wenn eine Politik oder Maßnahme der Zentralregierung die Finanzkraft der lokalen Gebietskörperschaften negativ beeinflusst.

d) Zweckgebundene Zuweisungen

Zurzeit gibt es in China hauptsächlich zwei Arten von zweckgebundenen Zuweisungen. Erstens die zusätzlichen Finanzmittel zur Unterstützung der armen Regionen, z.B. Subventionen für Agrarprodukte, insbesondere für Getreide, Fonds zur Realisierung der Schulpflicht und zur Verbesserung des Gesundheitswesens in den rückständigen Regionen. Zweitens die Fonds zur Unterstützung der Naturkatastrophengeschädigten.

e) Allgemeine Zuweisungen aus den zunehmenden Einnahmen

Nach der Einführung des neuen Systems verwendet die Zentralregierung jährlich einen Teil ihrer zunehmenden Einnahmen aus den Verbrauchsteuern und der Mehrwertsteuer für die allgemeinen Finanzzuweisungen, die nach einem objektiven Be-

---

[24] Dabei handelt es sich um Beijing,Tianjin, Hebei, Shanxi, Liaoning, Dalian, Heilongjiang, Shanghai, Jiangsu, Zhejiang, Ningbo, Anhui, Xiamen, Shandong, Qingdao, Henan, Hubei, Hunan, Guangdong, Shenzhen und Chongqing.

[25] Dabei handelt es sich um die Innere Mongolei, Jilin, Fujian, Jiangxi, Shandong, Guangxi, Hainan, Sichuan, Guizhou, Yunnan, Tibet, Shaanxi, Gansu, Qinghai, Ningxia und Xinjiang.

rechnungsverfahren ausschließlich den finanzschwachen lokalen Gebietskörperschaften zugewiesen werden. Dieser Betrag der Finanzzuweisungen nimmt jährlich zu.

Abb. 4.1 verdeutlicht, dass 1997 die Steuerrückerstattungen mit ca. 73% einen sehr hohen Anteil an den gesamten Finanzzuweisungen hatten, während der Anteil der Transferzahlungen aus zunehmenden Einnahmen sehr gering war und nur 1,8% betrug. Zwar haben die allgemeinen Zuweisungen aus zunehmenden Einnahmen jährlich zugenommen, so dass ihr Anteil an den gesamten Zuschüssen 1998 auf ca. 2% gestiegen ist. Dennoch war dieser Anteil noch viel zu klein, um deutlich spürbare Umverteilungseffekte zu bewirken.

Abb. 4.1: Anteil der verschiedenen Formen der Finanzzuweisungen an den Gesamtzuweisungen 1997

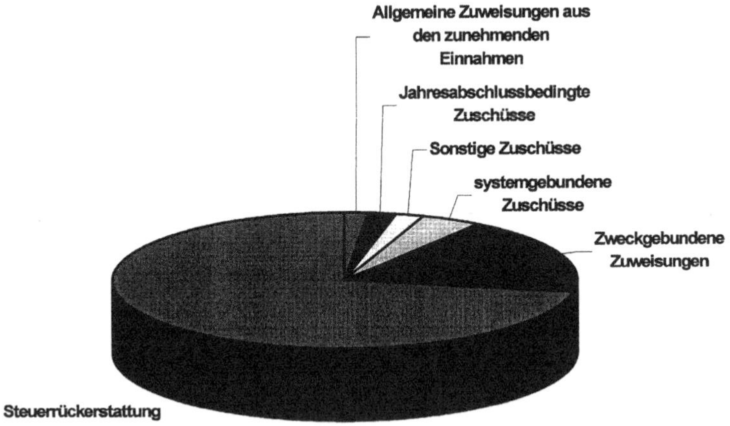

Quelle: HAUSHALTSABTEILUNG DES FINANZMINISTERIUMS 1998, S. 25.

(2) Einführung des Übergangsmodells zur Ermittlung der Finanzzuweisungen

Im Jahre 1995 hat China ein Berechnungsmodell zur Ermittlung der „allgemeinen Finanzzuweisungen aus den zunehmenden Einnahmen“ eingeführt. Dies war eine gemäß der aktuellen Situation Chinas für die Übergangsphase konzipierte Ermittlungsmethode und wird daher als „Übergangsmodell für die Finanztransferzahlungen" bezeichnet.

Die chinesische Zentralregierung hat das Übergangsmodell nach den folgenden Prinzipien aufgestaltet (vgl. JIANG 1997, S. 59.):

- Die bestehende finanzielle Position der lokalen Gebietskörperschaften soll nicht angetastet werden. Die Mittel für Finanzzuweisungen sollen von der Zentralregierung mit einem Teil ihrer eigenen zunehmenden Einnahmen finanziert werden.

- Die Verteilung der Finanzzuweisungen soll möglichst gerecht, rational und standardisiert sein. Gleichzeitig soll die Steueranstrengung der verschiedenen lokalen Gebietskörperschaften berücksichtigt werden.

- Die Auszahlung der Finanzzuweisungen soll hauptsächlich die gravierendsten finanziellen Probleme der lokalen Gebietskörperschaften lösen. Die von nationalen Minderheiten bewohnten Gebiete sollen eine Vorzugsbehandlung genießen.

Die Formel zur Ermittlung der Finanzzuweisungen für die einzelnen lokalen Gebietskörperschaften lautet (vgl. CHEN 1999, S. 282; MA 1998, S. 93; CUI 1998, S. 17):

$$F_i = AF_i + MF_{i,}$$

wobei

F_i: Finanzzuweisung an die lokale Gebietskörperschaft i;

AF_i: Allgemeine Finanzzuweisung an die lokale Gebietskörperschaft i;

MF_i: Finanzzuweisung zur Begünstigung der nationalen Minderheiten der lokalen Gebietskörperschaft i.

An dieser Formel kann man erkennen, dass sich diese Finanzzuweisungen aus allgemeinen Finanzzuweisungen und Finanzzuweisungen zur Begünstigung der nationalen Minderheiten zusammensetzen. Die begünstigten Regionen der nationalen Minderheiten umfassen acht autonome Gebiete (Provinzen), die Innere Mongolei, Guangxi, Guizhou, Yunnan, Tibet, Qinghai, Ningxia und Xinjiang sowie autonome Bezirke der nationalen Minderheiten in den Provinzen der nicht-autonomen Gebiete der nationalen Minderheiten (vgl. HAUSHALTSABTEILUNG DES FINANZMINISTERIUMS 2000a, S. 45).

1996 wurde erstmals eine allgemeine Finanzzuweisung in Höhe von 2 Mrd. Yuan gemäß diesem Modell an die lokalen Gebietskörperschaften verteilt (vgl. LIN 1999, S. 41). Danach wurde die konkrete Berechnungsmethode ständig verbessert. Bis zum Jahre 2000 waren die konkreten Verfahren zur Ermittlung der unterschiedlichen Arten von Finanzzuweisungen für die lokalen Gebietskörperschaften wie folgt:

a) Ermittlung der allgemeinen Finanzzuweisungen

Die allgemeinen Finanzzuweisungen für eine Gebietskörperschaft ergeben sich aus der Differenz zwischen Standardeinnahmen und Standardausgaben, multipliziert mit dem Koeffizienten der allgemeinen Finanzzuweisungen:

$$AF_i = \alpha\ (SAus_i - SEin_i)$$

wobei
AFi : Allgemeine Finanzzuweisungen an die lokale Gebietskörperschaft i;
$SAus_i$: Standardausgaben der lokalen Gebietskörperschaft i;
$SEin_i$: Standardeinnahmen der lokalen Gebietskörperschaft i;
α: Koeffizient der allgemeinen Finanzzuweisungen.

Zur Ermittlung der Standardausgaben wurde die Faktorenmethode verwendet, die die staatlichen Vorschriften über die Finanzausgaben und die die Finanzausgaben beeinflussenden Faktoren berücksichtigt. Bei der Ermittlung wurden acht Arten von Ausgaben berücksichtigt:

- Personalkosten (außerhalb des Gesundheitswesens und des städtischen Bauwesens)
- Geschäftskosten der öffentlichen Dienstleistungen (außerhalb des Gesundheitswesens und des städtischen Bauwesens)
- Ausgaben für Gesundheitswesen
- Ausgaben für städtische Erhaltung und Aufbau
- Ausgaben für soziale Sicherung
- Unterstützungszahlungen für im Dienst Verunglückte bzw. deren Familien und Sozialhilfe
- Unterstützungszahlungen an die Landwirtschaft
- Ausgaben für vielfältige landwirtschaftliche Erschließungen

Für jede Art von Ausgaben wurden mehrere Faktoren ausgewählt, z.B. die Zahl der im öffentlichen Dienst Beschäftigten, die Pro-Kopf-Finanzkraft, die Zahl der Schüler, die Bevölkerungsdichte. Insgesamt wurden zunächst 32 Faktoren ermittelt, wovon die Zahl der im öffentlichen Dienst Beschäftigten das größte Gewicht hat. Es ist geplant, die Zahl der zu berücksichtigenden Faktoren schrittweise zu erhöhen[26] (vgl. CHEN 1999, S. 283 f.; JIANG 1997, S. 59 f.; HAUSHALTSABTEILUNG DES FINANZMINISTERIUMS 2000a, S. 36 f.).

Die Standardeinnahmen werden für die unterschiedlichen Steuerarten jeweils nach der Methode „Standardsteuerbasis mal Standardsteuersatz" oder „Basiseinnahmen mal (1+Wachstumsrate der zusammenhängenden Faktoren)" berechnet. Die berechneten Steuern enthalten zur Zeit elf Arten: Mehrwertsteuer, Geschäftsteuer, Agrarsteuer, Steuer auf ländliche Sonderprodukte, Ressourcensteuer, Bodennutzungsteuer, städtischer und ländlicher Erhaltungs- und Aufbauzuschlag, Körperschaftsteuer, Einkommensteuer, Fahrzeugsteuer, Schlachtsteuer. Die übrigen Steuern wurden wegen der mangelhaften Datengrundlage mit den Ist-Zahlen von 1998 angesetzt (vgl. HAUSHALTSABTEILUNG DES FINANZMINISTERIUMS 2000a, S. 8).

Der Koeffizient der allgemeinen Finanzzuweisungen wird gemäß dem Gesamtbetrag der Finanzmittel, die der Zentralregierung im laufenden Jahr für die allgemeinen Finanzzuweisungen zur Verfügung stehen, festgesetzt (vgl. JIANG 1998a, S. 15).

b) Ermittlung der Finanzzuweisungen zur Begünstigung der nationalen Minderheiten

Die begünstigten Regionen und Bezirke der nationalen Minderheiten erhalten neben den „allgemeinen Finanzzuweisungen" noch zusätzliche „Finanzzuweisungen zur Begünstigung der nationalen Minderheiten". Die Berechnungsmethode zur Ermittlung der Finanzzuweisungen zur Begünstigung der nationalen Minderheiten ist ähnlich wie die Methode zur Ermittlung der allgemeinen Finanzzuweisungen. Die Formel lautet (vgl. HAUSHALTSABTEILUNG DES FINANZMINISTERIUMS 2000a, S. 46):

$$MF_i = \beta(SAus_i - SEin_i)$$

wobei
MF_i: Finanzzuweisungen zur Begünstigung der nationalen Minderheiten an die lokale Gebietskörperschaft i;
$SAus_i$: Standardausgaben der lokalen Gebietskörperschaft i;
$SEin_i$: Standardeinnahmen der lokalen Gebietskörperschaft i;
β: Koeffizient der Finanzzuweisung zur Begünstigung der nationalen Minderheiten.

---

[26] Dabei bleibt allerdings unberücksichtigt, dass eine solche scheinbare Perfektion zu hoher Strategieauffälligkeit führt.

4.2 Bewertung der Durchführungsergebnisse des neuen Finanzausgleichssystems

Bei der Bewertung einer Reform des Finanzausgleichssystems sollen zunächst die Durchführungsergebnisse überprüft werden. Nach folgenden Kriterien, die auf den die angestrebten Zielen der Reform von 1994 basieren, wird das neues System bewertet. Davon sollten 1, 2 und 4 allgemeine Kriterien zur Beurteilung eines Finanzausgleichssystems sein:

- Effekte auf die Erhöhung der gesamten staatlichen Einnahmen
- Anreizeffekt zur Erhöhung der Steueranstrengungen der lokalen Gebietskörperschaften
- Wirkung auf die Erhöhung des Anteils der Zentralregierung an den Gesamteinnahmen und der Steuerquote
- Nivellierungseffekt des Finanzausgleichs im engeren Sinne

4.2.1 Entwicklung der staatlichen Einnahmen

Nach der Einführung des Steuertrennsystems haben die gesamten Einnahmen rasch zugenommen (s. Abb. 4.2 und Tab. 4.3).

Abb. 4.2: Entwicklung der Gesamteinnahmen in China 1990 bis 2000

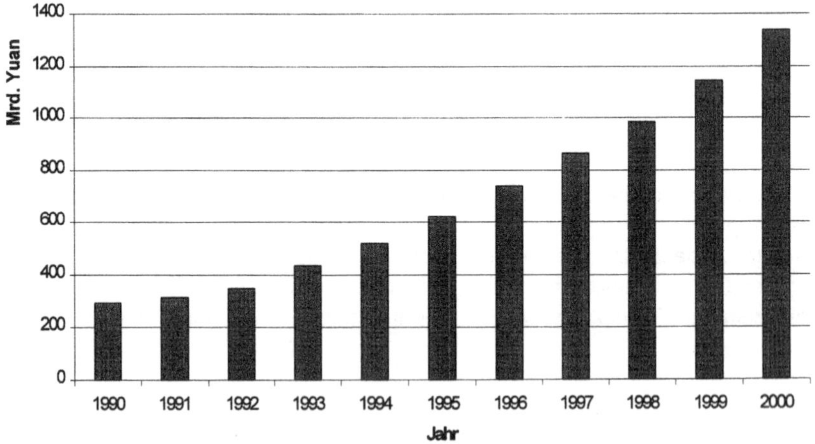

Quelle: STATISTISCHES JAHRBUCH CHINAS 2001, S. 257.

Tab. 4.3: Entwicklung der Einnahmen der Zentralregierung und der lokalen Gebietskörperschaften 1988 bis 2000

Jahr	Betrag (in Mrd. Yuan)			Wachstumsrate (in %)			Anteil (in %)		Einzelhandelspreisindizes (Preis des vorhergehenden Jahres = 100)
	Gesamt	Zentralregierung	Lokale Gebietskörperschaften	Gesamt	Zentralregierung	Lokale Gebietskörperschaften	Zentralregierung	Lokale Gebietskörperschaften	
1988	235,7	77,5	158,2	7,2	5,2	8,2	32,9	67,1	118,5
1989	266,5	82,3	184,2	13,1	6,2	16,4	30,9	69,1	117,8
1990	293,7	99,2	194,5	10,2	20,7	5,6	33,8	66,2	102,1
1991	314,9	93,8	221,1	7,2	-5,5	13,7	29,8	70,2	102,9
1992	348,3	98,0	250,4	10,6	4,4	13,2	28,1	71,9	105,4
1993	434,9	95,8	339,1	24,8	-2,3	35,5	22,0	78,0	113,2
1994	521,8	290,7	231,2	20,0	203,6	-31,8	55,7	44,3	121,7
1995	624,2	325,7	298,6	19,6	12,1	29,2	52,2	47,8	114,8
1996	740,8	366,1	374,7	18,7	12,4	25,5	49,4	50,6	106,1
1997	865,1	422,7	442,4	16,8	15,5	18,1	48,9	51,1	100,8
1998	987,6	489,2	498,4	14,2	15,7	12,7	49,5	50,5	97,4
1999	1144,4	584,9	559,5	15,9	19,6	12,3	51,1	48,9	97,0
2000	1339,5	698,9	640,6	17,0	19,5	14,5	52,2	47,8	98,5

Quelle: STATISTISCHES JAHRBUCH CHINAS 2001, S. 257 und 281; eigene Berechnungen.

Vor der Einführung des neuen Systems lag die durchschnittliche Wachstumsrate der Einnahmen von 1988 bis 1993 bei ca. 9,7%. Von 1995 bis 2000 haben sich die Einnahmen verdoppelt. Die durchschnittliche Wachstumsrate der Einnahmen innerhalb dieser 5 Jahre betrug 16,5%. Einen derart schnellen Zuwachs der Einnahmen hatte es in der Vergangenheit noch nie gegeben (vgl. XIANG 2001, S. 5). Auch unter Berücksichtigung der Einzelhandelspreisindizes ist ein deutlich realer Anstieg festzustellen (vgl. Tab 4.3).

4.2.2 Anreizeffekte zur Erhöhung der Steueranstrengungen der lokalen Gebietskörperschaften

Eine Ursache für die hohen Wachstumsraten der Steuereinnahmen war, dass mit der Einführung des neuen Systems die Motivation der Lokalregierungen, Steuermehreinnahmen zu erwirtschaften, erhöht wurde. Die lokalen Gebietskörperschaften brauchten nun keine Befürchtungen mehr zu haben, dass das Prinzip „wer schnell läuft, wird bestraft" angewendet werden würde. Als Bestätigung dieser These kann die deutlich gestiegene Wachstumsrate der Einnahmen der lokalen Gebietskörperschaften von 1994 bis 1997 gelten (siehe Tabelle 4.3). Aber es fällt auch auf, dass die Einnahmen der lokalen Gebietskörperschaften bereits im Jahre 1993 deutlich gestiegen sind. Der Grund liegt darin, dass das Reformkonzept von 1994 im Jahre 1993 festgelegt und bekannt gegeben wurde, und dass die Ist-Zahl der Steuereinnahmen der einzelnen lokalen Gebietskörperschaften des Jahres 1993 als Basiseinnahmen angesetzt und danach die Höhe von Steuerrückerstattungen festgelegt wurde (vgl. Kapitel 4, Abschnitt 4.1.2.3, Punkt (1)). Deshalb bemühten sich die Lokalregierungen 1993, möglichst viele Steuereinnahmen zu erwirtschaften. So wurden z.B. Steuern teilweise im Vorgriff auf das Jahr 1994 schon im Jahr 1993 erhoben (vgl. LIU 1995, S. 1). Es ist daher nicht überraschend, dass im Jahr 1994 die Steuereinnahmen der lokalen Gebietskörperschaften zunächst in großem Umfang sanken (vgl. Tabelle 4.3).

Ein weiterer Indikator, die Inlandsproduktselastizität des Steueraufkommens, weist ebenfalls auf diesen Anreizeffekt hin. Dafür wird zuerst die Inlandsproduktselastizität des Steueraufkommens in den drei Jahren vor und den drei Jahren nach der Einführung des Steuertrennsystems berechnet. Danach werden die Provinzen nach dem Kriterium, ob die Inlandsproduktselastizität des Steueraufkommens größer als eins oder kleiner als eins ist, in zwei Gruppen eingeteilt. Es wird angenommen, dass die Provinzen, deren Inlandsproduktselastizität des Steueraufkommens größer als 1 ist, überdurchschnittlich große Steueranstrengungen unternommen haben. Das Ergebnis zeigt Tab. 4.4.

Diese Tabelle verdeutlicht, dass die Steueranstrengungen der lokalen Gebietskörperschaften sich nach der Einführung des neuen Systems deutlich erhöht haben. Vor 1994 wiesen nur ca. 1/3 (33 von 90) Provinzen hohe Steueranstrengungen auf. Nach 1994 stieg der Anteil auf ca. 2/3 (57 von 91). Außerdem kann man aus dieser Tabelle erkennen, dass alle Provinzen, egal wie arm oder reich sie waren, ihre Steueranstrengungen erhöhten. Der Anreizeffekt ist für die reichen Provinzen allerdings deutlich größer als für die armen Provinzen (vgl. ZENG 2001, S. 35 f.).

Tab. 4.4: Inlandsproduktselastizität des Steueraufkommens der Provinzen vor und nach der Einführung des Steuertrennsystems

	Von 1990-1991 bis 1992-1993		Von 1994-1995 bis 1996-1997	
	Zahl der Provinzen mit hohen Steueranstrengungen	Zahl der Provinzen mit niedrigen Steueranstrengungen	Zahl der Provinzen mit hohen Steueranstrengungen	Zahl der Provinzen mit niedrigen Steueranstrengungen
Gesamt davon:	33	57	57	34
Provinzen mit einem niedrigen Einnahmenniveau (10 Provinzen)	12	18	16	15
Provinzen mit einem mittleren Einnahmenniveau (15 Provinzen)	16	29	28	17
Provinzen mit einem hohen Einnahmenniveau (5 Provinzen)	5	10	13	2

Anmerkung:
Jede Provinz erscheint in der Statistik dreimal vor und dreimal nach der Steuerreform. 1997 kam allerdings die Stadt Chongqing als ein Stadtstaat dazu, so dass für dieses Jahr insgesamt 31 Daten vorliegen.

Quelle: STATISTISCHES JAHRBUCH CHINAS 1990-1997 (zit. nach ZENG 2001, S. 36).

4.2.3 Anteil der Zentralregierung an den Gesamteinnahmen und Anteil der staatlichen Einnahmen am BIP

Das erste wesentliche Ziel der Reform des Finanzausgleichssystems 1994 war die Erhöhung des Anteils der Zentralregierung an den Gesamteinnahmen. Der Anteil der Zentralregierung an den Gesamteinnahmen sollte 60% erreichen. Nach den ab 1994 geltenden Neuregelungen erreichte er im Jahr 1994 aber nur 55,7%. In den Folgejahren hat sich dieser Anteil sogar noch weiter verringert (vgl. Tab. 4.3). Das Ziel eines 60%igen Zentralanteils an den gesamten Einnahmen wurde also nicht erreicht. Tab. 4.3 zeigt, dass in den ersten zwei Jahren nach der Reform (1994 und 1995) die

Einnahmen der Zentralregierung höher als diejenigen der lokalen Gebietskörperschaften waren. Ab 1996 überschritten die Einnahmen der lokalen Gebietskörperschaften jedoch wieder diejenigen der Zentralregierung. Erst ab 1999 überstieg der Anteil der Zentralregierung wieder die 50%-Marke.

Das zweite wichtige Ziel der Reform des Finanzausgleichssystems 1994, nämlich die Erhöhung des Anteils der staatlichen Einnahmen am BIP, wurde zunächst ebenfalls nicht erreicht.

Tab. 4.5 verdeutlicht, dass der Anteil der staatlichen Einnahmen am BIP nach der Einführung des Steuertrennsystems weiter sank. Erst im Jahr 1996 wurde diese Tendenz nach unten gestoppt. Eine Steigerung des Anteils der Einnahmen am BIP wurde jedoch erst im Jahr 1999 erreicht. Trotzdem war dieser Prozentsatz mit 15,0% im Jahre 2000 noch niedrig.

Tab. 4.5: Anteil der budgetären Einnahmen am BIP 1991 bis 1999

Jahre	Budgetäre Einnahmen (in Mrd. Yuan)	BIP (in Mrd. Yuan)	Anteil der budgetären Einnahmen am BIP (in %)
1991	314,948	2161,78	14,6
1992	348,337	2663,81	13,1
1993	434,895	3463,44	12,6
1994	521,810	4675,94	11,2
1995	624,220	5847,81	10,7
1996	740,799	6788,46	10,9
1997	865,114	7446,26	11,6
1998	987,595	7834,52	12,6
1999	1144,408	8191,09	13,9
2000	1339,523	8940,36	15,0

Quelle: STATISTISCHES JAHRBUCH CHINAS 2001, S. 246.

4.2.4 Nivellierungseffekte des Finanzausgleichs im engeren Sinne

Trotz der ausdrücklichen Zielsetzung einer interregionalen Nivellierung konnte mit der Einführung des neuen Systems 1994 die Vergrößerung der regionalen Unterschiede nicht aufgehalten werden; vielmehr nehmen die regionalen Ungleichheiten immer mehr zu (vgl. FAN, ZHU 2002, S. 38).

Im Folgenden werden die Umverteilungswirkungen der Transferzahlungen anhand verschiedener Indikatoren analysiert:

(1) Pro-Kopf-BIP

Wie man aus Tab. 4.6 erkennen kann, ist nicht nur die absolute Differenz des Pro-Kopf-BIP zwischen den reichen und den armen Regionen nach 1994 immer größer geworden; auch die relative Differenz hat sich jährlich tendenziell vergrößert.

Tab. 4.6: Unterschied des Pro-Kopf-BIP zwischen den reichen und den armen Regionen in China 1993 bis 1998

Jahr	Reiche Regionen[1)]			Arme Regionen[2)]			Absolute Differenz (Yuan) $O_t - W_t$	Relative Differenz O_t/W_t
	BIP (Mrd. Yuan)	Bevölkerung (Mill.)	Pro-Kopf-BIP (Yuan) O_t	BIP (Mrd. Yuan)	Bevölkerung (Mill.)	Pro-Kopf-BIP (Yuan) Wt		
1993	1911,1	438,98	4354	587,3	305,84	1920	2434	44,1
1994	2554,4	442,73	5770	763,6	309,56	2467	3303	42,8
1995	3233,7	446,31	7245	944,3	313,31	3014	4231	41,6
1996	3783,1	450,06	8406	1111,3	316,60	3510	4896	41,8
1997	4266,4	453,80	9401	1229,2	319,79	3844	5557	40,9
1998	4621,3	457,05	10111	1321,9	322,92	4094	6017	40,5

1) Die reichen Regionen umfassen 11 Provinzen in Ostchina: Beijing, Tianjin, Hebei, Liaoning, Shanghai, Jiangsu, Zhejiang, Fujian, Shandong, Guangdong und Hainan.
2) Die armen Regionen umfassen 11 Provinzen in Westchina: Xinjiang, Gansu, Qinghai, Ningxia, Innere Mongolei, Shaanxi, Sichuan, Yunnan, Guangxi, Guizhou und Tibet.

Quelle: YIN, HE 2001, S. 66.

(2) Anteil der Pro-Kopf-Einnahmen der einzelnen lokalen Gebietskörperschaften an den landesdurchschnittlichen Pro-Kopf-Einnahmen

Tab. 4.7 zeigt für 1999 die Pro-Kopf-Einnahmen der 31 Provinzen im Verhältnis zu den landesdurchschnittlichen Pro-Kopf-Einnahmen vor und nach der Leistung der drei Arten von Finanzzuweisungen, „Steuerrückerstattungen", „Abführungen oder Zuschüsse nach altem System" und „allgemeine Finanzzuweisungen aus zunehmenden Einnahmen".

Tab. 4.7: Pro-Kopf-Einnahmen der 31 Provinzen im Verhältnis zu den landesdurchschnittlichen Pro-Kopf-Einnahmen vor und nach Finanzausgleich 1999, in %

Provinz	Vor Finanzausgleich (A)	Nach Finanzausgleich (B)	(B)-(A)	(B-A)/A (%)
Shanghai	633,1	541,3	-91,8	-14,5
Beijing	497,4	432,6	-64,8	-13,0
Tianjin	261,4	233,0	-28,4	-10,9
Guangdong	234,2	215,5	-18,7	-8,0
Liaoning	149,0	140,1	-8,9	-6,0
Fujian	140,0	136,3	-3,7	-2,6
Zhejiang	121,9	121,7	-0,2	-0,2
Jiangsu	105,8	99,0	-6,8	-6,4
Hainan	105,4	100,6	-4,8	-4,6
Shandong	101,2	95,6	-5,6	-5,5
Heilongjiang	99,7	99,3	-0,4	-0,4
Yunnan	91,5	125,0	33,5	36,6
Xinjiang	89,3	112,9	23,6	26,4
Jilin	84,7	96,3	11,6	13,7
Innere Mongolei	81,4	102,5	21,1	25,9
Ningxia	77,1	104,0	26,9	34,9
Shanxi	75,7	77,4	1,7	2,2
Hebei	75,0	73,7	-1,3	-1,7
Hubei	72,8	70,0	-2,8	-3,8
Shaanxi	65,4	70,2	4,8	7,3
Guangxi	63,0	69,7	6,7	10,6
Anhui	62,1	60,4	-1,7	-2,7
Qinghai	61,8	104,3	42,5	68,8
Hunan	56,6	61,0	4,4	7,8
Chongqing	55,5	52,1	-3,4	-6,1
Jiangxi	55,2	56,9	1,7	3,1
Sichuan	55,0	58,6	3,6	6,5
Henan	52,9	53,7	0,8	1,5
Gansu	51,0	67,4	16,4	32,2
Guizhou	44,5	57,0	12,5	28,1
Tibet	39,7	245,5	205,8	518,4

Quellen: STATISTISCHES JAHRBUCH 2000, S. 96 und 272; STATISTISCHE MATERIALIEN DER LOKALEN ÖFFENTLICHEN FINANZEN 1999, S. 30; eigene Berechnungen.

Es fällt in dieser Tabelle auf, dass sich dieses Verhältnis nach dem Finanzausgleich nur in den Gebieten der nationalen Minderheiten deutlich erhöhte. In einigen finanzschwachen Regionen Mittelchinas wie Hubei, Hebei, Anhui und Chongqing sank es dagegen. In den armen Regionen erhöhte es sich nur sehr geringfügig, z.B. in der Provinz Henan um weniger als einen Prozentpunkt. Der Nivellierungseffekt war also sehr gering.

(3) Gini-Koeffizient

Anhand des Gini-Koeffizienten können die Vergrößerung der regionalen Unterschiede und die geringe Nivellierungswirkung der Transferzahlungen noch einmal deutlich gemacht werden. Tab. 4.8 erhält die Gini-Koeffizienten für das Pro-Kopf-BIP, die Pro-Kopf-Einnahmen vor und nach dem Finanzausgleich[27] und die Pro-Kopf-Ausgaben von 1997 bis 1999.

Tab. 4.8: Gini-Koeffizient des Pro-Kopf-BIP, der Pro-Kopf-Einnahmen und Pro-Kopf- Ausgaben 1997 bis 1999

Jahr	Pro-Kopf-BIP	Pro-Kopf-Einnahmen vor Finanzausgleich (1)	Pro-Kopf-Einnahmen nach Finanzausgleich (2)	(2)-(1)	Pro-Kopf-Ausgaben (3)	(3)-(2)
1997	0,2456	0,3031	0,2727	-0,0304	0,2616	-0,0304
1998	0,2499	0,3075	0,2782	-0,0293	0,2598	-0,0293
1999	0,2563	0,3217	0,2891	-0,0326	0,2589	-0,0326

Quellen: STATISTISCHES JAHRBUCH CHINAS 1998, S. 107, 284 und 286; 1999, S. 113, 277 und 279; 2000, S. 60, 96, 272 und 276; STATISTISCHE MATERIALIEN DER LOKALEN ÖFFENTLICHEN FINANZEN 1997, S. 25; 1998 S. 27; 1999, S. 30; 2000, S. 32; eigene Berechnungen.

Aus dieser Tabelle kann man erkennen, dass die Gini-Koeffizienten für das Pro-Kopf-BIP und die Pro-Kopf-Einnahmen vor dem Finanzausgleich jährlich stiegen. Dies bedeutet, dass sich die regionalen Unterschiede weiter vergrößerten. Die Gini-Koeffizienten für die Pro-Kopf-Einnahmen nach dem Finanzausgleich waren kleiner als vor dem Finanzausgleich. Das zeigt, dass der Finanzausgleich einen Nivellierungseffekt hat. Zudem verringerten sich die Gini-Koeffizienten für die Pro-Kopf-

[27] Bei der Berechnung der Pro-Kopf-Einnahmen nach dem Finanzausgleich wurden nur drei Arten von Finanzzuweisungen (Steuerrückerstattungen, Abführungen oder Zuschüsse nach altem System und allgemeine Finanzzuweisungen aus zunehmenden Einnahmen) berücksichtigt.

Ausgaben im Vergleich zu denjenigen für die Pro-Kopf-Einnahmen nach dem Finanzausgleich ebenfalls. Das zeigt, dass die Transferzahlungen außerhalb der drei Arten von Finanzzuweisungen, „Steuerrückerstattungen", „Abführungen oder Zuschüsse nach altem System" und „allgemeine Finanzzuweisungen aus zunehmenden Einnahmen" ebenfalls nivellierend wirken.

Auf Grundlage der Analyse der oben genannten Indikatoren können folgende zwei Schlussfolgerungen gezogen werden: Zum ersten haben sich die regionalen Unterschiede nach der Einführung des Steuertrennsystems 1994 weiter vergrößert. Zum zweiten hat das neue System zwar einen positiven Nivellierungseffekt erzielt; allerdings ist dieser zu gering gewesen, um die Vergrößerung der regionalen Divergenzen zu verhindern.

4.2.5 Fazit

Die Durchführungsergebnisse der Reform von 1994 zeigen, dass das neue System einen deutlich positiven Effekt auf die Erhöhung der staatlichen Einnahmen und die Steueranstrengungen der lokalen Gebietskörperschaften hat. Bezüglich der Erhöhung des Anteils der Zentralregierung an den Gesamteinnahmen und der Steuerquote sowie der Verringerung der regionalen Unterschiede sind die positiven Wirkungen nicht ausreichend: Der angestrebte Anteil der Zentralregierung an den Gesamteinnahmen und an der Steuerquote wurde trotz der deutlichen Erhöhung der Werte nicht erreicht und auch die Nivellierungswirkungen sind nicht zureichend, um die Vergrößerung der regionalen Unterschiede zu verhindern.

4.3 Beurteilung des Reformkonzeptes für das neue Finanzausgleichssystem

Die oben genannten Durchführungsergebnisse des neuen Finanzausgleichssystems weisen darauf hin, dass insgesamt die Reform von 1994 erfolgreich gewesen ist. Es gibt aber noch Probleme, die aus dem Reformkonzept selbst resultieren. In diesem Abschnitt werden die positiven Resultate und die Mängel des Reformkonzeptes für das neue Finanzausgleichssystem behandelt.

4.3.1 Positive Resultate der Reform des Finanzausgleichssystems von 1994

Seit 1994 hat China ein auf dem Steuertrennsystem basierendes Finanzausgleichssystem eingeführt, das zahlreiche andere Länder auch praktizieren. Dies stellt einen entscheidenden Fortschritt bei der Entwicklung des Finanzausgleichssystems in der VR China dar.

4.3.1.1 Schaffung grundlegender Rahmenbedingungen für ein standardisiertes Finanzausgleichssystem

Die Einführung des Steuertrennsystems ist ein Durchbruch für die Reform des Finanzausgleichssystems. Die vielfältigen Vertragsformen zwischen der Zentralregierung und den einzelnen lokalen Gebietskörperschaften wurden durch ein landesweit einheitliches geregeltes Finanzausgleichssystem ersetzt. Die finanziellen Verteilungsbeziehungen und die Verteilungsordnung zwischen der Zentralregierung und den lokalen Gebietskörperschaften wurden neu geregelt. Diese Reform ist keine kurzatmige Behelfsreparatur im Rahmen des alten Systems. Vielmehr wurde ein grundlegender Rahmen für ein standardisiertes Finanzausgleichssystem geschaffen (vgl. JIANG 1998b, S. 16; LU 1999, S. 34; GUO 2001b, S. 68).

4.3.1.2 Einrichtung eines geregelten Transferzahlungssystems

Einer der Fortschritte der Reform des Finanzausgleichssystems 1994 liegt darin, dass ein offizielles Transferzahlungssystem aufgebaut wurde. Fünf Arten von Transferzahlungen (Steuerrückerstattungen, Zuschüsse nach altem System, jahreabschlussbedingte Zuschüsse, zweckgebundene Zuschüsse und allgemeine Zuweisungen aus den zunehmenden Einnahmen) werden als gesetzliche Finanzzuweisungen jährlich an die lokalen Gebietskörperschaften transferiert. Tab. 4.9 zeigt, dass sich nach der Einführung des neuen Finanzausgleichsystems die Transferzahlungen der Zentralregierung an die lokalen Gebietskörperschaften im Verhältnis zu den verfügbaren Einnahmen der Zentralregierung deutlich erhöhten und über 50% erreichten.

Als Zielregionen der Transferzahlungen wurden eindeutiger als zuvor die wirtschaftlich rückständigen Regionen mit niedrigem Versorgungsniveau bei den öffentlichen Gütern festgelegt. Die Abführungen nach altem System wurden hauptsächlich von wirtschaftlich entwickelten Regionen getragen, indem diese einen Teil ihrer Einnahmen an die Zentralregierung abführten. Die Zuschüsse nach altem System und die Transferzahlungen aus den zunehmenden Einnahmen wurden hingegen überwiegend an die wirtschaftlichen Entwicklungsregionen verteilt. Dies wird durch die Daten von 1997 bestätigt: Mit 72,4% aller Zuschüsse sind die folgenden acht Minderheitenregionen die größten Empfänger: Tibet, Xinjiang, die Innere Mongolei, Guizhou, Qinghai, Guangxi, Yunnan und Ningxia (vgl. HAUSHALTSABTEILUNG DES FINANZMINISTERIUMS 1998, S. 25).

Tab. 4.9: Die Transferzahlungen der Zentralregierung an die lokalen Gebietskörperschaften im Verhältnis zu den realen Einnahmen der Zentralregierung[1)] 1978 bis 1997, in %

Jahr	Anteil	Jahr	Anteil
1978	9,9	1988	26,9
1979	14,3	1989	26,5
1980	11,3	1990	27,4
1981	10,0	1991	27,9
1982	11,7	1992	25,7
1983	12,2	1993	18,0
1984	14,8	1994	54,8
1985	15,1	1995	55,8
1986	28,1	1996	55,8
1987	21,7	1997	55,3

1) Die realen Einnahmen der Zentralregierung sind definiert als die der Zentralregierung zustehenden Einnahmen + die Abführungen der lokalen Gebietskörperschaften.

Quelle: CHEN, CHEN 2000, S. 66.

4.3.1.3 Einführung einer objektiven quantitativen Regelung bei der Verteilung der Finanzzuweisungen

Nach der Einrichtung des Transferzahlungssystems versuchte China dieses ständig zu verbessern. Insbesondere wurde 1995 ein „Übergangsmodell für die Finanztransferzahlungen", genauer eine Formel zur Ermittlung der Finanzzuweisungen aufgestellt. 1996 wurden die „allgemeinen Finanzzuweisungen aus den zunehmenden Einnahmen" gemäß dieser Formel verteilt. Das ist das erste Mal, dass China bei der Verteilung der Finanzzuweisungen ein geregeltes objektives Modell angewendet hat.

Im alten System wurde die so genannte Basisjahrmethode bei der Ermittlung der Zentralzuschüsse an die lokalen Gebietskörperschaften angewendet, wonach die Zuschüsse für die kommenden Jahre durch die Ist-Zahl des Basisjahres bestimmt wurden. Obwohl nach der Reform 1994 die Transferzahlungsformen, Steuerrückerstattungen, Zuschüsse nach altem System, jahresabschlussbedingten Zuschüsse und zweckgebundenen Zuschüsse im wesentlichen noch nach der Basisjahrmethode von vor 1994 festgelegt wurden, wurde nun zumindest bei der Verteilung der allgemeinen Zuweisungen aus den zunehmenden Einnahmen ein geregeltes Verfahren eingeführt. Dabei wurde insbesondere darauf Wert gelegt, dass die Summe dieser Transferzahlungen hauptsächlich nach objektiven Faktoren verteilt und Verhandlungen sowie sonstige Willkürlichkeiten vermieden wurden. Die Summe dieser Transferzahlungen ist zwar zur Zeit noch sehr begrenzt, nimmt aber stetig zu. So stieg sie von 2,07 Mrd. Yuan im Jahr 1995 auf 8,55 Mrd. Yuan im Jahr 2000 an (vgl. HAUSHALTSABTEILUNG DES FINANZMINISTERIUMS 2000a, S. 4). Zugleich liegt die größte Bedeutung der Einführung des Übergangsmodells nicht in der quantitativen Veränderung der geregelten Transferzahlungen, sondern in der qualitativen Veränderung des Systems, und zwar im Ersatz der Basis- durch die Faktorenmethode. Die kommenden Reformen können den Anwendungsbereich dieses Modells erweitern.

4.3.2 Mängel der Reform des Finanzausgleichssystems von 1994

Trotz der aufgezeigten positiven Entwicklung des Finanzausgleichssystems gibt es noch eine Reihe von ungelösten Problemen; die wichtigsten werden im Folgenden erläutert.

4.3.2.1 Unklare Gesetzgebungskompetenz

Im neuen System gibt es überhaupt keine Bestimmungen über die Verteilung der Gesetzgebungskompetenz. Hautsächlich wurden die Verwaltungs- und Ertragskompetenz zwischen der Zentrale und den Lokalregierungen verteilt. Zudem wurde zwar die Verteilung der Aufgaben und der Einnahmen zwischen der Zentralregierung und den Provinzen durch einheitliche Regelungen festgelegt, jedoch gibt es Unklarheit über die Gesetzgebungskompetenz für Veränderungen dieser Regelungen. Wenn die Zentralregierung dafür zuständig wäre, wäre es wie früher möglich, dass sie die Regelungen zu ihren eigenen Gunsten verändert und so die Motivation der Provinzen zur Steuermehrerhebung wieder einschränkt (vgl. MA 1997a, S. 26 f.; WANG 1997, S. 121 f.).

4.3.2.2 Probleme bei der Verteilung der Aufgaben

Früher hatte China die Aufgaben bzw. Ausgaben nach der Finanzkraft verteilt. Obwohl bis 1994 klar erkannt wurde, dass die Verteilung der Aufgaben bzw. Ausgaben die Grundlage der Einnahmenverteilung ist, hat man bei der Reform 1994 der Verteilung der Aufgaben bzw. Ausgaben keine große Beachtung geschenkt, sondern sich auf die neue Verteilungsregelung der Einnahmen konzentriert. Zwar ist die Verteilung der Aufgaben generell klar und entspricht auch internationalen Gepflogenheiten, aber bei der Durchsetzung herrscht vielfach noch Chaos, weil China sich im Transformationsprozess befindet und die Rolle der Regierung in der Wirtschaft sich noch nicht grundlegend geändert hat (vgl. ZHU 1995, S. 17).

(1) Probleme bei der Aufgabenverteilung zwischen öffentlichem und privatem Sektor

In der Planwirtschaft wurden in China viele Güter, die im Prinzip vom privaten Sektor über den Markt angeboten werden können, vom Staat bereitgestellt. Andererseits wurden bestimmte Aufgaben, wie z.B. Bildung und medizinische Versorgung der Arbeitnehmer, den Unternehmen zugewiesen. Im neuen Finanzausgleichssystem übernimmt der öffentliche Sektor immer noch die Produktion von Gütern und Dienstleistungen, die auch vom Markt bereitgestellt werden können (vgl. FAN, WANG 2001, S. 76). Dies schlägt sich entsprechend auf die Aufgaben und Ausgaben aller föderalen Ebenen nieder. So sollten z.B. die in der Tab. 4.1 aufgeführten staatlichen „Ausgaben für Innovationen und für die probeweise Herstellung neuer Produkte" von Unternehmen selbst getragen werden (vgl. MA 1999, S. 12). Andererseits gibt es bei bestimmten Aufgaben, die im wesentlichen vom Staat übernommen werden sollten, noch Defizite (vgl. FAN, WANG 2001, S. 76). So ist z.B. das Niveau der sozialen Sicherung äußerst unzureichend. Im Jahre 1997 machten die Ausgaben für die soziale Sicherung nur 4,9% an den Gesamtausgaben der lokalen Gebietskörperschaften aus (vgl. MA 1999, S. 13). Auch die Ausgaben für Grundlagenforschung und Bildung sind zu niedrig. 2000 betrug der Anteil der Bildungsausgaben an den Gesamtausgaben nur 2,56% und liegt damit deutlich unter den entsprechenden Anteilen in den Industrieländern mit ca. 5% und in der Gesamtheit der Entwicklungsländer mit ca. 3% (vgl. HU 2002, S. 64).

(2) Probleme bei der Aufgabenverteilung zwischen dem Zentralstaat und den lokalen Gebietskörperschaften

Allgemein ist die Aufgabenverteilung zwischen der Zentralregierung und den lokalen Gebietskörperschaften relativ klar. Allerdings gibt es auch hier in der Praxis noch Probleme.

Einerseits werden Aufgaben, die zu den lokalen Gebietskörperschaften gehören, von der Zentralregierung wahrgenommen (vgl. XU 1999, S. 58). Derzeit hat die Zentralregierung den lokalen Gebietskörperschaften zweckgebundene Zuweisungen für einige hundert Projekte zugewiesen. Aber die meisten dieser Projekte sind lokale Projekte, die auf die anderen Regionen keine externen Effekte ausüben. Die Entscheidungen über diese Projekte und die dafür erforderlichen Ausgaben sollten deshalb von den lokalen Regierungen selbst übernommen werden (vgl. FAN, WANG 2001, S. 76). Ein weiteres Beispiel ist, dass eine neunjährige allgemeine Schulpflicht in China eingeführt wurde. Ihre Durchsetzung ist die Aufgabe der lokalen Gebietskörperschaften und die lokalen Regierungen sollen sie auch finanzieren. Aber manchen besonders rückständigen Regionen muss die Zentralregierung Zuschüsse zuweisen, um deren Ausgaben für die Durchsetzung der allgemeinen Schulpflicht zu decken. Einige Probleme haben historische Gründe: So war die Zentralregierung unter dem alten Finanzausgleichssystem in hohem Maße in lokale Angelegenheiten involviert. Diese Aufgabenteilung ist schwer nur zu ändern, weil damit auch bestehende Interessen der Lokalregierungen berührt werden.

Andererseits werden zentrale Aufgaben zum Teil auf die lokalen Regierungen abgewälzt (vgl. XU, S. 58). Die Kosten für manche große Projekte, wie die Umsiedlung wegen des Drei-Schluchten-Projekts am Yangtze (Wasserkraftwerk-Projekt) oder der Hochwasserschutz am Yangtze-Fluss, deren Verwirklichung die Einwohner des ganzen Landes tangiert, sollte die Zentralregierung übernehmen. Dennoch wurden die betroffenen lokalen Gebietskörperschaften aufgefordert, eine 50%ige Kofinanzierung zu leisten. Ein weiteres Beispiel sind die Maßnahmen zum Schutz der Getreidepreise, deren Kosten auf die lokalen Regierungen abgewälzt werden (vgl. FAN, WANG 2001, S. 76). Schließlich überlässt die Zentralregierung einen Teil der Ausgaben für z.B. das Zollamt, die Grenzverteidigung und -kontrolle, die vollständig von der Zentralregierung übernommen werden sollten, den lokalen Regierungen.

4.3.2.3 Probleme bei der Ausgabenverteilung

(1) Unklare Ausgabenverteilung

Bei der Reform von 1994 wurden nur die Aufgabenkompetenzen verteilt. Die Verteilung der Ausgabenkompetenz wurde nicht geregelt. Insbesondere wurden die Aufgaben nicht in Gemeinschaftsaufgaben unterteilt, obwohl in der Praxis für die Bewältigung mancher Aufgaben die finanzielle Unterstützung sowohl von der Zentral- als auch den Lokalregierungen erforderlich ist. Es gibt deshalb in solchen Fällen in der Praxis viele Schwierigkeiten bei der Ausgabenverteilung. Da nicht klar definiert wurde, welche Ebene für welchen Anteil der Ausgaben für die einzelnen Aufgaben verantwortlich ist, gibt es noch immer die Möglichkeit, Ausgaben von oben nach unten zu verschieben oder Streit um den Ausgabenanteil für eine bestimmte Aufgabe auszulösen. In der Praxis gilt z.B. immer noch, dass die Zentralregierung wirtschaftspolitische Maßnahmen festlegt und die Lokalregierungen für ihre Umsetzung sorgen und sie finanzieren müssen (vgl. MA 1997a, S. 29; WONG 1997, S. 314 f.; WANG 1997, S. 122).

(2) Zu geringfügiger Autonomiegrad für die lokalen Ausgaben

Durch verschiedene Gesetze oder Bestimmungen, wie das Agrargesetz, das Bildungsgesetz und das Gesetz für Naturwissenschaft und Technik, werden die lokalen Gebietskörperschaften in ihrem Entscheidungsspielraum in hohem Maß beschränkt. Insbesondere landesweit einheitliche Bestimmungen über den Anteil der Ausgaben für einen bestimmten Zweck entsprechen oft nicht der aktuellen Situation der lokalen Gebietskörperschaften, da China ein großes Land mit großen regionalen Unterschieden ist. Zudem summieren sich die Bestimmungen über zweckgebundene Mittelzuweisungen so sehr, dass der Anteil der beschränkten Zweckausgaben an den Gesamtausgaben mancher lokalen Gebietskörperschaften 60% erreicht. Je finanzschwächer eine Region ist, desto höher ist dieser Anteil. Deshalb können diese Gebietskörperschaften die Ausgabenstruktur nicht nach den aktuellen Erfordernissen in der eigenen Region gestalten (vgl. FAN, WANG 2001, S. 76 f.)

4.3.2.4 Probleme bei der Verteilung der Einnahmen

(1) Zu hochgradig zentralisierte Gesetzgebungshoheit der Besteuerung

Im neuen System blieb die Gesetzgebungshoheit weiterhin hochgradig zentralisiert. Gesetzgebungskompetenz und das Rechte zur Festlegung des Steuersatzes wurden vollständig auf die Zentralregierung konzentriert. Eine derart hochgradig zentralisierte Gesetzgebungshoheit entspricht der aktuellen Situation Chinas mit seiner weiten territorialen Ausdehnung und seinen großen regionalen Unterschieden nicht (vgl. LI 2001, S. 69). Die lokalen Gebietskörperschaften sind deshalb nicht in der Lage, eine an den örtlichen Bedingungen ausgerichtete optimale Kombination von Besteuerung und Angebot an öffentlichen Gütern herbeizuführen. In manchen Regionen ist u.U. eine von der Zentralregierung festgelegte lokale Steuer nicht ergiebig genug, während ergiebigere alternative Steuerquellen nicht erschlossen werden können, weil die Lokalregierung nicht die entsprechende Gesetzgebungskompetenz hat. Außerdem kann die hochgradig zentralisierte Gesetzgebungshoheit dazu führen, dass die Lokalregierungen durch die Einrichtung verschiedener Fonds und die Erhebung von diversen Gebühren eigene Finanzquellen erschließen, so dass die außerbudgetären Einnahmen steigen.

(2) Nicht-rationale Verteilung der Steuereinnahmen zwischen der Zentralregierung und den lokalen Gebietskörperschaften

a) Unklare Verteilungskriterien der Steuerarten

Im neuen System wurden die Steuern in zentrale Steuern, lokale Steuern und Gemeinschaftssteuern eingeteilt (vgl. Tab. 4.2). Die Verteilung der Steuereinnahmen folgt keinen rationalen Kriterien (vgl. WANG, YIN 1999, S. 89):

- Die Steuereinnahmen wurden sowohl nach den Steuerarten als auch nach der Zugehörigkeit der Unternehmen verteilt (z. B. bei der Körperschaftsteuer).

- Die Steuereinnahmen wurden darüber hinaus nach der Zugehörigkeit der Unternehmen wie auch nach Unternehmensbranchen verteilt. Beispielsweise gehört die Körperschaft-steuer der lokalen Unternehmen nach der Zugehörigkeit der Unternehmen zu den Festeinnahmen der lokalen Gebietskörperschaften. Aber die Körperschaftsteuer aus Nicht-Bank-Geldinstituten fließt der Zentralregierung zu.

- Die Steuereinnahmen wurden nach der Steuerart und zugleich nach Unternehmensbranchen verteilt. Nach den Steuerarten wurden die Geschäftsteuer und der städtische und ländliche Erhaltungs- und Aufbauzuschlag den Festeinnahmen der lokalen Gebietskörperschaften zugeordnet. Gleichzeitig wurden die Geschäftsteuer sowie der städtische und ländliche Erhaltungs- und Aufbauzuschlag auf die Eisenbahn, die Zentralstelle der Bank und die Zentralstelle der Versicherungsgesellschaften den Festeinnahmen der Zentralregierung zugeteilt.

b) Niedriges Aufkommenspotenzial der Zentralsteuern

Im neuen System haben die Zentralsteuern ein relativ niedriges Aufkommenspotenzial. Wie man Tab. 4.2 entnehmen kann, sind Verbrauchssteuern, Zölle und die Körperschaftsteuer der zentralen Staatsunternehmen die drei Hauptsteuern der Zentralregierung, die jedoch sämtlich ein niedriges Aufkommenspotenzial haben. 1995 haben die Einnahmen aus den Verbrauchsteuern im Vergleich zu 1994 um 11,1% zugenommen. Ihre Inlandsproduktselastizität betrug damit nur 0,55. Zölle haben sogar ein abnehmendes Aufkommenspotenzial, weil die Zolltarife immer niedriger werden. Die Körperschaftsteuer der zentralen Staatsunternehmen hat ebenfalls ein niedriges Aufkommenspotenzial, da die meisten zentralen Staatsunternehmen zur Grundstoffindustrie gehören, deren Preise staatlich auf niedrigem Niveau fixiert worden sind. Deshalb machten viele Unternehmen Verluste, so dass die Einnahmen aus der Körperschaftsteuer der zentralen Unternehmen relativ gesunken sind (vgl. ZHOU, QI 1996, S. 51 f.).

Im Gegensatz dazu haben die Lokalsteuern ein hohes Aufkommenspotenzial. Zuerst wuchs das Aufkommen der Einkommensteuer in China sehr schnell. 1994 haben die Einnahmen aus der Einkommensteuer im Vergleich zum Vorjahr um 54,9% zugenommen. Ihre Inlandsproduktselastizität erreichte 1,95 (vgl. ZHOU, LI 1997, S. 84). Nach der jüngsten statistischen Analyse des staatlichen Steueramts hat die jährliche durchschnittliche Wachstumsrate des Aufkommens der Einkommensteuer seit 1994 48% erreicht. Im Vergleich zu den übrigen Steuern weist damit die Einkommensteuer die höchsten Wachstumsraten auf (vgl. YE, JIN 2002, S. 80). Dies ist u.a. darauf zurückzuführen, dass die Zahl der neuen Steuerzahler, die steuerpflichtiges Einkommen beziehen, jährlich wächst (vgl. ZHOU, LI 1997, S. 84). Ein weiteres Beispiel ist die Geschäftsteuer, die größte Steuerart unter den Lokalsteuern. Weil sich der Dienstleistungssektor schnell entwickelt und hohe Gewinnraten hat, steigen die Einnahmen aus der Geschäftsteuer rasch. 1995 ist sie im Vergleich zu 1994 um 29,2% gestiegen. Ihre Inlandsproduktselastizität betrug 1,46. Außerdem hat die Körperschaftsteuer, die den lokalen Gebietskörperschaften zusteht, nach der Abschaffung der Steuerermäßigungen für die privaten und ausländischen Unternehmen ein hohes Aufkommenspotenzial (vgl. ZHOU, QI 1996, S. 52). Die oben genannte ungleichgewichtige Entwicklung sollte Anlass dazu sein, die Steuerarten neu zuzuordnen.

c) Nicht-rational zugeordnete Steuereinnahmen

Es gibt folgende Probleme bei der Zuordnung der Steuerarten:

Zunächst sollten die Ausgleichsteuer für Anlageinvestitionen, die Einkommensteuer und die Ressourcensteuer nicht den Lokalsteuern zugeordnet werden. Die Ausgleichsteuer für Anlageinvestitionen beeinflusst das Investitionsverhalten, ist somit ein Instrument der Makrosteuerung und sollte deshalb der Zentralregierung zugeordnet sein[28] (vgl. SHU, YE 1998, S. 22; LI, JIA 1997, S. 16 f.). Die Einkommensteuer hat ein hohes Aufkommenspotenzial. Sie ist in den meisten Ländern als Zentralsteuer oder Gemeinschaftssteuer ausgestaltet, wurde aber in China den Lokalsteuern zugeordnet. Der Grund dafür mag gewesen sein, dass zu der Zeit der Anteil der Einkommensteuer am Gesamtsteueraufkommen noch sehr niedrig war. So betrug dieser Anteil im Jahr 2000 nur 5% (vgl. LI 2002, S. 63). Außerdem ist die Besteuerung der Einkommen technisch anspruchsvoll. Mit der Wirtschaftsentwicklung wächst jedoch die Einkommensteuer sehr schnell, insbesondere in Entwicklungsphasen mit hohen Wachstumsraten. Von 1994 bis 2000 ist das Einkommensteueraufkommen von 7,3 Mrd. Yuan auf 66,0 Mrd. Yuan gestiegen (vgl. LUO 2002, S. 72; vgl. LI 2002, S. 63). Sie sollte daher in der Zukunft nicht mehr als Lokalsteuer erhoben werden. Die Ressourcensteuer als Lokalsteuer vergrößert die regionale Differenz der Steuereinnahmen, weil manche Regionen reiche Ressourcen und manche Regionen keine oder nur wenige Ressourcen haben. Diese Differenz resultiert nicht aus unterschiedlichen Steueranstrengungen, sondern aus objektiv unterschiedlichen natürlichen Bedingungen.

Außerdem ist die Bemessungsgrundlage des städtischen und ländlichen Erhaltungs- und Aufbauzuschlags problematisch. Diese Steuer ist eine typische Lokalsteuer, wird im gegenwärtigen System jedoch als ein Zuschlag zur Mehrwertsteuer (Gemeinschaftssteuer), Verbrauchssteuer (Zentralsteuer) und Geschäftsteuer (Lokalsteuer) erhoben. Dadurch wurde sie teilweise zergliedert und hatte eher den Charakter einer Gemeinschaftssteuer (vgl. CONG 1998, S. 59).

---

[28] Die Erhebung dieser Steuer wurde zum 1.1.2000 vorläufig eingestellt. Sollte sie wieder eingeführt werden, wäre es sinnvoll, ihre Einnahmen der Zentrale zuzuschlagen.

d) Probleme bei der Verteilung der Körperschaftsteuer

Im neuen System wurde die Körperschaftsteuer wie früher gemäß der Zugehörigkeit der Unternehmen auf die einzelnen Ebenen verteilt. Dies kann lokale „Egoismen" wie unter dem alten System verursachen; außerdem bleibt das Problem der Protektion der örtlichen Märkte weiter bestehen. Darüber hinaus nimmt die Zahl der Gemeinschaftsunternehmen derzeit ständig zu, die sich teils in öffentlichem, teils in privatem Besitz befinden. Die Zuordnung der Steuerzahlungen dieser Unternehmen an die Zentral- oder Lokalregierung ist schwierig, da die Zentralregierung Anspruch auf die Körperschaftsteuer der staatlichen, die lokalen Ebenen dagegen Anspruch auf Körperschaftsteuer der privaten Unternehmen haben (vgl. LI, JIA 1997, S. 16; YANG 2000, S. 42). Wichtiger ist, dass sich nach der Einführung der Marktwirtschaft die chinesische Regierung bemüht, die Unternehmen von den Regierungen zu trennen, damit die Unternehmen als selbständige Körperschaften wirtschaften zu können. Die Verwirklichung dieses Ziels wird durch die Verteilung der Körperschaftsteuer nach deren Eigentumszugehörigkeit erschwert (vgl. LI 1996, S. 25; GAO 1996, S. 61).

(3) Mängel des „Zwei-Steuerämter-Systems"

Im alten System lag die Verwaltungshoheit für die Steuern in großem Umfang bei den lokalen Gebietskörperschaften. Obwohl die Zentralregierung Entscheidungsrechte hinsichtlich der Finanzpolitik und der Festlegung der Regelungen der Durchsetzung der Finanzpolitik hatte, haben die lokalen Gebietskörperschaften ihre Rechte bei der Ausführung dieser Finanzpolitik ständig zu ihren eigenen Gunsten ausgenutzt. Um dies zu ändern, wurde das „Zwei-Steuerämter-System" errichtet. Neben dem „lokalen Steueramt" wurde ein „nationales Steueramt" aufgebaut, damit die Zentralregierung Umsetzungsrechte zurückgewinnen konnte. Nach einigen Jahren Praxis entstanden allerdings viele Probleme unter dem „Zwei-Steuerämter-System" (vgl. LI, WEN 1998, S. 31 f.; JIANG 1999, S. 41):

a) Überschneidende Besteuerung durch die zwei Steuerämter

Gemäß der Verteilungsregelung sollte das „nationale Steueramt" für die Steuererhebung der Einnahmen der Zentralregierung und der Gemeinschaftseinnahmen zuständig sein. Für die Erhebung der Einnahmen der lokalen Gebietskörperschaften sollte das „lokale Steueramt" verantwortlich sein. Aber in der Praxis wurde die Erhebung mancher Steuern überschneidend wahrgenommen. Beispielsweise sollte die Körperschaftsteuer der Gemeinschaftsunternehmen, die von ausländischen Investoren und den lokalen Gebietskörperschaften zusammen errichtet wurden, vom „nationalen Steueramt" erhoben werden. Gemäß der Einnahmenverteilungsregelung gehörten diese Steuereinnahmen aber zu den Festeinnahmen der lokalen Gebietskörperschaften. Das führte dazu, dass Ertragshoheit und Erhebungshoheit (Verwaltungshoheit der Besteuerung) nicht übereinstimmten. Ein weiteres Problem lag darin, dass die gleiche Steuerbasis oft von den zwei Steuerämtern gleichzeitig verwaltet wurde. So sind z.B. die Einkommen aus den Reparaturdienstleistungen die Bemessungsgrundlage für die Geschäftsteuer (Lokalsteuer) und die Mehrwertsteuer (Gemeinschaftsteuer). Diese zwei Arten von Steuern wurden jeweils von den zwei Steuerämtern erhoben. Die zwei Steuerämter stritten sich allerdings häufig bei der Steuerkontrolle um die Strafen und die Einnahmen. Ein weiteres Beispiel ist, dass ein Steueramt für die Aufstellung der Erhebungsregelungen mancher Steuern zuständig und gleichzeitig ein anderes Steueramt für die tatsächliche Erhebung dieser Steuern verantwortlich ist.

Wegen der überschneidenden Besteuerung war und ist es schwierig, die Aufgaben und Verantwortlichkeit der zwei Steuerämter abzugrenzen. Bestimmte Bemessungsgrundlagen werden nicht oder nur gering, andere dagegen doppelt besteuert. Außerdem entstehen Konflikte zwischen den beiden Steuerämtern.

b) Effizienzverluste

Beim derzeitigen System werden manche Steuerzahler von den zwei Steuerämtern gleichzeitig verwaltet. Ein Steuerzahler muss bei zwei Steuerämtern die Steuern entrichten. Der Aufwand der Steuerzahlung sowie der Deklaration verdoppelt sich. Zugleich verdoppelt sich auch der Aufwand bei den erhebenden Behörden. So werden beispielsweise manche Steuerzahler bei der Steuerkontrolle zweimal überprüft, während andere Steuerzahler überhaupt nicht kontrolliert werden. Die Folge ist eine niedrige Effizienz der Besteuerung.

c) Hohe Kosten der Besteuerung

Wegen der Errichtung einer zweiten Hierarchie von Steuerämtern mussten viele zusätzliche Steuerbeamte angestellt und Gebäude sowie Büroanlagen errichtet werden. Die Kosten der Besteuerung sind deutlich gestiegen. Gemäß einer Berechnung hat das Personal nach der Einführung des „Zwei-Steuerämter-Systems" um mehr als 40% zugenommen. Die Ausgaben für die Besteuerung machen jährlich landesdurchschnittlich 6% bis 8% der Steuereinnahmen aus, während z.B. in Hongkong dieser Anteil nur 1,3% bis 1,8% beträgt (vgl. LI, WEN 1998, S. 32).

4.3.2.5 Probleme des Transferzahlungssystems

(1) Geringe Nivellierungseffekte

Das Durchführungsergebnis des Transferzahlungssystems zeigt, dass das neue System zwar einen positiven Nivellierungseffekt hat, allerdings ist dieser zu unbedeutend, um die Vergrößerung der regionalen Divergenzen zu verhindern (vgl. Abschnitt 4.2.4). Die oben genannten bestehenden Probleme haben folgende Gründe:

a) Beibehaltung der bestehenden finanziellen Interessen der lokalen Gebietskörperschaften

Das Hauptproblem liegt darin, dass die „Steuerrückerstattungen" und die „jahresabschlussbedingten Zuweisungen bzw. Abführungen" der Beibehaltung der bestehenden finanziellen Interessen der lokalen Gebietskörperschaften dienen.

- Steuerrückerstattungen

Die Zielsetzung der Einführung der Steuerrückerstattungen war der Schutz der bestehenden finanziellen Interessen der lokalen Gebietskörperschaften. Zunächst wurde die Ist-Zahl des Jahres 1993 bei der Ermittlung des Betrags der Steuerrückerstattungen angewendet. Das führte dazu, dass die regionale finanzielle Ungleichheit weiter fortbestand.

Außerdem wurde der Betrag der Steuerrückerstattungen an das Wachstum der Einnahmen aus der Mehrwertsteuer und der Verbrauchsteuern der lokalen Gebietskörperschaften gekoppelt. Da die lokalen Gebietskörperschaften, deren Steuerwachstum hoch war, auch zugleich eine hohe Finanzkraft hatten, flossen den reichen lokalen Gebietskörperschaften auch mehr Einnahmen aus den Steuerrückerstattungen zu als den armen. Tabelle 4.10 gibt einen Überblick über die Beträge der verschiedenen Transferzahlungen an die einzelnen Gebietskörperschaften.

Tab. 4.10 verdeutlicht, dass die Steuerrückerstattungen zugunsten der reichen Gebietskörperschaften verteilt werden. So waren die Pro-Kopf-Steuerrückerstattungen der 10 reichsten Provinzen, gemessen an den eigenen Pro-Kopf-Einnahmen, mit Ausnahme der Provinzen Hainan und Shandong sämtlich höher als im Landesdurchschnitt, während die Pro-Kopf-Steuerrückerstattungen der Provinzen, deren eigene Pro-Kopf-Einnahmen unter dem Landesdurchschnitt lagen (außer die Provinzen Yunnan und Jilin), sämtlich geringer als im Landesdurchschnitt waren. Auffällig ist, dass die Pro-Kopf-Steuerrückerstattungen der Provinz Jiangsu relativ hoch im Vergleich zu den eigenen Pro-Kopf-Einnahmen sind. Am größten sind die Unterschiede zwischen der Stadt Shanghai, wo die Pro-Kopf-Steuerrückerstattungen im Jahre

1999 bei 1175 Yuan lagen, und der Provinz Jiangxi mit 80 Yuan oder 6,8% der Pro-Kopf- Steuerrückerstattungen von Shanghai.

Tab. 4.10: Pro-Kopf-Eigeneinnahmen und Pro-Kopf-Transferzahlungen der 31 Provinzen 1999, in Yuan

Provinz	Eigene Einnahmen	Steuer-rückerstat-tungen	Abführungen nach altem System	Zuschüsse nach altem System	Transferzahlun-gen aus zuneh-menden Ein-nahmen
Shanghai	2849	1175	814	0	0
Beijing	2238	618	291	0	0
Tianjin	1176	503	298	0	0
Guangdong	1054	261	37	0	0
Liaoning	670	290	130	0	0
Fujian	630	178	16	16	0
Zhejiang	549	275	102	0	0
Jiangsu	476	223	112	0	0
Hainan	474	85	0	22	14
Shandong	455	138	28	2	0
Durchschintt	450	171			
Heilongjiang	449	154	20	0	6
Yunnan	412	313	0	16	1
Xinjiang	402	119	0	109	40
Jilin	381	179	0	4	7
Innere Mongolei	367	134	0	78	30
Ningxia	347	123	0	98	49
Shanxi	341	131	22	0	9
Hebei	338	127	31	0	4
Hubei	327	126	45	0	7
Shaanxi	294	110	0	3	9
Guangxi	283	109	0	13	8
Anhui	279	89	15	0	4
Qinghai	278	130	0	129	82
Hunan	255	120	19	0	5
Chongqing	250	109	53	0	4
Jiangxi	248	80	0	1	8
Sichuan	247	91	0	4	5
Henan	238	92	16	0	5
Gansu	230	155	0	5	11
Guizhou	200	99	0	20	18
Tibet	179	84	0	1089	104

Quellen: STATISTISCHES JAHRBUCH CHINAS 2000, S. 96 und 272; STATISTISCHE MATERIALIEN DER LOKALEN ÖFFENTLICHEN FINANZEN 1999, S. 30; eigene Berechnungen.

- Jahresabschlussbedingte Zuweisungen bzw. Abgaben

Es gibt zwei Arten von jahresabschlussbedingten Zuweisungen bzw. Abgaben: Erstens die Abrechnung der Salden zwischen der Zentralregierung und den lokalen Gebietskörperschaften, wenn die Verteilung der Eigentumsrechte an Berieben zwischen der Zentralregierung und den lokalen Gebietskörperschaften geändert wurde. Beispielsweise sind manche zentrale Unternehmen den lokalen Gebietskörperschaften oder manche lokale Unternehmen der Zentralregierung zugeordnet worden. Zweitens Zuschüsse der Zentralregierung an den lokalen Gebietskörperschaften, falls eine Politik oder Maßnahme der Zentralregierung die Finanzkraft der lokalen Gebietskörperschaften negativ beeinflusst. Durch jahresabschlussbedingte Zuweisungen werden deshalb die bestehenden Interessen der lokalen Gebietskörperschaften geschützt und ihre finanziellen Verluste bei der Finanzreform kompensiert. In der Tat wird damit der Effekt der Finanzreform teilweise wirkungslos gemacht, da die Ungleichheit zwischen den verschiedenen Gebietskörperschaften dadurch zumeist vergrößert wird (vgl. JIANG, WIE, JIANG 1999, S. 54 f.).

b) Nicht-rationale Verteilungsmethode

Die „Abführungen oder Zuschüsse nach altem System“ und die „zweckgebundenen Zuweisungen entsprechen zwar der Zielsetzung des Finanzausgleichs, aber die angewendeten Verteilungsmethoden sind nicht rational.

- Abführungen oder Zuschüsse nach altem System

Abführungen oder Zuschüsse nach altem System sind eine vom alten Finanzausgleichssystem übernommene Verteilungsmethode. Der Betrag der Abführungen oder Zuschüsse wurde gemäß der Basisjahrmethode im alten System festgelegt. Konkret wurde er gemäß der Ist-Zahl der Einnahmen und Ausgaben des Jahres 1987 festgelegt (weil das alte System im Jahre 1988 eingeführt wurde). Das führte dazu, dass die nicht-rationalen Faktoren der Einnahmen und Ausgaben weiter fortbestanden; so wurden etwa die Ausgaben als Standardausgaben akzeptiert, egal ob sie rational waren oder nicht.

Außerdem sind die unterschiedliche Berechnungsmethoden für jeden Typ von Abführungen oder Zuschüsse nach altem System problematisch. Insgesamt gibt es drei Typen von Abführungen oder Zuschüssen: Konstante Abführungen, konstante Zuschüsse und vollständige Aufteilung der Einnahmen gemäß einem Schlüssel. Diese drei Arten von Abführungen oder Zuschüsse liefern jedoch in der Praxis unterschiedliche Ergebnisse selbst dann, wenn das Wachstum der Einnahmen der verschiedenen lokalen Gebietskörperschaften gleich hoch ist. Dies soll an dem Beispiel von drei lokalen Gebietskörperschaften A, B und C erläutert werden, in denen drei unterschiedliche Typen von Abführungen oder Zuschüssen nach altem System angewendet werden. In Region A wird die Methode „konstante Abführung“ angewendet. Ihre Einnahmen im Basisjahr sollen 12 Mrd. Yuan betragen. Davon sollen 2 Mrd. Yuan an die Zentralregierung abgeführt werden. In Region B wird die Methode „vollständige Aufteilung der Einnahmen“ angewendet mit einem Anteil an den Einnahmen von 80%. Ihre Einnahmen im Basisjahr sollen 12,5 Mrd. Yuan betragen. In Region C wird die Methode „konstante Zuschüsse“ angewendet. Da ihre Einnahmen im Basisjahr 7 Mrd. Yuan betragen, erhält sie einen Zuschuss in Höhe von 3 Mrd. Yuan. Nach den Ausgleichszahlungen erreicht die Finanzkraft der drei lokalen Gebietskörperschaften mit 10 Mrd. Yuan das gleiche Niveau.

Nehmen wir nun an, dass die Einnahmen der drei lokalen Gebietskörperschaften jährlich um eine gleiche Wachstumsrate in Höhe von 10% zunehmen. Dann erreicht nach acht Jahren die aktuelle Finanzkraft von A 23,72 Mrd. Yuan, die von B 21,44 Mrd. Yuan und die von C 18,01 Mrd. Yuan. M.a.W.: Trotz anfänglich gleich hoher Nivellierung der Finanzkraft der lokalen Gebietskörperschaften ist es wegen der unterschiedlichen Ausgleichsmethoden zu einer Disparität der Finanzkraft gekommen. Am meisten profitiert hat die Region A, während die arme Region C wieder das Schlusslicht bildet. Das konkrete Ergebnis der Ausgleichsmethoden läuft also der ursprünglichen Intention einer Nivellierung zuwider (vgl. JIANG, WIE, JIANG 1999, S. 54).

Darüber hinaus hat sich die Finanzkraft mancher lokalen Gebietskörperschaften bereits verändert, während der Betrag der Abführungen oder Zuschüsse nach altem System gleich bleibt. Da sich darüber hinaus die Finanzkraft der Provinzen ganz unterschiedlich entwickelt hat, hat sich diese Fehlentwicklung verstärkt. Tab. 4.10 zeigt, dass die Provinzen Henan, Chongqing, Hunan und Anhui im Jahre 1999 zu den Provinzen zählten, die nach dem Pro-Kopf-Einnahmen die letzten 10 Plätze einnahmen. Dennoch müssen sie Abführungen an die Zentralregierung leisten. Die Pro-Kopf-Abführungen der Stadt Chongqing waren sogar höher als diejenigen der Provinzen Guangdong und Shangdong, die sich nach dem Pro-Kopf-Einnahmen unter den ersten 10 Provinzen befanden. Die Provinzen Fujian, Hainan und Shangdong, die zu den 10 Provinzen mit der höchsten Pro-Kopf-Einnahmen zählten, bekamen hingegen Zuschüsse.

- Zweckgebundene Zuweisungen

Die ursprüngliche Zielsetzung der Einrichtung der zweckgebundenen Zuweisungen ist, die armen Regionen zu unterstützen und unerwartete (zufällige) Aufgaben zu bewältigen. Deshalb haben die zweckgebundenen Zuweisungen eine positive Funktion für den horizontalen Finanzausgleich. In der Praxis wurden sie jedoch nicht gemäß standardisierten Kriterien und Verfahren verteilt, sondern aufgrund von persönlichen Beziehungen entsprechend den Beschwerden oder der Höhe der eigenen Beteiligungsmittel der lokalen Gebietskörperschaften zugewiesen. In der Regel konnten reiche Regionen jedoch mehr Beteiligungsmittel bieten und deshalb mehr Mittel erhalten. Obwohl zweckgebundene Finanzzuweisungen schon seit längerem existieren, gibt es für ihre Anwendung und haushaltsmäßige Erfassung bis heute keine einheitlichen Regelungen, so dass die meisten zweckgebundenen Zuweisungen den reichen Regionen zugeflossen sind. Deshalb haben sie einen leicht negativen Einfluss auf das Ziel der interregionalen Nivellierung (vgl. JIANG, WIE, JIANG 1999, S. 55).

c) Zu geringes Volumen der nivellierenden Zuweisungen

Die allgemeinen Zuweisungen aus den zunehmenden Einnahmen flossen alle den armen Regionen und den Gebieten der nationalen Minderheiten zu (vgl. Abb. 4.3). Sie wirken umverteilend und folgen klaren Verteilungsregeln. Allerdings ist ihr Anteil mit ca. 2% an den Gesamtzuweisungen viel zu gering, um deutlich spürbare Umverteilungseffekte zu bewirken (vgl. Abb. 4.1).

Abb. 4.3: Verteilung der allgemeinen Zuweisungen aus den zunehmenden Einnahmen 1999

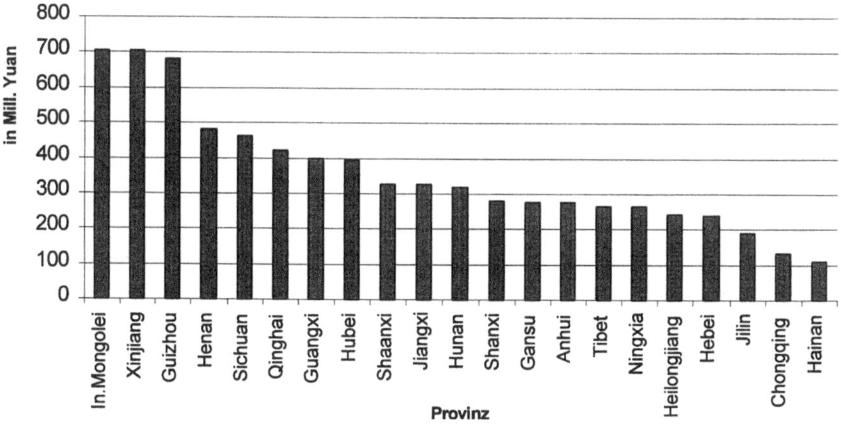

Quelle: HAUSHALTSABTEILUNG DES FINANZMINISTERIUMS 2000 b, S. 30.

(2) Fehlende Koordination bei der Verteilung aller Finanzzuweisungen

Ein weiteres Problem resultiert daraus, dass es an einer Koordination bei der Verteilung aller Finanzzuweisungen fehlt. Zunächst gibt es keine einheitliche Verwaltungsbehörde, die zuständig für die Verteilung aller Zuweisungen ist. Derzeit werden die Steuerrückerstattungen, die Zuschüsse nach altem System, die Abführungen nach altem System und die jahresabschlussbedingten Zuschüsse von einer anderen Behörde verwaltet als die zweckgebundenen Finanzzuweisungen. Diese getrennte Verwaltung kann zu mehrfachen Zuschüssen für eine und dieselbe Aufgabe führen. So kann z. B. eine Region wegen einer Naturkatastrophe sowohl zweckgebundene Zuschüsse von der Zentralregierung als auch jahresabschlussbedingte Zuschüsse bekommen. Außerdem fehlt eine klare Zielsetzung, nach der die verschiedenen Formen der Transferzahlungen zugewiesen werden, damit alle Arten der Transferzahlungen zusammenwirken können (vgl. ZHANG, LIN, XIA 2000, S. 44).

(3) Zu geringer Anteil zweckgebundener Zuweisungen

Im gegenwärtigen System gibt es insgesamt fünf Arten von Finanzzuweisungen. Davon sind vier allgemeine Zuweisungen, die mit 80% den größten Anteil an den Gesamtzuweisungen ausmachen, während der Anteil der zweckgebundenen Zuweisungen weniger als 20% beträgt (vgl. YANG, 2000, S. 41). Dass die Mittel für die einzelnen Gebietskörperschaften frei verfügbar sind, kann einerseits dazu führen, dass die wirtschaftspolitischen Ziele der Zentralregierung nicht verfolgt oder die von der Zentralregierung gewünschten öffentlichen Leistungen nicht bereit gestellt werden (vgl. ZHOU, WANG 1998, S. 34). Zugleich sind – wie die theoretische Wirkungsanalyse der einzelnen Zuweisungen in Kapitel 1 zeigt (vgl. Kapitel 1, Abschnitt 1.4.2) – die Kosten für die Bereitstellung einer bestimmten Leistung bei allgemeinen Zuweisungen höher als bei zweckgebundenen. Deshalb sollten die Zuweisungen in höherem Umfang als bisher in Form von zweckgebundenen Zuweisungen geleistet werden.

(4) Notwendigkeit der Verbesserung des Übergangsmodells zur Ermittlung der Finanzzuweisungen

Zunächst ist festzustellen, dass China einen richtigen Typ des Modells zur Ermittlung der Finanzzuweisungen gewählt hat. Im 1. Kapitel wurde dargestellt, dass es zur Zeit weltweit vier Arten von Modellen zur Ermittlung von Finanzzuweisungen gibt (vgl. Kapitel 1, Abschnitt 1.4.5.1). China hat Modell I ausgewählt, bei dem sowohl die Finanzkraft als auch der Finanzbedarf der verschiedenen lokalen Gebietskörperschaften berücksichtigt werden. Die anderen Modelle, bei denen nur Finanzkraft oder Finanzbedarf berücksichtigt werden, entsprechen der Situation Chinas nicht, weil die theoretische Annahme bei der Anwendung dieser Modelle ist, dass der Finanzbedarf oder die Finanzkraft aller lokalen Gebietskörperschaften gleich ist. In China sind allerdings sowohl die regionale Differenz der Finanzkraft als auch des Finanzbedarfs sehr groß. Modell I ermöglicht die effektivste Nivellierung. Gleichzeitig ist es aber kompliziert und insbesondere hinsichtlich der Daten anspruchsvoll, was für China ein Problem darstellt. Zudem ist es anfällig für politische Strategien der Betroffenen, die erhebliche Fehlentwicklungen auslösen können.

Generell ist allerdings das derzeit in China verwendete Modell richtig. Der zweite Teil der Finanzzuweisungen zur Begünstigung der nationalen Minderheit ist notwendig, da der Finanzbedarf in diesen Gebieten relativ hoch ist (vgl. Kapitel 2, Abschnitt 2.3.4). Aber die konkrete Ermittlung der Finanzzuweisung ist noch nicht vollständig standardisiert. Folgende Probleme bestehen weiter:

a) Probleme bei der Ermittlung der Standardausgaben

Das Hauptziel der Transferzahlungen ist die Verringerung der regionalen Differenz der Finanzkraft bei der Bereitstellung der öffentlichen Güter und Dienstleistungen. Zurzeit werden bei der Ermittlung der Standardausgaben mit dem Übergangsmodell acht Arten von Ausgaben berücksichtigt: Personalkosten, Geschäftskosten der öffentlichen Dienstleistungen, Ausgaben für Gesundheitswesen, Ausgaben für städtische Erhaltung und Aufbau, Ausgaben für soziale Sicherung, Ausgaben für Unterstützungsgeld für im Dienst Verunglückte bzw. deren Familien und für Sozialhilfe, Ausgaben für die Unterstützung der Landwirtschaft sowie Ausgaben für vielfältige landwirtschaftliche Erschließungen. Davon ist die Zahl der im öffentlichen Dienst Beschäftigten der gewichtigste Faktor. Dies zielt darauf ab sicherzustellen, dass die Ausgaben für die Personalkosten in den Regionen auf alle Fälle getätigt werden können. Dieser Faktor steht jedoch in nur lockerem Zusammenhang mit der Verringerung der regionalen Unterschiede bei der Bereitstellung der öffentlichen Güter.

Außerdem gehört die Unterstützung der Landwirtschaft nicht zur Bereitstellung öffentlicher Güter. Falls wegen der besonderen Situation in China die Regierung die Landwirtschaft unterstützen soll, sollten entsprechende Finanzmittel als zweckgebundene Zuweisungen bereitgestellt werden. Im Gegensatz dazu werden die typischen öffentlichen Dienstleistungen, wie Bildung und öffentliche Infrastruktur, bei der Ermittlung nicht berücksichtigt. Darüber hinaus zielt das Konzept des Übergangsmodells bei der Berechnung der Standardausgaben darauf ab, möglichst viele Faktoren zu berücksichtigen. Dies erscheint problematisch. Falls sich die berücksichtigten Aspekte nicht auf objektive Faktoren beziehen, kann dies zu neuen Streitigkeiten und Verhandlungen führen. Außerdem ist die Datensammlung in China schwierig und manchen Daten fehlt es an Genauigkeit und Zuverlässigkeit (vgl. Kapitel 2, Abschnitt 2.3.7). Dies verursacht in der Praxis viele Schwierigkeiten und Ineffizienzen.

b) Mängel bei der Ermittlung der Standardeinnahmen

Wegen des Mangels an Daten werden derzeit die Standardeinnahmen nicht für alle Steuerarten gemäß der standardisierten Formel ermittelt. Die Standardeinnahmen mancher Steuerarten wurden durch die aktuellen Einnahmen der lokalen Gebietskörperschaften ersetzt. Dies kann die Steueranstrengungen der lokalen Gebietskörperschaften dämpfen, deren Zuwachs der Steuereinnahmen hoch ist. Manche Steuerarten werden nach der Formel „Basiseinnahmen x (1+Wachstumsrate der Bestimmungsfaktoren)" berechnet. D. h. die Basismethode wird weiter verwendet, die viele nicht-rationale Faktoren enthält.

c) Fehlende Berücksichtigung der Kosten

Im Übergangsmodell zur Berechnung der Finanzzuweisungen werden die regionalen Unterschiede in den Kosten der Bereitstellung öffentlicher Güter nicht berücksichtigt. Da in China die Unterschiede in den natürlichen Bedingungen sehr groß sind, kommt es zu erheblichen Kostenunterschieden, z.B. beim Bau von Gebäuden oder dem Bau und der Erhaltung von Straßen. In der Provinz Guizhou verursacht z.B. die spezifische Topographie beim Aufbau von Straßen viele Schwierigkeiten. Ein Drittel der Straßen besteht aus Brücken. Deshalb liegen die Kosten des Baus einer Straße 70% über dem Landesdurchschnitt. Auch die sehr geringe Bevölkerungsdichte erhöht die Kosten. So gibt es z.B. in den Regionen der nationalen Minderheiten viele kleine Dörfer, die aus weniger als zehn Familien bestehen. Die Kosten der Versorgung mit Elektrizität, mit Wasser und mit Verkehrswegen sind hier relativ hoch. In Nordchina fallen v.a. zusätzliche Ausgaben für Heizung an. Solche Kostenunterschiede sollten berücksichtigt werden.

4.3.2.6 Fehlende rechtliche Rahmenbedingungen für das Finanzausgleichssystem

Ein grundlegendes Problem der Reform des Finanzausgleichssystems von 1994 besteht darin, dass der Finanzausgleich nicht gesetzlich verankert ist. Das Finanzausgleichssystem stellt ein Grundsystem zur Festlegung der fiskalischen Beziehungen zwischen den Gebietskörperschaften und zugleich ein Instrument zur Durchsetzung wichtiger politischen Ziele des Staates dar. Deshalb ist es in vielen Ländern sogar in der Verfassung verankert. In China gibt es allerdings bis jetzt keine Gesetze bezüglich der finanziellen Beziehungen zwischen der Zentralregierung und den lokalen Gebietskörperschaften. Im Rahmen der Reform 1994 wurden zwar Regelungen für den Finanzausgleich durch den Staatsrat beschlossen und erlassen. Bis jetzt wird das Finanzausgleichssystem jedoch noch nicht in irgendeinem Gesetz geregelt.

KAPITEL 5: REFORMVORSCHLÄGE ZUM AUFBAU EINES LEISTUNGSFÄHIGEN FINANZAUSGLEICHSSYSTEMS IN DER VR CHINA

In diesem Kapitel werden auf der Grundlage von allgemeinen theoretischen Überlegungen zum Finanzausgleich und unter Berücksichtigung der aktuellen Besonderheiten Chinas Vorschläge zur Verbesserung des Finanzausgleichssystems Chinas behandelt. Auswahl und Bewertung dieser Reformvorschläge beruhen in großem Umfang auf den Erfahrungen mit dem Finanzausgleichssystem Deutschlands.

5.1 Vorschläge zur eindeutigen Verteilung der Aufgaben- und Ausgabenkompetenzen

5.1.1 Vorschläge zur eindeutigen Verteilung der Aufgabenkompetenzen

5.1.1.1 Festlegung der Grenze zwischen dem öffentlichen und dem privaten Sektor

In China muss zunächst die Frage beantwortet werden, welche Aufgaben der Staat überhaupt übernehmen soll, weil als ein Ergebnis der Transformation zu einer Marktwirtschaft die Aufgabenverteilung zwischen privatem und öffentlichem Sektor völlig neu geregelt werden muss (vgl. Kapitel 4, Abschnitt 4.3.2.2). Im Transformationsland China liegt eine zentrale Aufgabe des Staates darin, dass sich die Regierung aus dem Markt zurückzieht und zugleich einen geeigneten Ordnungsrahmen für die Marktwirtschaft schafft, innerhalb dessen die wirtschaftlichen Aktivitäten des privaten Sektors möglichst reibungslos ablaufen können (vgl. AHRENS 1994, S. 123). Einerseits sollen alle Güter, die über den Markt erbracht werden können, aus den Regierungsaufgaben ausgegliedert werden. Andererseits sollte die Regierung die Güter, die im wesentlichen vom öffentlichen Sektor bereitgestellt werden sollen, wie die Einrichtung eines landesweit einheitlichen sozialen Sicherungssystems, möglichst schnell bereitstellen.

5.1.1.2 Eindeutige Verteilung der Aufgaben zwischen den öffentlichen Gebietskörperschaften

Von großer Bedeutung ist sodann, dass die Aufgabenverteilung zwischen den öffentlichen Körperschaften eindeutig definiert wird. Im gegenwärtigen Finanzausgleichssystem werden die staatlichen Aufgaben nur global zwischen der zentralen und den lokalen Gebietskörperschaften verteilt, so dass eine Grauzone verbleibt (vgl. MA 1997, S. 29). Dies ermöglicht es der Zentralregierung und den lokalen Gebietskörperschaften, die Ausgabenverantwortung zwischen sich hin und her zu schieben. Deshalb muss eine eindeutige Aufgabenverteilung festgelegt werden. Diese bezieht sich aber zunächst auf die allgemeine Frage, wie der optimale Zentralisierungsgrad in China ist, d.h. welche Aufgaben von der Zentrale und welche von den lokalen Gebietskörperschaften erfüllt werden sollen.

Ein Argument für eine Zentralisierung besteht zunächst darin, dass China traditionell ein zentralistischer Staat ist. Die Zentralregierung übernimmt in diesem System – zumindest kurz- und mittelfristig – mehr Aufgaben als im Föderativstaat (vgl. Kapitel 2, Abschnitt 2.3.1). Daneben muss die Zentralregierung in einem Transformationsland mehr Stabilisierungs- und Distributionsaufgaben übernehmen als in einer entwickelten Marktwirtschaft (vgl. Kapitel 2, Abschnitt 2.3.6).

Zugleich gibt es aber auch überzeugende Argumente für eine Dezentralisierung. Zunächst muss beachtet werden, dass China ein großes Land mit einer hohen Bevölkerungszahl ist, wobei einige Provinzen sogar größer als mancher westeuropäische Staat sind. Zudem sind die regionalen Unterschiede in den natürlichen und wirtschaftlichen Bedingungen sehr groß (vgl. Kapitel 2, Abschnitt 2.3.2 und 2.3.3). Deshalb ist es notwendig, den Provinzen mehr Kompetenzen zu übertragen. China ist außerdem mit einem Nationalitätenproblem konfrontiert (vgl. Kapitel 2, Abschnitt 2.3.4). Daraus ergibt sich ein weiterer Grund für eine Dezentralisierung, da der Bedarf an öffentlichen Leistungen wegen der vielfältigen Nationalitäten sehr unterschiedlich ist und eine zu starke Zentralisierung zur Unterdrückung von Minderheiteninteressen führen könnte.

Aus den genannten Argumenten für und gegen eine Zentralisierung von Aufgaben und Ausgaben lassen sich folgende Schlussfolgerungen ziehen: Als ein zentralistischer Staat sollte in China die Zentralregierung die Gesetzgebungskompetenz behalten. Allerdings sollten die Verwaltungsbefugnisse nach den Prinzipien des fiskalischen Föderalismus, und hier insbesondere nach dem Prinzip der Subsidiarität, auf untergeordnete Ebenen verteilt werden. Obwohl die meisten empirischen Untersuchungen zum chinesischen Finanzsystem bestätigen, dass China tendenziell eine fiskalische Dezentralisierung seit Beginn der Wirtschaftsreform 1978 bis 1994 erlebt hat, hat sich noch kein fiskalischer Föderalismus herausgebildet, der sich v.a. in einem hohen Autonomiegrad niederschlagen würde, den die lokalen Gebietskörperschaften bei der Bestimmung der Einnahmen und vor allem Ausgaben besäßen. Die lokalen Gebietskörperschaften erhalten seit Beginn der Wirtschaftsreform 1978 bis 1994 zwar einen wachsenden Anteil der staatlichen Einnahmen und Ausgaben, sie können jedoch nur wenig Einfluss auf deren Höhe und Struktur ausüben. In diesem Fall liegt lediglich eine fiskalische Dezentralisierung vor (vgl. NOWOTNY 1996, S. 128). Durch die Reform von 1994 ist sogar eine fiskalische Rezentralisierung erfolgt, wobei hauptsächlich der Anteil der Zentralregierung an den Gesamteinnahmen erhöht wurde. Dies ist zwar notwendig; zugleich sollte aber bei der Aufgabenverteilung die Verwaltungskompetenz dezentralisiert werden. Insgesamt sollte insbesondere die Provinzebene über mehr Verwaltungsbefugnisse als bislang verfügen.

Konkret sollte die Zentralregierung nur für die Bereitstellung landesweit öffentlicher Güter und die im Transformationsprozess entstehenden Aufgaben zuständig sein, wie z.B. die makroökonomische Stabilität, die soziale Sicherung, die Regulierung der Wirtschaftsstruktur, die Bewältigung negativer Auswirkungen des Marktmechanismus sowie die Angleichung des regionalen Versorgungsniveaus mit öffentlichen Gütern. Andere, im gegenwärtigen System der Aufgaben- und Ausgabenverteilung der Zentralregierung zugeordneten Aufgaben könnten und sollten von den lokalen Gebietskörperschaften übernommen werden. Diese Aufgabenverlagerung ließe sich politisch insbesondere dann durchsetzen, wenn sich die Zentralregierung in Finanzschwierigkeiten befindet (vgl. MA 1997, S. 29). Eine richtige Lösung würde darin liegen, alle nach dem Subsidiaritätsprinzip von Lokalregierungen zu übernehmenden Aufgaben den Provinzen zuzuweisen.

5.1.1.3 Konkrete Umgestaltung der Aufgabenverteilung

Tab. 5.1 enthält einen Überblick über die Vorschläge für eine bessere Aufgabenverteilung zwischen der Zentralregierung und den lokalen Gebietskörperschaften. Anders als bei der gegenwärtigen Aufgabenverteilung (vgl. Tab. 4.1) werden die Aufgaben nicht nur in eigene Aufgaben des Zentralstaates und der Lokalregierungen, sondern auch – wie in Deutschland – in gemeinsame Aufgaben unterteilt. Die gemeinsamen Aufgaben bestehen aus: 1. Hochschulbildung und wissenschaftliche Forschung; 2. Verbesserung der regionalen Wirtschaftsstruktur; 3. Umweltschutz und 4. Wirtschaftspolitik zur Unterstützung für die Landwirtschaft. Diese Aufgaben sind grundsätzlich lokale öffentliche Leistungen, aber es gibt bedeutende externe Effekte. Deshalb soll die Zentralregierung sich an diesen Aufgaben beteiligen.

Außerdem soll die Zentralregierung anders als bisher nicht mehr für Kulturwesen, Gesundheitswesen und Bildung zuständig sein. Diese Aufgaben sollten völlig von der Provinzebene übernommen werden, da diese Aufgaben nach dem Prinzip der Subsidiarität von den lokalen Regierungen besser wahrgenommen werden können.

Darüber hinaus sollte die soziale Sicherung den zentralen Aufgaben zugeordnet werden. Die soziale Sicherung ist ein öffentliches Gut, dessen Bereitstellung alle Einwohner eines Staates tangiert und zugleich eine Umverteilungsfunktion für die Einkommen aller Bürger hat. Deshalb sollte ihre Bereitstellung vom Zentralstaat vorgenommen werden. Die Aufgabe der Bekämpfung der Arbeitslosigkeit im Transformationsprozess bezieht sich auf das Stabilisierungsziel (Beschäftigungsziel) und zugleich auf Probleme im Transformationsprozess. Deshalb sollte die Zentralregierung diese Aufgabe übernehmen.

Zum Schluss sollten die Ausgaben für Innovationen und für die probeweise Herstellung neuer Produkte ganz aus den staatlichen Aufgaben ausgegliedert werden. Sie gehören nicht zu den Aufgaben des öffentlichen Sektors. Die Unterstützungszahlungen für die Landwirtschaft sollten in die neu eingeführte gemeinsame Aufgabe Wirtschaftspolitik zur Unterstützung für die Landwirtschaft integriert werden.

Tab. 5.1: Neugestaltete Verteilung der Aufgaben bzw. der Ausgaben zwischen der Zentralregierung und der Provinzebene[1)]

Zentralregierung	Provinz	Gemeinsame Aufgaben
• Verteidigung • Auswärtige Angelegenheiten und Hilfe für das Ausland • Bewaffnete Polizei auf der Zentralebene • Administrative Ausgaben der zentralen Staatsorgane • Investitionen in Infrastruktur auf zentraler Ebene • Geologische Schürfung • Schuldentilgung • Organe der öffentlichen Sicherheit, Staatsanwaltschaften und Volksgericht auf zentraler Ebene • *Soziale Sicherung* • *Kampf gegen Arbeitslosigkeit im Transformationsprozess*	• Bewaffnete Polizei auf der Lokalebene • Administrative Ausgaben der lokalen Staatsorgane • Investitionen in Infrastruktur auf lokaler Ebene • Preissubventionen • Stadterhaltung und -aufbau • Organe der öffentlichen Sicherheit, Staatsanwaltschaften und Volksgericht auf lokaler Ebene • *Kulturwesen* • *Gesundheitswesen* • *Erziehung und Bildung*	• *Hochschulbildung und Grundlagenforschung* • *Verbesserung der regionalen Wirtschaftsstruktur* • *Umweltschutz* • *Infrastruktur und Wirtschaftspolitik zur Unterstützung für die Landwirtschaft*

1) Die kursiv gesetzten Aufgaben stellen Abweichungen gegenüber der bisher Aufgabenverteilung dar.

Quelle: Eigene Zusammenstellung.

5.1.2 Vorschläge zur eindeutigen Verteilung der Ausgabenkompetenzen

Die bis dato fehlenden Bestimmungen für die Ausgabenverteilung sollten möglich schnell in das Finanzausgleichssystem eingebaut werden. Die Ausgaben einschließlich der Verwaltungsausgaben und Zweckausgaben sollten für jede Aufgabenart eindeutig geregelt werden. Zunächst sollten Zentralregierung und Provinzen nach dem Konnexitätsprinzip jeweils die volle Finanzlast tragen, die sich aus der Wahrnehmung ihrer Aufgaben ergibt. Die Verteilung der Kosten bei der Realisierung der Gemeinschaftsaufgaben auf Zentralregierung und Provinzen sollte ebenfalls eindeutig fixiert sein. Die Zentralregierung sollte an den Ausgaben für Hochschulbildung und wissenschaftliche Forschung, für die Verbesserung der regionalen Wirtschaftsstruktur und für Umweltschutz beteiligt werden. Den größten Teil der Ausgaben für die Unterstützung für die Landwirtschaft sollte der Zentralstaat übernehmen, da dieses das landesweit größte Problem in China ist und auf Provinzebene kaum zu lösen ist.

Alle Regelungen zur Aufgaben- und Ausgabenverteilung sollen gesetzlich festlegt werden, um in Zukunft willkürliche Aufgabenverschiebungen von der zentralen auf die lokale Ebene zu verhindern. Eine Übertragung von Aufgaben von der Zentralregierung an die lokale Ebene müsste mit dem gleichzeitigen Transfer von Finanzmitteln verbunden sein.

5.2 Neugestaltung der Einnahmenverteilungskompetenzen

5.2.1 Vergrößerung der Steuergesetzgebungskompetenzen der lokalen Gebietskörperschaften

Im gegenwärtigen System sind die Steuergesetzgebungskompetenzen hochgradig zentralisiert. Die Lokalregierungen haben fast keine Steuergesetzgebungsrechte. Es wird vorgeschlagen, ihnen in begrenztem Umfang eigene Steuergesetzgebungskompetenzen zu übertragen (vgl. LIU 1997, S. 49; FORSCHUNGSGRUPPE FÜR „VERTEILUNG DER STEUERGESETZGEBUNGSKOMPETENZEN“ 2001, S. 20). Zuerst sollte der Steuersatz der kleinen Lokalsteuern von den Lokalregierungen festgelegt werden dürfen. Wichtig ist des weiteren, dass die Lokalregierungen das Recht haben sollten, neue lokale Steuerarten zu erschließen (vgl. HONG, L. 1995, S. 54; FORSCHUNGSGRUPPE DES LOKALEN STEUERAMTS DER STADT WUHAN 2001, S. 85). Allerdings müssten solche neue Steuerkompetenzen auf der Provinzebene angesiedelt sein und nicht weiter nach unten zugewiesen werden. Zugleich sollten sie vom Volkskongress der jeweiligen lokalen Gebietskörperschaft und vom Finanzministerium genehmigt werden (vgl. WANG 2001, S. 63).

5.2.2 Neugestaltung einer rationalen Ertragskompetenzverteilung

5.2.2.1 Umgestaltung der Ertragskompetenzverteilung

Die gegenwärtige Verteilung mancher Steuerarten ist nicht rational. Die Verteilung der Ertragskompetenz sollte in folgenden Bereichen neu geregelt werden:

a) Die individuelle Einkommensteuer sollte als Zentralsteuer ausgestaltet werden, da sie eine hohe automatische Konjunkturreagibilität aufweist und antizyklisch variiert werden kann, d.h. sie stellt ein geeignetes Instrument der Zentralregierung zur Makrosteuerung dar. Zudem hat sie auch eine Verteilungsfunktion, die ebenfalls von der Zentralregierung ausgeübt werden sollte. Unter Berücksichtigung der Erhebungsschwierigkeiten kann sie aber als Gemeinschaftssteuer auf beide Ebenen aufgeteilt werden. Allerdings muss die Steuergesetzgebung bei der Zentralregierung bleiben.

b) Die Nutzungsabgabe auf Staatsboden soll in die Ressourcensteuer integriert werden. Die Ressourcensteuer soll der Zentrale zustehen, um Ungleichheiten aus den von den natürlichen Bedingungen verursachten regionalen Unterschiede bei den Steuereinnahmen zu vermeiden (vgl. Kapitel 4, Abschnitt 4.3.2.4, Punkt (2)).

c) Der Geltungsbereich der Mehrwertsteuer sollte ausgeweitet werden (vgl. LIU 1997, S. 50). Die Mehrwertsteuer, deren Steuersatz 13% bis 17% beträgt (vgl. YANG 1996, S. 232), wird gegenwärtig nur im sekundären Sektor und nicht im tertiären Sektor erhoben (vgl. ZHOU, LI 1997, S. 83). Für den tertiären Sektor gilt die Geschäftsteuer, deren Steuersatz bei nur 3% bis 5% liegt (vgl. YANG 1996, S. 309). Seit den 1980er Jahren entwickelt sich dieser Sektor sehr schnell, ohne dass allerdings das Steueraufkommen entsprechend gestiegen wäre (vgl. ZHOU, LI 1997, S. 83). Nach der Ersetzung der Geschäftsteuer durch die Mehrwertsteuer im tertiären Sektor ist der Anteil der lokalen Gebietskörperschaften an der Mehrwertsteuer zu erhöhen, weil die Geschäftsteuer zurzeit den lokalen Gebietskörperschaften zusteht und deshalb eine Kompensation notwendig ist.

d) Die Körperschaftsteuer sollte nicht mehr nach der Zugehörigkeit der Unternehmen zwischen der Zentrale und den lokalen Gebietskörperschaften verteilt werden, da dies zu einer Reihe von Problemen führt (vgl. Kapitel 4, Abschnitt 4.3.2.4. Punkt (2)). Sie kann als Gemeinschaftssteuer zu festen Anteilen zwischen der Zentrale und den lokalen Gebietskörperschaften aufgeteilt werden. Dadurch wird es leichter, die Trennung der Unternehmen von der Regierung durchzuführen und die regionale Protektionspolitik zu bekämpfen.

5.2.2.2 Erhöhung der Einnahmen der Zentralregierung

Neben der oben genannten neuen Zuordnung der Zentral- und Lokalsteuern ist der bisher noch zu geringe Anteil der Zentralregierung an den Gesamteinnahmen durch Erschließung neuer Zentralsteuerarten zu erhöhen. Es gibt folgende Möglichkeiten:

(1) Einführung einer Spekulationssteuer

Eine Spekulationssteuer kann auf Gewinne[29] aus der Veräußerung von Aktien, Anleihepapieren, Termingeschäften und Devisen als zentrale Steuer erhoben werden. Die Bemessungsgrundlage ist der Betrag der Gewinne beim Verkauf. Die Gläubiger solcher Einkünfte haben normalerweise hohe Einkommen oder Vermögen. Neben der Erhöhung der zentralen Einnahmen trägt die Einführung einer Spekulationssteuer deshalb dazu bei, die gegenwärtigen großen individuellen Einkommensunterschiede in China zu verringern. Es würden auch die Spekulation bei derartigen Transaktionen eingedämmt und die langfristigen Investitionen gefördert.

(2) Einführung eines Solidaritätszuschlags

Erwägenswert ist sodann die Einführung einer Ergänzungsabgabe zur Einkommen- und Körperschaftsteuer, vergleichbar dem Solidaritätszuschlag in Deutschland. Bemessungsgrundlage wäre die Steuerschuld bei der Einkommen- und Körperschaftssteuer. Weil die Steuerschuld mit Hilfe des progressiven Einkommensteuertarifs ermittelt wird, wirkt auch der Zuschlag progressiv. Die Einführung des Solidaritätszuschlags trifft zwar alle Einkommen-steuerpflichtigen proportional zu ihrer Steuerschuld, der Betrag der Steuerzahlungen nimmt jedoch progressiv mit dem zu versteuernden Einkommen zu (vgl. BOHNET, HECK 2000, S. 141). Deshalb kann er zu einer Nivellierung der großen Einkommensunterschiede in China beitragen. Dieser Zuschlag sollte aber nur zeitlich begrenzt erhoben werden.

(3) Einführung von Sozialversicherungsabgaben

Im Transformationsprozess ist der Aufbau eines landesweit einheitlichen Sozialversicherungssystems eine grundlegende Aufgabe der Zentralregierung geworden (vgl. HU 2001, S. 14 f.). Gegenwärtig werden die Beiträge zu den Sozialversicherungen von verschiedenen Verwaltungsbehörden uneinheitlich erhoben. Statt dieser Beiträge sollten die Sozialabgaben für alle städtischen Beschäftigten nach den gleichen Maßstäben unabhängig von der Eigentumsform der Arbeitgeber einheitlich erhoben werden und der Sozialversicherung zustehen (vgl. HU 2001, S. 16; TANG, 2000, S.

---

[29] Sie könnte auch in die Einkommensteuer integriert werden.

16). Weil diesen Abgaben Gegenleistungen gegenüber stehen, sind sie leichter für die Abgabenträger zu akzeptieren (vgl. HU 2001, S. 16).

Die oben genannten Steuerarten bzw. Abgaben belasten hauptsächlich das individuelle Einkommen. Dies wirft die Frage auf, ob es in China überhaupt politisch durchsetzbar ist, neue Steuern auf Einkommen der Individuen zu erheben. Die Antwort ist deshalb positiv, weil die reale Steuerbelastung des individuellen Einkommens in China bisher sehr niedrig ist. Wie man aus Tab. 5.2 erkennen kann, erreichte die durchschnittliche Steuerbelastung 1985 den Höchstwert mit 1,31%. 1995 sank sie auf 0,12% und stieg erst 1999 wieder an, lag aber trotzdem bei nur 0,59%. Deshalb gibt es noch große Spielräume bei der Einführung neuer Steuern auf Einkommen.

Tab. 5.2: Entwicklung der effektiven Steuerbelastung der städtischen privaten Haushalte in China 1985 bis 1999

Jahr	Pro-Kopf-Brutto-Einkommen (in Yuan)	Pro-Kopf-Netto-Einkommen (in Yuan)	Steuerbelastung[1)] (in %)
1985	748,92	739,08	1,31
1990	1522,97	1510,16	0,83
1995	4288,09	4283,00	0,12
1999	5888,77	5854,02	0,59

1) Steuerbelastung = (Pro-Kopf-Brutto-Einkommen - Pro-Kopf-Netto-Einkommen) / Pro-Kopf-Netto-Einkommen

Quelle: STATISTISCHES JAHRBUCH CHINAS 2000, S. 313; eigene Berechnungen.

5.2.2.3 Konkrete Umgestaltung der Einnahmenverteilung

Nach der oben skizzierten Neugestaltung der Steuerertragskompetenzverteilung und nach der Einführung der neuen Steuerarten stellt sich die Einnahmenverteilung zwischen der Zentralregierung und den lokalen Gebietskörperschaften gemäß Tab. 5.3 dar. Die konkrete Verteilung der Gemeinschaftsteuern zwischen der Zentrale und den lokalen Gebietskörperschaften soll neu festgelegt werden. Die genauen Anteile jeder Steuer für die Zentrale und die Lokalregierung werden hier nicht behandelt.

Tab. 5.3: Einnahmenverteilung zwischen der Zentralregierung und den lokalen Gebietskörperschaften nach der Neugestaltung

Zentralregierung	Lokale Gebietskörperschaften
• Zölle • Vom Zollamt erhobene Verbrauchssteuern und Mehrwertsteuer • Verbrauchssteuern • Gewinnabführungen aus den sonstigen zentralen Staatsunternehmen • Einkommensteuer[1] • Ressourcensteuer[2] • Spekulationssteuer[3] • Solidaritätszuschlag[3] • Sozialversicherungsabgaben[3]	• Städtische Bodennutzungsteuer • Städtischer und ländlicher Erhaltungs- und Aufbauzuschlag • Hausbesitzsteuer • Fahrzeugsteuer • Stempelsteuer • Schlachtsteuer • Agrarsteuer • Ackerbodennutzungsteuer • Vertragsteuer • Grundmehrwertsteuer • Erbschaft- und Schenkungsteuer • Gewinnabführungen der lokalen Staatsunternehmen
Gemeinschaftseinnahmen: • Mehrwertsteuer[4] • Wertpapiersteuer • Körperschaftsteuer[5]	

1) Sie wird von einer Lokalsteuer in eine Zentralsteuer umgewandelt.
2) Sie wird von einer Gemeinschaftsteuer in eine Zentralsteuer umgewandelt.
3) Neu eingeführte Zentralsteuern.
4) Die lokale Steuer Geschäftsteuer wird in die Mehrwertsteuer integriert.
5) Sie wird nicht mehr nach der Zugehörigkeit, sondern als Gemeinschaftssteuer zwischen der Zentrale und den lokalen Gebietskörperschaften verteilt.

Quelle: Eigene Zusammenstellung.

5.2.3 Reform des Steuerverwaltungssystems

Das nach der Reform von 1994 eingerichtete „Zwei-Steuerämter-System" ist eine kurzatmige Maßnahme zur Erhöhung der Steuerkontrolle und der Einnahmen der Zentralregierung. Es verursacht u.a. hohe Steuerzahlungs- und Besteuerungskosten (vgl. Kapitel 4, Abschnitt 4.3.2.4, Punkt (3)). Daher erscheint es sinnvoll, die zwei Arten von Steuerämtern in eines zusammenzufassen. Um zu vermeiden, dass die Lokalregierungen wie zuvor die lokalen Steuerämter zu ihren eigenen Gunsten beeinflussen, sind die neu gebildeten Steuerämter direkt der Zentralregierung zu unterstellen, d.h. das Recht zur Einstellung und Entlassung des administrativen Personals liegt bei der Zentralregierung. Innerhalb dieses Steueramts sind zwei Abteilungen einzurichten. Eine Abteilung ist zuständig für die Erhebung der Einnahmen der Zentralregierung und der Gemeinschaftseinnahmen. Die andere übernimmt die Aufgabe der Erhebung der Einnahmen der lokalen Gebietskörperschaften. Die Zweigstellen des Steueramtes müssen sodann nicht gemäß dem Verwaltungsbereich Stufe für Stufe auf Provinz-, Bezirks-, Kreis- und Gemeindeebene aufgebaut werden. Es ist vielmehr denkbar und sinnvoll, in China - ähnlich wie in Deutschland - die Einrichtung und den Umfang eines Steueramtes nach der Finanzkraft (Steuerquelle) der betroffenen Region festzulegen. Die durch die Fusion der zwei Steuerämter freigewordenen Gebäude könnten verkauft werden und dadurch Mittel zur Verbesserung und Modernisierung der Besteuerungsverfahren frei werden. Die freigesetzten Steuerbeamten könnten teilweise für die Verstärkung der Steuerüberwachungs- und Steuerüberprüfungsbehörden eingesetzt werden.

5.3 Aufbau eines effektiven Transferzahlungssystems

5.3.1 Festlegung eines expliziten Hauptziels des Finanzausgleichs

Beim Aufbau eines Transferzahlungssystems müssen zunächst die Ziele des Finanzausgleichs festgelegt werden. Dies ist die Grundlage für den Aufbau eines Transferzahlungssystems (vgl. YAO, SHANG 1998, S. 13). Danach sind die zur Zielverwirklichung geeigneten Instrumente auszuwählen. Die Vergabe der Finanzzuweisungen kann vielen Zwecken dienen, wie im 1. Kapitel erörtert wurde (vgl. Kapitel 1, Abschnitt 1.5.3). Diese Ziele wurden in verschiedenen Ländern und in verschiedenen historischen Entwicklungsperioden in unterschiedlichem Ausmaß angestrebt. In einem Land und unter bestimmten wirtschaftlichen Bedingungen können nicht alle Ziele gleichzeitig erreicht werden. Deshalb sollte ein Land in einer bestimmten ökonomischen Situation ein Ziel als das Hauptziel des Finanzausgleichs auswählen (vgl. FENG, ZHENG 1999, S. 50).

Für China sollte derzeit die Verringerung der horizontalen Ungleichheit zwischen den Provinzen als Hauptziel des Finanzausgleichs angestrebt werden, da die regionalen wirtschaftlichen Unterschiede ein großes Problem in China sind. Obwohl die Steuersätze der lokalen Steuern in China von der Zentralregierung festgelegt werden und die lokalen Regierungen kein Recht haben, die Steuersätze zu ändern, kommt es ebenfalls aufgrund regional unterschiedlicher Bereitstellungsniveaus der öffentlichen Güter, wie z.B. Bildungs- und Gesundheitsbedingungen oder öffentliche Infrastruktur, zu Wanderungsbewegungen. In China schlägt sich dies in einer umfangreichen Zuwanderung der Arbeitskräfte mit einem hohen Bildungsgrad in die reichen Regionen nieder. Die Differenz zwischen den Reichen und den Armen vergrößert sich noch und führt zu gesellschaftlichen Instabilitäten, die wiederum einen negativen Einfluss auf die Wirtschaftsentwicklung ausüben können. Neben der horizontalen Gleichheit können Finanzzuweisungen in China auch als Instrument der Wachstumspolitik, insbesondere der Förderung der Beschäftigung, dienen. Die anderen Ziele, wie z.B. die

Kompensation externer Effekte, sind für China nicht so wichtig, da China ein so großes Land ist, dass externe Effekte zwischen den Provinzen selten entstehen. Daher kommt diesem Ziel beim Finanzausgleich eine nur geringe Bedeutung zu.

5.3.2 Wahl der geeigneten Arten des Finanzausgleichs im engeren Sinne

Ein Finanzausgleich im engeren Sinne kann vertikal oder horizontal sein. Bei der konkreten Ausgestaltung eines Transferzahlungssystems für China sind Entscheidungen über die Arten des Finanzausgleichs zu treffen.

Im Transferzahlungssystem Chinas gibt es bis jetzt nur einen vertikalen Finanzausgleich. Es ist nach Ansicht der Verfasserin erforderlich, auch horizontale Finanzausgleichszahlungen einzuführen (vgl. ZHANG, HUIPING 1999, S. 38; CONG 1998, S. 18; CUI 1997, S. 50; LIU, JIAO 2002, S. 11). Einerseits ist dies notwendig, weil die Zentralregierung bei einem ausschließlich vertikalen Finanzausgleich eine zu große Finanzierungslast tragen muss. Insbesondere kann ein ausreichender Nivellierungseffekt aufgrund der schwachen Finanzkraft der Zentralregierung in China nicht erreicht werden (vgl. Kapitel 4, Abschnitt 4.2.4). Durch die Einführung eines horizontalen Finanzausgleichs kann das Ausmaß der Nivellierung in der Versorgung mit öffentlichen Leistungen erhöht und zugleich die Zentralregierung finanziell entlastet werden (vgl. FORSCHUNGSGRUPPE FÜR „TRANSFERZAHLUNGEN ZWISCHEN DEN GEBIETSKÖRPERSCHAFTEN" DES FORSCHUNGSINSTITUTES AM FINANZMINISTERIUM 1995, S. 6 f.; ZHANG, SHAOJIE 1999, S. 18). Außerdem gibt es beim vertikalen Finanzausgleich die Möglichkeit, dass die Zentralregierung die Mittel zur Finanzierung der Finanzzuweisungen für andere Zwecke einsetzt. Der horizontale Finanzausgleich kann den Transparenzgrad bei den Transferzahlungen erhöhen, da die Finanzmittel direkt von den reichen zu den armen Regionen fließen. Deshalb kann das Ziel einer gerechten Verwendung der Mittel für den Finanzausgleich so eher sichergestellt werden. Ein solcher horizontaler Finanzausgleich ist aus einem weiteren Grund gerechtfertigt: Da die Pro-Kopf-Einnahmen der reichen Regionen viel höher als diejenigen des Landesdurchschnitts sind, verfügen sie über die finanzielle Kapazitäten, Mittel an die armen Regionen zu transferieren. Zwar gibt es seit langem in China interregionale Unterstützungen in verschiedenen Formen mit horizontalen Transferzahlungswirkungen, wie z.B. Transfers von Humankapital und Material oder Hilfe zwischen reichen und armen Regionen auf Partnerschaftsbasis (vgl. ZHANG, SHOUKAI 1999, S. 39 f.). Diese sind aber zumeist wenig rational, so dass es sinnvoll wäre, solche finanziellen Unterstützungsmaßnahmen im Rahmen eines allgemeinen horizontalen Finanzausgleichs zu regeln.

In China existieren allerdings drastische regionale Unterschiede (vgl. Kapitel 2, Abschnitt 3.3). Deshalb kann der horizontale Finanzausgleich nicht als Hauptfinanzausgleichsart verwendet werden. In der aktuellen Situation Chinas kann der horizontale Finanzausgleich im Unterschied zu Deutschland, wo der horizontale Finanzausgleich dominiert und wo der vertikale Finanzausgleich eher als ein ergänzendes Instrument zum horizontalen Finanzausgleich wirkt. Für China erscheint ein Transferzahlungssystem, das aus einer Kombination von vertikalem und horizontalem Finanzausgleich besteht, sinnvoll. Aus Gründen der politischen Machbarkeit sollte aber der vertikale Finanzausgleich mit horizontalem Effekt dominieren.

5.3.3 Konzept für den Aufbau eines neuen Transferzahlungssystems

Obwohl viele chinesische Wissenschaftler dafür plädieren, dass eine Kombination von beiden Finanzausgleichsmodellen für China geeignet ist, ist bislang noch kein konkretes Konzept vorgeschlagen worden. Hier wird daher im Folgenden ein Reformvorschlag zum Aufbau eines neuen Transferzahlungssystems gemacht, bei dem vertikaler und horizontaler Finanzausgleich kombiniert werden.

5.3.3.1 Prinzipien für den Aufbau eines neuen Transferzahlungssystems

Bei der Neugestaltung des Transferzahlungssystems sollten folgende Prinzipien befolgt werden:

a) Mit der Einführung eines neuen Transferzahlungssystems soll der Nivellierungseffekt erhöht werden, ohne dass neue Mittel von der Zentralregierung eingesetzt werden müssen. Bei der Konzeption wird versucht, nur durch die Verbesserung der Verteilungsregelungen und ohne Erhöhung des Betrags der gesamten vergebenen Finanzzuweisungen der Zentralregierung einen erhöhten Nivellierungseffekt zu erreichen.

b) Bei der neuen Verteilung der Finanzzuweisungen sollte darauf abgezielt werden, die Finanzkraft aller finanzschwachen Regionen (nicht nur die der Regionen der nationalen Minderheiten) zu erhöhen, ohne die finanziellen Interessen der Regionen der nationalen Minderheiten zu benachteiligen.

c) Nach dem Finanzausgleich sollte die Finanzkraft der finanzschwachen Provinzen mindestens auf 60% des Landesdurchschnitts angehoben werden. Aufgrund der schwachen staatlichen Finanzlage Chinas sollte der angestrebte Wert allerdings kurzfristig 70% nicht überschreiten.

5.3.3.2 Konkreter Inhalt eines neuen Transferzahlungssystems

Das neue Transferzahlungssystem besteht aus folgenden vier Teilschritten:
- Verteilung der Steuerrückerstattungen nach einer neuen Regelung;
- Einführung eines horizontalen Finanzausgleichs statt der Abführungen oder Zuschüsse nach altem System;
- Erweiterung der vertikalen Zuweisungen mit horizontalem Effekt;
- Auszahlung von Sonderbedarfszuweisungen.

Bei der Erläuterung des vorgeschlagenen neuen Transferzahlungsmodells werden die Daten von 1999 als Beispiel verwendet. Da es seitdem keine Veränderungen bezüglich der Regelungen des Transferzahlungssystems in China gegeben hat, können die auf den Daten des Jahres 1999 basierenden allgemeinen Regelungen des neuen Modells auch für die folgenden Jahre angewendet werden.

(1) Verteilung der Steuerrückerstattungen nach einer neuen Regelung

Zum Aufbau eines rationalen Transferzahlungssystems sind die Steuerrückerstattungen von der Zentrale an die Gebietskörperschaften abzuschaffen (vgl. GE 1998, S. 51). Es gibt in China jedoch starke Widerstände der lokalen Gebietskörperschaften gegen eine solche Veränderung (vgl. Kapitel 2, Abschnitt 2.3.8). Deshalb ist es politisch nicht durchsetzbar, die Steuerrückerstattungen kurzfristig völlig abzuschaffen. Allerdings können sie nach einer neuen Regelung auf die lokalen Gebietskörperschaften verteilt werden, um das Ausmaß der Nivellierung zu erhöhen. Juristisch gesehen gehören die Mittel für die Steuerrückerstattungen zu den Einnahmen der Zentralregierung. Es ist deshalb politisch möglich und unter Gerechtigkeitsgesichtspunkten zulässig, dass sie von der Zentralregierung neu verteilt werden (vgl. LIANG 1996, S. 30).

Die Steuerrückerstattungen können ähnlich wie die Umsatzsteuer beim Umsatzsteuer-Vorwegausgleich in Deutschland (vgl. Kapitel 2, Abschnitt 2.1.4.1) teilweise oder vollständig nach den Einwohnerzahlen an die lokalen Gebietskörperschaften umverteilt werden. Tab. 5.4 gibt die Finanzkraft in % des Landesdurchschnittes nach der Vergabe der Steuerrückerstattungen des Jahres 1999 gemäß den Einwohnerzahlen sowie den entsprechenden Ginikoeffizienten an. Dabei wird die Finanzkraft nach folgender Formel berechnet:

$$FK_i = (Ein_i + S_i) / P_i$$

wobei
FK_i: Finanzkraft der Provinz i;
Ein_i: Eigene Einnahmen der Provinz i;

S_i: Steuerrückerstattungen an die Provinz i;
P_i: Einwohnerzahl der Provinz i.

In Tab. 5.4 werden drei Alternativen zur derzeitigen Verteilungsregelung berücksichtigt. Spalte (I) zeigt zum Vergleich die Finanzkraft in % des Landesdurchschnittes nach der Verteilung der Steuerrückerstattungen gemäß der gegenwärtigen Verteilungsregelung. Die Spalten (II), (III) und (IV) enthalten die Finanzkraft in % des Landesdurchschnittes bei Verteilung der Steuerrückerstattungen zu 50%, 80% bzw. 100% nach den Einwohnerzahlen der einzelnen Gebietskörperschaften. Diese Übersicht verdeutlicht, dass das Ausmaß der Nivellierung um so höher ist, je größer der Anteil der Steuerrückerstattungen ist, der nach den Einwohnerzahlen festgelegt wird. Verschiedene Alternativen können unter Berücksichtigung der aktuellen Situation in China ausgewählt werden. Hier wird folgendes Konzept vorgeschlagen: In der ersten Phase behält die Zentralregierung 20% der Mittel für die Steuerrückerstattungen in Höhe von 42,413 Mrd. Yuan. Diese Mittel werden also nicht mehr an die lokalen Gebietskörperschaften zurückgegeben. Zur Begründung wird auf die Ausführungen im nächsten Abschnitt verwiesen. Die übrigen 80% der Mittel werden nach den Einwohnerzahl auf die einzelnen Gebietskörperschaften verteilt. Tab. 5.5 zeigt den Nivellierungseffekt nach der alten (gegenwärtigen) und der neuen (vorgeschlagenen) Verteilungsmethode. Die Tabelle verdeutlicht, dass unter der neuen Verteilungsregelung die Werte der Finanzkraft in % des Landesdurchschnittes der meisten reichen Provinzen viel geringer sind im Vergleich zu der alten Verteilungsregelung, während die Finanzkraft der armen Provinzen deutlich vergrößert wird. Im Vergleich zur alten Verteilungsregelung wird z.B. der niedrigste Wert der Finanzkraft in % des Landesdurchschnitts (Tibet) von 42,3% auf 53,7% erhöht, während Shanghais Position vom 6,5-fachen des Landesdurchschnitts auf das 5-fache zurückfällt.

Tab. 5.4: Finanzkraft in % des Landesdurchschnittes der Provinzen nach der Verteilung der Steuerrückerstattungen gemäß den Einwohnerzahlen für 1999

Provinz	Finanzkraft in % des Landesdurchschnittes nach der Verteilung der Steuerrückerstattungen gemäß der gegenwärtigen Verteilungsregelung (I)	Finanzkraft in % des Landesdurchschnittes bei Verteilung der Steuerrückerstattungen zu 50% nach den Einwohnerzahlen der lokalen Gebietskörperschaften (II)	Finanzkraft in % des Landesdurchschnittes bei Verteilung der Steuerrückerstattungen zu 80% nach den Einwohnerzahlen der lokalen Gebietskörperschaften (III)	Finanzkraft in % des Landesdurchschnittes bei Verteilung der Steuerrückerstattungen zu 100% nach den Einwohnerzahlen der lokalen Gebietskörperschaften (IV)
Shanghai	647,8	567,0	518,5	486,2
Beijing	460,0	423,9	402,3	387,9
Tianjin	270,4	243,7	227,6	216,9
Guangdong	211,7	204,4	200,1	197,2
Liaoning	154,7	145,1	139,3	135,4
Zhejiang	132,5	124,2	119,1	115,8
Fujian	130,1	129,5	129,2	128,9
Yunnan	116,6	105,2	98,4	93,8
Jiangsu	112,5	108,3	105,8	104,1
Heilongjiang	97,0	98,4	99,2	99,7
Shandong	95,6	98,2	99,8	100,8
Jilin	90,2	89,5	89,1	88,8
Hainan	90,1	97,0	101,1	103,9
Xinjiang	83,8	88,0	90,5	92,2
Innere Mongolei	80,5	83,5	85,3	86,5
Shanxi	76,0	79,2	81,1	82,3
Ningxia	75,6	79,5	81,8	83,3
Hebei	74,8	78,3	80,4	81,8
Hubei	73,1	76,6	78,8	80,2
Qinghai	65,6	68,9	70,9	72,2
Shaanxi	65,0	69,9	72,9	74,8
Guangxi	63,1	68,1	71,1	73,1
Gansu	61,8	63,1	63,9	64,4
Hunan	60,4	64,5	66,9	68,5
Anhui	59,3	65,9	69,8	72,5
Chongqing	57,7	62,7	65,7	67,7
Sichuan	54,4	60,9	64,7	67,3
Henan	53,1	59,4	63,3	65,8
Jiangxi	52,9	60,2	64,6	67,5
Guizhou	48,2	54,0	57,4	59,7
Tibet	42,3	49,3	53,5	56,2
Gini-Koeffizient	0,3126	0,2725	0,2485	0,2332

Quellen: STATISTISCHES JAHRBUCH 2000, S. 96 und 272; STATISTISCHE MATERIALIEN DER LOKALEN ÖFFENTLICHEN FINANZEN 1999, S. 30; eigene Berechnungen.

Diese neue Gestaltung der Verteilung der Steuerrückerstattungen nach den Einwohnerzahlen kann man auch als vertikalen Finanzausgleich mit horizontaler Umverteilungswirkung bezeichnen. Sie dient sowohl dem Ziel des Ausgleichs der Ungleichheit zwischen der Zentralregierung und den lokalen Gebietskörperschaften als auch der Verringerung der regionalen Unterschiede in der Finanzkraft der Provinzen.

Tab. 5.5: Finanzkraft in % des Landesdurchschnittes nach den Steuerrückerstattungen der Provinzen gemäß der alten und neuen Verteilungsregelung für 1999

Provinz	Finanzkraft in % des Landesdurchschnittes nach der Verteilung der Steuerrückerstattungen gemäß der gegenwärtigen Verteilungsregelung	Finanzkraft in % des Landesdurchschnittes nach Verteilung der 80% Steuerrückerstattungen nach den Einwohnerzahlen der einzelnen Gebietskörperschaften
Shanghai	647,8	508,6
Beijing	460,0	404,6
Tianjin	270,4	223,7
Guangdong	211,7	202,8
Liaoning	154,7	137,5
Fujian	130,1	130,6
Zhejiang	132,5	116,7
Jiangsu	112,5	104,4
Hainan	90,1	104,1
Shandong	95,6	100,8
Heilongjiang	97,0	99,7
Yunnan	116,6	93,4
Xinjiang	83,8	91,7
Jilin	90,2	88,2
Innere Mongolei	80,5	85,7
Ningxia	75,6	82,4
Shanxi	76,0	81,3
Hebei	74,8	80,8
Hubei	73,1	79,1
Shaanxi	65,0	73,4
Guangxi	63,1	71,5
Anhui	59,3	70,9
Qinghai	65,6	70,6
Hunan	60,4	66,7
Chongqing	57,7	65,8
Jiangxi	52,9	65,6
Sichuan	54,4	65,4
Henan	53,1	63,8
Gansu	61,8	62,4
Guizhou	48,2	57,4
Tibet	42,3	53,7

Quellen: STATISTISCHES JAHRBUCH CHINAS 2000, S. 96 und 272; STATISTISCHE MATERIALIEN DER LOKALEN ÖFFENTLICHEN FINANZEN 1999, S. 30; eigene Berechnungen.

(2) Einführung eines horizontalen Finanzausgleichs statt Abführungen oder Zuschüssen nach altem System

Nach der übernommenen Verteilungsmethode des alten Verantwortungssystems führen die reichen Provinzen einen bestimmten Betrag aus ihren Einnahmen an die Zentralregierung ab, während die armen Provinzen einen Zuschuss von der Zentralregierung erhalten sollen. So sollen regionale Unterschiede ausglichen werden. Nun ist es aber so, dass die Festsetzung der Höhe der Abführungen und Zuschüsse nach der Basisjahrmethode viele nicht-rationale Faktoren enthält und in der Realität meistens als Ergebnis von Verhandlungen erfolgt. Zudem sind die konstanten Beträge der Abführungen und Zuschüsse seit langem nicht überprüft worden. Dies führte dazu, dass sie der aktuellen finanziellen Situation der einzelnen Gebietskörperschaften nicht mehr gerecht werden (vgl. Kapitel 4, Abschnitt 4.3.2.5, Punkt (1)).

Hier wird deshalb die Einführung eines horizontalen Finanzausgleichs, analog zum Länderfinanzausgleich in Deutschland, statt der Abführungen oder Zuschüsse nach altem System vorgeschlagen. Ein horizontaler Finanzausgleich zwischen den Provinzen kann z.B. auf der Basis der Verteilung der Steuerrückerstattungen nach der neuen Verteilungsregelung so erfolgen: Zuerst werden alle Abführungen nach altem System abgeschafft. Die Provinzen, die bis dato Zuschüsse nach altem System bekommen haben, sind weiter ausgleichsberechtigt; sie erhalten so genannte Ausgleichszuweisungen. Die ersten 7 Provinzen in Tab. 5.6, deren Finanzkraft über 110% des Landesdurchschnittes beträgt, sind ausgleichspflichtig; sie müssen Ausgleichsbeiträge in Höhe von 7,43 Mrd. Yuan erbringen, weil ihre Finanzeinnahmen viel höher sind als die der anderen Provinzen. Die Pro-Kopf-Ausgleichsbeiträge der 7 ausgleichspflichtigen Provinzen liegen bei ca. 32,4 Yuan. Bei der Berechnung der Ausgleichsbeiträge wird nicht mit einem progressiven Tarif wie in Deutschland gearbeitet, um zunächst die hohe Grenzbelastung und die damit verbundenen negativen Verhaltensanreize zu vermeiden. Zudem sind die drei finanzstärksten Gebietskörperschaften Stadtstaaten, die eine besondere Rolle in China spielen und denen deshalb ein größeren Finanzbedarf zuzusprechen ist. Die anderen vier Provinzen Guangdong, Liaoning, Fujian und Zhejiang sind Küstenprovinzen, die am Anfang der Wirtschaftsreformen von der Politik der Öffnung der Wirtschaft nach außen zur primären Förderung der Küstenregion profitiert haben. Dadurch hat sich ihre Wirtschaft sehr schnell entwickelt. Als Gegenleistung sollten sie nun Beiträge zur Unterstützung der finanzschwachen Regionen leisten.

Tab. 5.6: Finanzkraft in % des Landesdurchschnittes nach dem horizontalen Finanzausgleich 1999

Provinz	Nach den Steuerrückerstattungen	Nach dem horizontalen Finanzausgleich
Shanghai	508,6	503,1
Beijing	404,6	399,1
Tianjin	223,7	218,1
Guangdong	202,8	197,3
Liaoning	137,5	132,0
Fujian	130,6	125,1
Zhejiang	116,7	111,2
Jiangsu	104,4	104,4
Hainan	104,1	104,1
Shandong	100,8	100,8
Heilongjiang	99,7	99,7
Yunnan	93,4	93,7
Xinjiang	91,7	107,3
Jilin	88,2	88,9
Innere Mongolei	85,7	98,5
Ningxia	82,4	96,7
Shanxi	81,3	81,3
Hebei	80,8	80,8
Hubei	79,1	79,1
Shaanxi	73,4	73,4
Guangxi	71,5	71,5
Anhui	70,9	70,9
Qinghai	70,6	91,3
Hunan	66,7	66,7
Chongqing	65,8	65,8
Jiangxi	65,6	65,6
Sichuan	65,4	65,4
Henan	63,8	63,8
Gansu	62,4	63,2
Guizhou	57,4	57,4
Tibet	53,7	230,3
Gini-Koeffizient	0,2467	0,2418
Gesamttransferzahlungen (in Mrd. Yuan)	16,97	7,43

Quellen: STATISTISCHES JAHRBUCH CHINAS 2000, S. 96 und 272; STATISTISCHE MATERIALIEN DER LOKALEN ÖFFENTLICHEN FINANZEN 1999, S. 30; eigene Berechnungen.

Da die Zentralregierung bisher die Abführungen nach altem System nicht vollständig als Zuschüsse nach altem System den lokalen Gebietskörperschaften zugewiesen hat (vgl. Tab. 5.7), würde der Wegfall der Abführungen und Zuschüsse nach altem System zu einer finanziellen Schlechterstellung der Zentralregierung führen. Um dies zu verhindern, wurde in Abschnitt 5.3.3.2, Punkt (1) vorgeschlagen, nur 80% der

Steuerrückerstattung an die Provinzen zu transferieren und die restlichen 20% der Zentralregierung zu belassen. Dadurch würde das Prinzip beibehalten, dass mit der Einführung des neuen Transferzahlungssystems der Nivellierungseffekt erhöht werden soll, ohne dass neue Mittel von der Zentralregierung eingesetzt werden müssen (vgl. Kapitel 5, Abschnitt 5.3.3.1).

Tab. 5.7: Verschiedene Transferzahlungen an die 31 Provinzen 1999, in Mrd. Yuan

Provinz	Steuerrück-erstattungen	Abführungen nach altem System	Zuschüsse nach altem System	Transferzahlungen aus zunehmenden Einnahmen
Shanghai	17,316	12,000	0	0
Beijing	7,774	3,663	0	0
Tianjin	4,827	2,856	0	0
Guangdong	18,971	2,682	0	0
Liaoning	12,109	5,414	0	0
Fujian	5,904	0,542	0,542	0
Zhejiang	12,287	4,548	0	0
Jiangsu	16,062	8,072	0	0
Hainan	0,650	0	0,171	0,11
Shandong	12,276	2,503	0,159	0
Heilongjiang	5,842	0,761	0	0,243
Yunnan	13,100	0	0,673	0,032
Xinjiang	2,105	0	1,937	0,704
Jilin	4,759	0	0,107	0,190
Innere Mongolei	3,159	0	1,842	0,704
Ningxia	0,666	0	0,533	0,265
Shanxi	4,209	0,703	0	0,279
Hebei	8,421	2,066	0	0,239
Hubei	7,508	2,692	0	0,396
Shaanxi	3,971	0	0,120	0,327
Guangxi	5,125	0	0,608	0,399
Anhui	5,554	0,936	0	0,277
Qinghai	0,661	0	0,656	0,419
Hunan	7,869	1,214	0	0,317
Chongqing	3,344	1,641	0	0,132
Jiangxi	3,390	0	0,045	0,327
Sichuan	7,749	0	0,343	0,461
Henan	8,619	1,522	0	0,481
Gansu	3,929	0	0,126	0,277
Guizhou	3,691	0	0,742	0,682
Tibet	0,216	0	2,787	0,266
Insgesamt	212,063	53,815	11,391	7,527

Quellen: STATISTISCHES JAHRBUCH CHINAS 2000, S. 272; STATISTISCHE MATERIALIEN DER LOKALEN ÖFFENTLICHEN FINANZEN 1999, S. 30; eigene Berechnungen.

Der vorgeschlagene horizontale Finanzausgleich würde dem wichtigen Grundsatz für die Umverteilung im Länderfinanzausgleich in Deutschland folgen, wonach es durch den horizontalen Finanzausgleich nicht zu einer Veränderung der ursprünglichen Finanzkraftreihenfolge kommt. M.a.W.: Die Rangfolge der Provinzen bezüglich ihrer Finanzkraft muss vor und nach dem Finanzausgleich erhalten bleiben.

(3) Erweiterung der vertikalen Zuweisungen mit horizontalem Effekt

Zusätzlich zum horizontalen Finanzausgleich sollte die Zentralregierung vertikale Zuweisungen gewährleisten, um die Finanzkraft der finanzschwachen Provinzen weiter zu stärken. Im bis dato geltenden System zählen die allgemeinen Zuweisungen aus den zunehmenden Einnahmen zu derartigen Zuweisungen. Sie stellen außerdem im bisher geltenden Transferzahlungssystem die einzige Zuweisungsart dar, die eine positive Nivellierungswirkung hat. Deshalb sollten sie weiter durchgeführt werden. Tab. 5.8 zeigt, dass durch diese Zuweisungen die Finanzkraft aller Provinzen mindestens 60% des Landesdurchschnittes erreicht hat. Dies hat das geplante Ziel erreicht, dass nach dem Finanzausgleich die Finanzkraft der finanzschwachen Provinzen mindestens auf 60% des Landesdurchschnitts angehoben werden sollte (vgl. Kapitel 5, Abschnitt 5.3.3.1). Allerdings ist der Umfang dieser Zuweisungen gegenwärtig zu gering. Sie sollten deshalb erheblich erhöht werden[30], während die Zuweisungen für den horizontalen Finanzausgleich kurzfristig konstant bleiben sollten.

Das gegenwärtig angewendete Berechnungsmodell zur Ermittlung der „allgemeinen Finanzzuweisungen aus den zunehmenden Einnahmen“, das im Jahre 1995 eingeführte „Übergangsmodells für die Finanztransferzahlungen", ist grundsätzlich ein standardisiertes Modell, das nach einer Verbesserung weiter für die Berechnung dieser vertikalen Zuweisungen verwendet werden kann. Vorschläge für die Verbesserung dieses Berechnungsmodells werden weiter unten behandelt. Als Folge dieses vertikalen Finanzausgleichs wird eine Veränderung der ursprünglichen Finanzkraftreihenfolge nicht ausgeschlossen.

[30] Im Jahre 2000 erreichte der Betrag der allgemeinen Zuweisungen aus den zunehmenden Einnahmen nur 8,545 Mrd. Yuan (vgl. HAUSHALTSABTEILUNG DES FINANZMINISTERIUMS 2001, S. 32).

Tab. 5.8: Finanzkraft in % des Landesdurchschnittes nach dem vorgeschlagenen Finanzausgleich 1999

Provinz	Nach den Steuerrückerstattungen	Nach dem horizontalen Finanzausgleich	Provinz	Nach vertikalen Zuweisungen
Shanghai	508,6	503,1	Shanghai	503,1
Beijing	404,6	399,1	Beijing	399,1
Tianjin	223,7	218,1	Tibet	248,0
Guangdong	202,8	197,3	Tianjin	218,1
Liaoning	137,5	132,0	Guangdong	197,3
Fujian	130,6	125,1	Liaoning	132,0
Zhejiang	116,7	111,2	Fujian	125,1
Jiangsu	104,4	104,4	Xinjiang	114,1
Hainan	104,1	104,1	Zhejiang	111,2
Shandong	100,8	100,8	Hainan	106,5
Heilongjiang	99,7	99,7	Qinghai	105,3
Yunnan	93,4	93,7	Ningxia	105,0
Xinjiang	91,7	107,3	Jiangsu	104,4
Jilin	88,2	88,9	Innere Mongolei	103,6
Innere Mongolei	85,7	98,5	Shandong	100,8
Ningxia	82,4	96,7	Heilongjiang	100,8
Shanxi	81,3	81,3	Yunnan	93,8
Hebei	80,8	80,8	Jilin	90,1
Hubei	79,1	79,1	Shanxi	82,8
Shaanxi	73,4	73,4	Hebei	81,4
Guangxi	71,5	71,5	Hubei	80,2
Anhui	70,9	70,9	Shaanxi	74,9
Qinghai	70,6	91,3	Guangxi	73,0
Hunan	66,7	66,7	Anhui	71,6
Chongqing	65,8	65,8	Hunan	67,5
Jiangxi	65,6	65,6	Jiangxi	66,9
Sichuan	65,4	65,4	Chongqing	66,5
Henan	63,8	63,8	Sichuan	66,3
Gansu	62,4	63,2	Gansu	65,1
Guizhou	57,4	57,4	Henan	64,7
Tibet	53,7	230,3	Guizhou	60,5
Gini-Koeffizient	24,67	24,18		23,80
Gesamttransferzahlungen (in Mrd. Yuan)	16,97	7,43		7,53

Quellen: STATISTISCHES JAHRBUCH CHINAS 2000, S. 96 und 272; STATISTISCHE MATERIALIEN DER LOKALEN ÖFFENTLICHEN FINANZEN 1999, S. 30; eigene Berechnungen.

(4) Einführung der Sonderbedarfszuweisungen

Als letzter Schritt beim neuen Finanzausgleich sollten Sonderbedarfszuweisungen zur Deckung eines besonderen Finanzbedarfs einiger Provinzen eingeführt werden. Sie sollten zugleich zweckgebundene Zuweisungen sein und an konkrete landesweite große Projekte anknüpfen, deren Wirkungen über die einzelne Region hinausgehen. Die Vergabe solcher Zuweisungen hat die Funktion der Korrektur von Spillovers (externe Effekte). Außerdem sollten Zuschüsse auch dann als Sonderbedarfszuweisungen ausgestaltet werden, wenn eine Region durch Naturkatastrophen oder andere unvorhersehbare Ereignisse belastet wird.

5.3.3.3 Vergleich der Nivellierungswirkung zwischen den alten und neuen Finanzausgleichsregelungen

Tab. 5.9 gibt einen Überblick über die Finanzkraft in % des Landesdurchschnittes nach dem Finanzausgleich (nach der Vergabe der allgemeinen Zuweisungen aus den zunehmenden Einnahmen) unter der alten (gegenwärtigen) und der neuen (vorgeschlagenen) Verteilungsregelung. Diese Tabelle verdeutlicht, dass die neue Verteilungsregelung einen stärkeren Nivellierungseffekt hat. Mit der gegenwärtigen Verteilungsregelung wird die Finanzkraft der finanzschwächsten Provinz auf knapp 50% des Landesdurchschnittes erhöht, während sie bei Anwendung der neuen Finanzausgleichsregelung auf mehr als 60% ansteigen würde. Im Vergleich zur alten Verteilungsregelung würde der Gini-Koeffizient unter der neuen Verteilungsregelung von 0,2891 auf 0,2380 sinken, der Nivellierungseffekt also deutlich erhöht werden.

Tab. 5.9: Finanzkraft in % des Landesdurchschnittes nach dem Finanzausgleich mit alten und neuen Verteilungsregelung 1999

Provinz	Nach der alten Verteilungsregelung	Provinz	Nach der neuen Verteilungsregelung
Shanghai	516,8	Shanghai	503,1
Beijing	413,0	Beijing	399,1
Tibet	234,3	Tibet	248,0
Tianjin	222,5	Tianjin	218,1
Guangdong	205,8	Guangdong	197,3
Liaoning	133,8	Liaoning	132,0
Fujian	130,1	Fujian	125,1
Yunnan	119,3	Xinjiang	114,1
Zhejiang	116,2	Zhejiang	111,2
Xinjiang	107,8	Hainan	106,5
Qinghai	99,5	Qinghai	105,3
Ningxia	99,3	Ningxia	105,0
Innere Mongolei	97,9	Jiangsu	104,4
Hainan	96,0	Innere Mongolei	103,6
Heilongjiang	94,8	Shandong	100,8
Jiangsu	94,5	Heilongjiang	100,8
Jilin	92,0	Yunnan	93,8
Shandong	91,3	Jilin	90,1
Shanxi	73,9	Shanxi	82,8
Hebei	70,4	Hebei	81,4
Shaanxi	67,0	Hubei	80,2
Hubei	66,9	Shaanxi	74,9
Guangxi	66,6	Guangxi	73,0
Gansu	64,4	Anhui	71,6
Hunan	58,2	Hunan	67,5
Anhui	57,6	Jiangxi	66,9
Sichuan	55,9	Chongqing	66,5
Guizhou	54,4	Sichuan	66,3
Jiangxi	54,3	Gansu	65,1
Henan	51,3	Henan	64,7
Chongqing	49,8	Guizhou	60,5
Gini-Koeffizient	0,2891	Gini-Koeffizient	0,2380

Quellen: STATISTISCHES JAHRBUCH CHINAS 2000, S. 96 und 272; STATISTISCHE MATERIALIEN DER LOKALEN ÖFFENTLICHEN FINANZEN 1999, S. 30; eigene Berechnungen.

Abb. 5.1 zeigt die Gewinne bzw. Verluste der Finanzkraft in % des Landesdurchschnittes der einzelnen lokalen Gebietskörperschaften beim Finanzausgleich gemäß der neuen Verteilungsregelung im Vergleich zur alten Verteilungsregelung, wobei die Provinzen nach der eigenen Finanzkraft je Einwohner (Pro-Kopf-Einnahmen) von links nach rechts absteigend angeordnet werden. Wie man aus der Abbildung erkennen kann, erleiden die Provinzen mit überdurchschnittlichen Pro-Kopf-Einnahmen (mit Ausnahme von drei Provinzen) einen Verlust, während die meisten der Provinzen mit unterdurchschnittlichen Pro-Kopf-Einnahmen gewinnen. Außerdem fällt auf, dass sich die Finanzkraft in % des Landesdurchschnittes der finanzschwächeren Provinzen aus Mittelchina deutlich erhöht, ebenso wie in den Gebieten der nationalen Minderheiten. Deshalb hat die neue Finanzausgleichsregelung auch das Ziel erreicht, die Finanzkraft aller finanzschwachen Regionen (nicht nur der Gebiete der nationalen Minderheiten) zu erhöhen, ohne die finanziellen Interessen der Regionen der nationalen Minderheiten zu verletzen (vgl. Kapitel 5, Abschnitt 5.3.3.1). Zugleich kann man auch erkennen, dass die erwähnten außergewöhnlichen Einnahmen aus Steuerrückerstattungen unter der alten Verteilungsregelung in den Provinzen Hainan, Yunan und Jilin mit der neuen Verteilungsregelung korrigiert werden (vgl. Kapitel 4, Abschnitt 4.3.2.5, Punkt (1)).

Abb. 5.1: Erhöhung bzw. Reduktion der Finanzkraft der 31 Provinzen in % des Landesdurchschnittes gemäß der neuen Verteilungsregelung[1] im Vergleich zur heutigen Verteilungsregelung

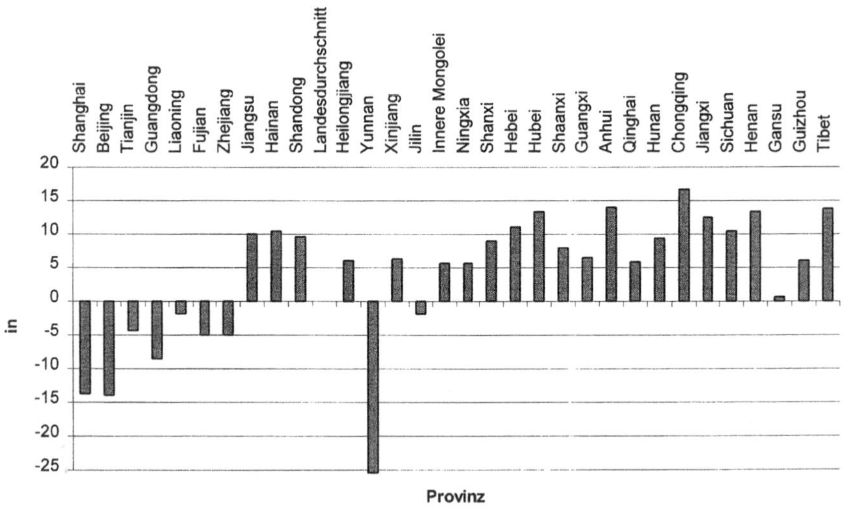

1) Rangfolge der Provinzen nach der Finanzkraft vor der Umverteilung.

Quelle: Eigene Berechnungen.

5.3.4 Wahl der Formen der Finanzzuweisungen

Im gegenwärtigen System gehören die meisten Zuweisungen (80%) zu den allgemeinen, nicht zweckgebundenen Zuweisungen. Die zweckgebundenen Zuweisungen machen nur einen geringen Anteil aus (vgl. Kapitel 4, Abschnitt 4.3.2.5, Punkt (3)). Nach der theoretischen Analyse von Musgrave ist jedoch zur Bereitstellung eines bestimmten Gutes eine zweckgebundene Zuweisung im Vergleich zu einer allgemeinen Zuweisung effizienter, insbesondere dann, wenn sie in Form einer an Eigenleistungen gebundenen Zuweisung erfolgt. Die Budgetkosten für die Zuweisung der Zentralregierung werden minimiert, wenn eine an Eigenleistungen gebundene Zweckzuweisung verwendet wird, um eine gewünschte öffentliche Leistung zu erhöhen (vgl. Kapitel 1, Abschnitt 1.4.2). Deshalb sollte der Anteil der zweckgebundenen Zuweisungen in China erhöht werden.

Im oben vorgeschlagenen neuen Transferzahlungssystem sollten die Finanzzuweisungen in folgenden Formen vergeben werden:

a) Die nach der neuen Regelung verteilten Steuerrückerstattungen sollten als allgemeine Zuweisungen ohne Auflage vergeben werden; sie dienen ausschließlich zur Verstärkung der Haushalte der untergeordneten Gebietskörperschaften.

b) Beim horizontalen Finanzausgleich sollten grundsätzlich die allgemeinen Zuweisungen als Instrument verwendet werden, aber die Verwendungsbereiche der Mittel sollten beschränkt werden. Sie sollten v.a. nicht in konsumtiven Bereichen eingesetzt werden.

c) Die vertikalen Zuweisungen mit horizontalem Effekt sollten in der Form von zweckgebundenen Zuweisungen ausgezahlt werden. Ihre Verwendung sollte jedoch auf bestimmte Bereiche, z.B. das Bildungswesen oder den Infrastrukturaufbau, beschränkt werden und nicht bestimmte Projekte umfassen, da in China, das ein großes Staatsgebiet und bedeutende regionale Unterschiede hat, die lokalen Gebietskörperschaften
über bessere Informationen verfügen, um eine effiziente Auswahl der Projekte zu treffen.

d) Die Sonderbedarfszuweisungen als zweckgebundene Zuweisungen sollen an konkrete Projekte anknüpfen.

5.3.5 Vorschläge für die Verbesserung des Berechnungsmodells der Finanzzuweisungen

Das derzeit geltende Berechnungsmodell der Finanzzuweisungen ist im wesentlichen rational. Dennoch können einige Vorschläge für eine weitere Verbesserung gemacht werden.

5.3.5.1 Vorschlag für die Ermittlung des Finanzbedarfs

Bei der Ermittlung der Standardausgaben sollten aus pragmatischen Gründen nur wenige wichtige und objektive Faktoren ausgewählt werden, anstatt eine Vielzahl von Faktoren zu berücksichtigen (vgl. HUANG 1997, S. 26). Sodann sollte das Indikatorensystem, das vorwiegend auf die Zahl der im öffentlichen Dienst Beschäftigten abstellt, verändert werden (vgl. Kapitel 4, Abschnitt, 4.3.2.5, Punkt (2)). Das Übergangsmodell von 1995 wurde nach dem Prinzip ausgestaltet, dass mit den Finanzzuweisungen die dringendsten finanziellen Probleme der lokalen Gebietskörperschaften gelöst werden sollen. Deshalb war die Gewährleistung der Minimalbedürfnisse der lokalen Regierungen, wie z.B. die Auszahlung der Gehälter der im öffentlichen Dienst Beschäftigten, das wichtigste Ziel. In der Zukunft sollte die Vergabe der Finanzzuweisungen auf eine Nivellierung bei der Bereitstellung der öffentlichen Güter abzielen. Mehrere Faktoren bezüglich der Förderung der Bereitstellung von wichtigen öffentlichen Gütern, wie z.B. Bildung, Infrastruktur und Polizei, sollen statt der Zahl der im öffentlichen Dienst Beschäftigten berücksichtigt werden.

5.3.5.2 Vorschlag für die Schätzung der Finanzkraft

Bei der Schätzung der Finanzkraft sollte die Methode, wonach die Standardeinnahmen wegen des Mangels an Daten durch die aktuellen Einnahmen der lokalen Gebietskörperschaften ersetzt oder nach der Formel „Basiseinnahmen x (1 + Wachstumsrate der zusammenhängenden Faktoren)“ berechnet werden, verbessert werden. Um die negativen Wirkungen dieser Methode (vgl. Kapitel 4, Abschnitt 4.3.2.5, Punkt (2)) zu verringern, sind folgende Maßnahmen zu ergreifen, die in drei Schritten erfolgen sollten:

Schritt 1: Die Finanzkraft der lokalen Gebietskörperschaften wird nach der bislang geltenden Methode berechnet.

Schritt 2: Die Finanzkraft der lokalen Gebietskörperschaft wird sodann mit der von Ma vorgeschlagenen Methode als Überprüfungskriterium berechnet. Ma nennt zwei Indikatoren zur Steuerschätzung im Fall Chinas: Das BIP oder der gesamte Umsatz des Einzelhandels und die Gewinne (vor Steuerabzug) der staatlichen Industrieunternehmen in der jeweiligen lokalen Gebietskörperschaft. Eine von ihm durchgeführte Regressionsanalyse zeigt, dass das BIP der Provinzen 75% dieser Streuung erklären kann, während der Gesamtumsatz und die Gewinne der staatlichen Unternehmen in der jeweiligen Provinz 88% der Streuung in der Finanzkraft zwischen den Provinzen erklären können. Deshalb wendet Ma die letztgenannte Methode an. Seine Berechnungsformel lautet wie folgt (vgl. MA 1998, S. 96 f.):

$$FK_i = aU_i + bG_i$$

wobei
FK_i: Finanzkraft der Provinz i;
U_i: Gesamtumsatz des Einzelhandels in der Provinz i;
G_i: Gewinne der staatlichen Industrieunternehmen in der Provinz i;
a und b: Gewichtungskoeffizienten.

Für 1994 erhält Ma mit der Regressionsanalyse folgendes Resultat :

$$FK_i = 0{,}0896U_i + 0{,}1679G_i$$

Schritt 3: Die in Schritt 1 berechnete Finanzkraft der lokalen Gebietskörperschaften wird mit dem Schätzergebnis aus Schritt 2 verglichen und zugleich ein Abweichungsbereich definiert. Falls die im Schritt 1 berechnete Finanzkraft einer lokalen Gebietskörperschaft den Abweichungsbereich überschreitet, soll die in Schritt 1 ermittelte Finanzkraft entsprechend korrigiert werden.

5.3.5.3 Berücksichtigung der Kostenunterschiede bei der Bereitstellung öffentlicher Güter

Bei der Bereitstellung öffentlicher Güter existieren große regionale Unterschiede in den Kosten, insbesondere in China mit seinen großen regionalen Unterschieden in den natürlichen Bedingungen. Aus klimatischen Gründen sind die Kosten z.B. für den Bau von Gebäuden, für die Erhaltung der Straßenbahn und die Heizung in Nordchina viel höher als in Südchina (vgl. Kapitel 2, Abschnitt 2.3.2). Wegen der Unterschiede in der Wirtschaftsentwicklung sind sodann die Gehälter und Lebenshaltungskosten in Südostchina deutlich höher. Deshalb sind die Personalkosten und die Sozialhilfe für Bedürftige dort relativ hoch. Solche Kostenunterschiede sollen bei der Berechnung der Finanzzuweisungen berücksichtigt werden. So wäre es denkbar, dass die lokalen Gebietskörperschaften bei der Ermittlung einer Art von Standardausgaben nach objektiven Kriterien, wie z.B. nach der jahresdurchschnittlichen Temperatur, in Regionen eingeteilt werden, und mit Hilfe von regionenspezifischen Koeffizienten der jeweilige Finanzbedarf ermittelt wird.

5.3.5.4 Einführung eines Anreizmechanismus

Der Vorschlag, eine Anreizprämie für überproportionale Steuermehreinnahmen gegenüber dem Vorjahr einzuführen, zielt darauf ab, die Bemühungen der armen Regionen zur Förderung eines selbsttragenden Aufschwungs zu fördern. Konkret könnte dies so aussehen, dass ein Teil, z.B. 10%, der überproportionalen Steuermehreinnahmen je Einwohner bei der Finanzkraftermittlung unberücksichtigt bleibt.

5.3.6 Maßnahmen zur Finanzierung des Finanzausgleichs

Zur Finanzierung der Finanztransfers zwischen West- und Ostdeutschland nach der deutschen Vereinigung hat Deutschland fünf Maßnahmen ergriffen: 1. Steuererhöhungen; 2. Erhöhung der Sozialabgaben; 3. öffentliche Kreditaufnahme; 4. Verkauf öffentlichen Vermögens; (5) Ausgabenkürzungen (vgl. Kapitel 2, Abschnitt 2.1.5.2). In China sind die meisten dieser Maßnahmen ebenfalls durchführbar. China kann außerdem die Finanztransfers durch eine effektivere Steuerverwaltung mit dem Ziel der besseren Nutzung bestehender Steuerquellen finanzieren.

5.3.6.1 Öffentliche Kreditaufnahme

In China gibt es sehr hohe private Ersparnisse. Weil ein umfassendes Soziaversicherungssystem fehlt, müssen die privaten Haushalte hierfür Rücklagen bilden. Zudem haben die Chinesen traditionell eine niedrige Konsumquote. Nach einer Statistik der Weltbank lag die inländische Sparquote in China im Jahre 1998 bei 43%, während sie weltweit 23% betrug. In den Ländern mit einem niedrigen Volkseinkommensniveau (außer China und Indien) lag sie sogar nur bei 17% und in den Ländern mit einem mittleren und hohen Volkseinkommensniveau bei 22% (vgl. HU 2001, S. 15). Auch nach Abzug des Sparens von Unternehmen und des Staates steht die Sparquote der privaten Haushalte in China an der Weltspitze (vgl. HU 2001, S. 15). Tab. 5.10 zeigt zudem, dass die Sparquote[31] der städtischen privaten Haushalte in China von 8,91% im Jahre 1985 auf 21,2% im Jahre 1999 angestiegen ist.

---

[31] Die Sparquote wird hier als die Differenz zwischen dem verfügbaren Pro-Kopf-Einkommen und den Pro-Kopf-Konsumausgaben im Verhältnis zum verfügbaren Pro-Kopf-Einkommen definiert.

Tab. 5.10: Entwicklung des Pro-Kopf-Einkommens und der Sparquote der städtischen privaten Haushalte in China 1985 bis 1999

Jahr	Verfügbares Pro-Kopf-Einkommen (in Yuan)	Pro-Kopf-Konsumausgaben (in Yuan)	Sparquote[1)] (in %)
1985	739,08	673,20	8,91
1990	1510,16	1278,89	15,31
1995	4283,00	3537,57	17,40
1998	5425,05	4331,61	20,16
1999	5854,02	4615,91	21,15

1) Die Sparquote ergibt sich, indem die Differenz zwischen dem verfügbaren Pro-Kopf-Einkommen und den Pro-Kopf-Konsumausgaben zum verfügbaren Pro-Kopf-Einkommen ins Verhältnis gesetzt wird.

Quelle: STATISTISCHES JAHRBUCH CHINAS 2000, S. 313; eigene Berechnungen.

Tab. 5.11 informiert über das absolute Volumen und die Struktur der Spareinlagen der privaten Haushalte in den Jahren 1985 bis 1999. Die Zuwachsraten sind beachtlich. Trotz der sehr niedrigen Zinssätze wuchsen die Einlagen im Jahr 2001 weiter auf 7400 Mrd. Yuan bzw. um 14% (vgl. HU 2002, S. 60). Ein großer Teil der Spareinlagen der privaten Haushalte sind langfristige Einlagen als Vorsorge für die Bildung der Kinder, die eigene Alterssicherung und unerwartete Ereignisse. Deshalb lag der Anteil der Festzins-Spareinlagen an den Gesamteinlagen durchweg bei mehr als 75% (vgl. Tab. 5.11). Wegen der niedrigen Sparzinssätze und der hohen Volatilität der Aktienkurse neigen die privaten Haushalte zu Investitionen in Staatsobligationen. Seit einigen Jahren können die jährlich emittierten staatlichen Schatzanweisungen die Nachfrage sogar nicht voll befriedigen. Da die staatliche Schuldenstandsquote[32] im Jahre 1999 nur 15% und im Jahre 2000 14% betrug, gibt es in China noch hinreichende Spielräume für weitere Kreditaufnahme des Staates[33] (vgl. HU 2002, S. 61).

[32] Hier enthalten die staatlichen Schulden nur im Inland und im Ausland aufgenommene Regierungskredite.

[33] In der Europäischen Union wurde im eine Obergrenze der Schuldenstandsquote des Staates von 60% festgelegt. Diese Grenze wurde inzwischen von Deutschland erreicht (vgl. BOHNET, HECK 1999, S. 116).

Tab. 5.11: Depositen der privaten Haushalte in China 1985 bis 1999, Jahresende

Jahr	Gesamt (in Mrd. Yuan)	Festzins-Spareinlagen	
		Betrag (in Mrd. Yuan)	Anteil (in %)
1985	162,3	122,5	75,5
1990	712,0	591,1	83,0
1995	2966,2	2377,8	80,2
1996	3852,1	3087,3	80,1
1997	4628,0	3622,7	78,3
1998	5340,8	4179,2	78,2
1999	5962,2	4495,5	75,4

Quelle: STATISTISCHES JAHRBUCH CHINAS 2000, S. 312; eigene Berechnungen.

Wichtig ist, dass China bei der Verwendung der auf diese Weise aufgebrachten Mittel eine Lehre aus den negativen Erfahrungen von Deutschland bei den Transfers von West- nach Ostdeutschland (vgl. Kapitel 2, Abschnitt 2.2.2.3) zieht: Die Mittel dürfen nicht für den Konsum verwendet werden; vielmehr müssen sie über Zweckzuweisungen in den Aufbau und Ausbau der Infrastruktur der armen Regionen investiert werden. Mit der dadurch geförderten Wirtschaftsentwicklung in den rückständigen Regionen werden sich auch die Steuereinnahmen erhöhen und so die Schulden und Zinsen zurückgezahlt werden können.

5.3.6.2 Verkauf von Staatsvermögen

Bis Ende 2000 belief sich der Wert des Staatsvermögens in China auf 9885,92 Mrd. Yuan. Davon entfielen auf das gewerbliche Staatsvermögen 6806,26 Mrd. Yuan (vgl. HU 2002, S. 62). Daraus folgt, dass ein großer Anteil (68,8%) des Staatsvermögens in Bereichen eingesetzt wird, die in Marktwirtschaften zum privaten Sektor gehören (vgl. LIANG 1996, S. 31). Mit der Transformation von der Plan- zur Marktwirtschaft muss sich der Staat aus diesen „aufgabenüberschreitenden" Bereichen zurückziehen. Die kleinen staatlichen Unternehmen können – was teilweise schon geschehen ist – verkauft werden. Die Großunternehmen können durch Bildung von Aktiengesellschaften oder Dachgesellschaften zunächst kommerzialisiert und dann durch die Verringerung des staatlichen Aktienanteils privatisiert werden. Daraus erzielte Erlöse können dazu verwendet werden, bessere infrastrukturelle Rahmenbedingungen für die Wirtschaftsentwicklung in den armen Regionen zu schaffen.

5.3.6.3 Erhöhung der Steuereinnahmen

Nach Berechnungen von Pang und Zhang haben zwar die Finanzeinnahmen seit 20 Jahren mit dem Wachstum des BIP ständig zugenommen, jedoch betrug die Inlandsproduktselastizität der Finanzeinnahmen lediglich 0,7 (vgl. PANG, ZHANG 2002, S. 23). Der Anteil der staatlichen Einnahmen am BIP liegt heute nur bei ca. 15% (vgl. Kapitel 4, Abschnitt 4.2.3). Dieser Anteil sollte schrittweise auf mindestens ca. 25% erhöht werden, was einem Niveau entspricht, das zwischen demjenigen der Entwicklungsländer und der entwickelten Länder liegt (vgl. HU 1997, S. 1; LIU 1997, S. 48; CHEN 2002, S. 67). Gleichzeitig müsste sichergestellt werden, dass die Wachstumsrate der öffentlichen Einnahmen mit derjenigen des BIP Schritt hält. Es ist allerdings nicht machbar, dieses Ziel durch eine Erhöhung der nominalen Steuersätze zu erreichen, da dies wachstumsverlangsamend wirkt (vgl. ZHANG, L. 1999, S. 94 f.). In der Tat resultiert die niedrige Steuerquote in China nicht aus einer niedrigen nominalen Steuerbelastung. Das Problem liegt in der Steuerverwaltung und in einer Reihe von Ausnahmeregelungen. Durch folgende zwei Maßnahmen kann die Steuerquote erhöht werden: Der Abbau von Steuerbegünstigungen und die Verbesserung der Steuererhebung.

China hat nach der Reform 1978 vor allem für ausländische Investoren umfangreiche Steuervergünstigungen gewährt. Zwar hat die Zentralregierung die Steuerermäßigungsrechte der lokalen Gebietskörperschaften nach der Reform 1994 zurückgenommen; auch werden die Steuerermäßigungen strenger kontrolliert. Dennoch gibt es immer noch viele Steuervergünstigungen, wie z. B. Steuerrückerstattungen für alte (früher gegründete) Unternehmen mit Beteiligung von ausländischem Kapital, Steuervergünstigungen für bestimmte Regionen, für die von Universitäten betriebenen Unternehmen und für Unternehmen mit Wohlfahrtszwecken. Diese Steuerermäßigungen führen noch immer zu hohen Steuerausfällen (vgl. HOU 2002, S. 32). Noch gravierender ist, dass die Wachstumsrate der Steuerermäßigungen höher ist als die Wachstumsrate der Staatseinnahmen. Durch diese Sonderbehandlung bei der Besteuerung werden gleichzeitig andere Regionen und inländische Unternehmen derselben Region benachteiligt. So beträgt z.B. die effektive Steuerbelastung mit Körperschaftsteuer für die inländischen Unternehmen derzeit 25%, während sie für die ausländischen Unternehmen bei 14,6% liegt (vgl. LI, LAI 2001, S. 47). Diese Steuervergünstigungen können relativ einfach dadurch beseitigt werden, dass ein allgemeiner einheitlicher Steuersatz für alle inländischen und ausländischen Unternehmen erhoben wird.

Neben dem Abbau von Steuervergünstigungen sollte die Steuererhebung verstärkt werden. Derzeit liegt der Anteil der Staatsunternehmen am BIP bei ca. 30%, während die Steuereinnahmen aus Staatsunternehmen etwa 70% aller Steuereinnahmen ausmachen (vgl. ZHU 2002, S. 67). Daraus muss der Schluss gezogen werden, dass die Steuereinnahmen aus Nicht-Staatsunternehmen im Vergleich zu ihrem Produktionswert zu gering sind. Nach einer Untersuchung von ZHU beträgt der Anteil der Staats- und Kollektivunternehmen, die Steuerhinterziehung betreiben, an allen Staats- und Kollektivunternehmen 50% bis 60%, bei den Individuen und privaten Unternehmen jedoch 80%. Dies führt nach Schätzungen der Statistikbehörde zu einem jährlichen Steuerverlust in Höhe von ca. 100 Mrd. Yuan oder ca. 20% der Gesamtsteuereinnahmen (vgl. ZHU 2002, S. 67). Bei der Steuerprüfung 1998 belief sich die Summe der Steuernachzahlungen und Bestrafungen auf 50 Mrd. Yuan und hat damit im Vergleich zum Vorjahr deutlich zugenommen (vgl. ZHANG 1999, S. 91). Deshalb ist die Verschärfung der Kontrollen und der Bestrafung im Falle der Steuerhinterziehung eine wichtige Voraussetzung für die Erhöhung des Anteils der Steuereinnahmen am BIP. Dies kann u.a. dadurch erreicht werden, dass die Qualifikation und die Moral der Steuerbeamten, das Steuermanagement und die erforderliche technische Ausstattung deutlich verbessert werden.

5.4 Vorschläge für begleitende Reformen

Neben den erwähnten Vorschlägen für die Verbesserung der Aufgaben- und Ausgabenverteilung, der Einnahmenverteilung und der Transferzahlungen sind folgende Reformmaßnahmen zu ergreifen, um die Umsetzung aller neuen Regelungen für den Finanzausgleich sicherzustellen.

5.4.1 Schaffung gesetzlicher Rahmenbedingungen für das Finanzausgleichssystem

Der Aufbau eines durch Gesetz abgesicherten Finanzausgleichssystems in China ist eine drängende Aufgabe. Es muss vor allem ein spezielles Finanzausgleichsgesetz in Kraft gesetzt werden, in dem die Verteilung der Aufgabenkompetenzen, die Verantwortung über die Ausgaben, die Verteilung der Steuereinnahmen sowie die Regelungen für die Finanztransferzahlungen präzise geregelt werden. Entsteht ein Veränderungsbedarf, müssen die entsprechenden Regelungen in einem legislativen Verfahren revidiert, genehmigt und erlassen werden (vgl. LAO 1998, S. 32). Dann soll die Entscheidungskompetenz über die finanzielle Verteilung zwischen der Zentrale und den Provinzen von der Zentralregierung an den Volkskongress zurückgegeben werden (vgl. MA 1997a, S. 67, 89 f.; WANG 97, S. 118 ff.; MITO 1995, S. 19 f.).

5.4.2 Aufbau einer neuen Instanz für die Durchführung der Finanztransfers

Um die Umsetzung des gesetzlich geregelten Finanzausgleichs sicherzustellen und die Rechte der lokalen Gebietskörperschaften vor Interventionen der Zentralregierung zu schützen, sollte eine unabhängige (neutrale) Instanz, die für den Vollzug des Finanzausgleichs zuständig ist, eingerichtet werden. Dies ist notwendig, denn in China fehlen nicht nur die erforderlichen Gesetze, sondern es besteht auch die Problematik, dass vorhandene Gesetze nicht umgesetzt werden. Oft setzen sich die Verwaltungen auch über die Gesetze hinweg. Zudem werden Gesetze von den Regierungen beliebig interpretiert und angewendet.

Die Aufgaben dieser Instanz wären hauptsächlich:

- Erarbeitung von Reformvorschlägen zur Verbesserung des Finanzausgleichssystems und Weiterleitung an den Nationalen Volkskongress zur Überprüfung und Beschlussfassung;

- Berechnung der Beträge der Finanzzuweisungen;

- Kontrolle der Durchführung der Finanztransfers zwischen der Zentralregierung und den lokalen Gebietskörperschaften sowie der horizontalen Transferzahlungen, um Verzögerungen oder Kürzungen der Transferzahlungen zu vermeiden;

- Verhinderung der Aufgabenverschiebung von der Zentralregierung auf die unteren Ebenen (vgl. MA JUN 1997a, S. 28);

- Überwachung der Verwendung der Finanztransferzahlungsmittel und Überprüfung der Durchführungsergebnisse.

Die Autorin hält die Intensivierung der Überwachung bei der Verwendung der Transferzahlungsmittel für besonders wichtig. Die Zielsetzung des Einsatzes der Finanztransfers liegt darin, die Wirtschaftsentwicklung in den armen Regionen zu fördern und endlich einen selbsttragenden Aufschwung zu initiieren. Deshalb muss sichergestellt werden, dass die Transferzahlungsmittel nicht einfach in Konsumbereichen eingesetzt werden. Ein Kontrollsystem zur Überwachung der Mittelverwendung im Sinne des vorgegebenen Zwecks ist zu errichten. Die Überprüfung der Durchführungsergebnisse sollte jährlich vorgenommen werden. Auch sollten im Gesetz für einheitliche Regelungen Sanktionen für den Fall vorgesehen werden, dass die Mittel zweckentfremdet werden (vgl. MI 1999, S. 22; XU 2002, S. 47).

An der Erarbeitung der Veränderungsvorschläge für die Finanzausgleichsregelungen sollten die Vertreter der Lokalregierungen beteiligt werden, so wie in Deutschland die

Länder bei Entscheidungen über den Finanzausgleich über die Beteiligung des Bundesrates ein Mitwirkungsrecht haben. Um die Interessen der Minderheiten zu schützen, sollten nationale Wissenschaftler und ausländische Experten mit einbezogen werden. Alle wichtigen Entscheidungen sollten durch Abstimmung mit dem Quorum einer Zwei-Drittel-Mehrheit getroffen werden.

Zusammenfassung und Ausblick

Primäres Ziel der vorliegenden Arbeit war die Erarbeitung von Reformvorschlägen zur Neugestaltung eines leistungsfähigen Finanzausgleichssystems für die VR China. Die in Kapitel 5 präsentierten Schlussfolgerungen basieren auf theoretischen Überlegungen zum Finanzausgleich und berücksichtigen darüber hinaus Erfahrungen mit dem Finanzausgleichssystem Deutschlands.

Ausgangspunkt der Arbeit war die theoretische Grundlegung für die Ausgestaltung eines innerstaatlichen Finanzausgleichs. Zunächst wurden die Grundsätze der Aufgabenverteilung, insbesondere die Festlegung des optimalen Zentralisierungsgrads, diskutiert. Nach einer kurzen Abhandlung der Ausgabenverteilung lag der Schwerpunkt auf den Arten des Steuerzuteilungssystems und den Grundsätzen bei der Steuerverteilung im Rahmen der Einnahmenverteilung. Im Mittelpunkt stand der Finanzausgleich im engeren Sinne: Die Formen der Finanzzuweisungen, die Wirkungsanalyse der einzelnen Zuweisungsarten, die Ziele des Finanzausgleichs im engeren Sinne, die Wahl der geeigneten Zuweisungsinstrumente und die Ermittlung der Finanzzuweisungen sowie des geeigneten Ausmaßes des Finanzausgleichs. Diese Fragen wurden auch vor dem Hintergrund der Bedingungen in China diskutiert, da die allgemeinen Verteilungsprinzipien in einem Föderativstaat auch für die VR China als ein mehrstufiger zentralistischer Staat relevant sind.

Kapitel 2 fokussierte auf das Finanzausgleichssystem der Bundesrepublik Deutschland und aus den deutschen Erfahrungen abgeleitete Anregungen für die Neugestaltung des Finanzausgleichssystems in der VR China. Es wurde herausgestellt, dass China einerseits von den positiven Erfahrungen Deutschlands lernen kann, insbesondere was stabile und verbindliche gesetzliche Rahmenbedingungen für das Finanzausgleichssystem, die Mitwirkung des Bundesrats als Vertreter der lokalen Gebietskörperschaften und das Transferzahlungssystem in Form der Kombination von horizontalem und vertikalen Ausgleich anbelangt. Andererseits können die negativen Erfahrungen Deutschlands als Warnung bei der Ausgestaltung des Finanzausgleichsystems Chinas dienen, z.B. die geringe Autonomie der jeweiligen Gebietskörperschaften auf der Einnahmenseite, der übermäßige Nivellierungsgrad und die geringen Auswirkungen der Transfers in die neuen Bundesländer. Es wurde auch gezeigt, dass die Praxis des Finanzausgleichssystems in der Bundesrepublik Deutschland zwar wertvolle Anregungen für die VR China hinsichtlich der Ausgestaltung ihres eigenen Finanzausgleichssystems liefert. Allerdings müssen in China viele Besonderheiten bzw. Beschränkungen im Unterschied zu Deutschland bezüglich des Finanzausgleichs berücksichtigt werden. Z.B. muss in China als einem zentralistischen Staat die zentrale Ebene insbesondere in der Transformationsphase vergleichsweise mehr und umfangreichere Aufgaben übernehmen, so dass der Zentralstaat einen hohen Finanzbedarf hat. Außerdem hat China sehr große regionale Unterschiede, weshalb ein rein horizontaler Finanzausgleich nur beschränkte Effekte haben kann. Daneben ist China mit der Nationalitätenproblematik konfrontiert. Die nationalen Minderheiten haben eine schwache Finanzkraft, aber einen überdurchschnittlich hohen Finanzbedarf. Die Interessen der nationalen Minderheiten sind deshalb beim Finanzausgleich besonders zu berücksichtigen. Darüber hinaus gibt es in China sehr starken Widerstand der Lokalregierungen der reichen Regionen gegen weitere Reformen, um ihre bestehenden finanziellen Interessen zu verteidigen. Es muss daher bei der Reform versucht werden, möglichst wenig gegen die Interessen der finanzstarken Provinzen zu verstoßen und zugleich die Nivellierungswirkungen des Finanzausgleich zu verbessern.

In Kapitel 3 wurde die historische Entwicklung des Finanzausgleichssystem in der VR China von 1949 bis 1993 als Grundlage zur Beurteilung des gegenwärtigen Finanzausgleichssystems dargestellt und bewertet. Zwischen 1949 und 1993 wurde das Finanzausgleichssystem sehr häufig grundlegend geändert. Allerdings fehlte es an einer klaren Zielrichtung bei den Reformen. Das Finanzausgleichssystem wurde häufig als Instrument zur Durchsetzung übergeordneter politischer Ziele der politischen Entscheidungsträger eingesetzt. Mit den allgemeinen, im Jahre 1979 eingeführten Wirtschaftsreformen wurde auch das Finanzausgleichssystem grundlegend geändert. Entwicklungspolitisch gesehen ist dieses System des „Kochens in separaten Küchen" positiv zu bewerten, weil damit Initiativen der lokalen Ebenen zu vermehrter Mittelbeschaffung und Wirtschaftstätigkeit ausgelöst wurden. Allerdings führte es auch zur eine Reihe von Problemen. Ein großes Problem lag darin, dass es keine landesweit einheitlichen Finanzausgleichsregelungen gab. Die Einnahmenverteilung erfolgte in Form von vielfältigen Vertragsformen zwischen der Zentralregierung und den einzelnen lokalen Gebietskörperschaften. Außerdem fehlte in China bis 1993 ein Transferzahlungssystem, das die Disparität der öffentlichen Leistungen zwischen den reichen und den armen Regionen verkleinert. Zusammenfassend kann festgestellt werden, dass es der VR China bis 1993 nicht gelungen ist, ein geeignetes Finanzausgleichssystem zu finden, mit dessen Hilfe die Verteilung der Staatsfinanzen zwischen der Zentralregierung und den lokalen Gebietskörperschaften ökonomisch effizient und verteilungspolitisch gerecht geordnet worden wäre.

Kapitel 4 konzentrierte sich auf die Darstellung und Beurteilung des gegenwärtigen Finanzausgleichsystems Chinas. Als Grundlage für die Bewertung des 1994 eingeführten Finanzausgleichssystems – des so genannten Steuertrennsystems – wurden zunächst die Durchführungsergebnisse überprüft und gezeigt, dass das neue System einen deutlich positiven Effekt auf die Erhöhung der staatlichen Einnahmen und die Steueranstrengungen der lokalen Gebietskörperschaften hat. Bezüglich der Erhöhung des Anteils der Zentralregierung an den Gesamteinnahmen und der Steuerquote sowie der Verringerung der regionalen Unterschiede sind die positiven Wirkungen allerdings nicht ausreichend: Der angestrebte Anteil der Zentralregierung an den Gesamteinnahmen und an der Steuerquote wurde trotz der deutlichen Erhöhung der Werte nicht erreicht, und auch die Nivellierungswirkungen sind nicht groß genug, um die Vergrößerung der regionalen Unterschiede zu verhindern.

Insgesamt weisen die Durchführungsergebnisse des neuen Finanzausgleichssystems darauf hin, dass die Reform von 1994 erfolgreich gewesen ist. Allgemein stellt diese Reform einen entscheidenden Fortschritt bei der Entwicklung des Finanzausgleichssystems in der VR China dar. Die vielfältigen Vertragsformen zwischen der Zentralregierung und den einzelnen lokalen Gebietskörperschaften wurden durch ein landesweit einheitlich geregeltes Finanzausgleichssystem ersetzt. Einer der wichtigsten Fortschritte der Reform des Finanzausgleichssystems 1994 liegt darin, dass ein offizielles Transferzahlungssystem aufgebaut wurde. Fünf Arten von Transferzahlungen (Steuerrückerstattungen, Zuschüsse nach altem System, jahreabschlussbedingte Zuschüsse, zweckgebundene Zuschüsse und allgemeine Zuweisungen aus den zunehmenden Einnahmen) werden als gesetzliche Finanzzuweisungen jährlich an die lokalen Gebietskörperschaften transferiert. Insbesondere wurde ein „Übergangsmodell für die Finanztransferzahlungen", genauer eine Formel zur Ermittlung der Finanzzuweisungen, aufgestellt. Das ist das erste Mal, dass China bei der Verteilung der Finanzzuweisungen ein geregeltes und objektives Modell angewendet hat. Zugleich gibt es aber noch viele Probleme bei der Aufgaben-, Ausgaben- und Einnahmenverteilung, die aus dem Reformkonzept selbst resultieren. Ein Hauptproblem besteht darin, dass das Transferzahlungssystem dem Schutz der bestehenden finanziellen Interessen der lokalen Gebietskörperschaften dient. Deshalb hat es zu geringe Nivellierungswirkungen, um die Vergrößerung der regionalen Unterschiede zu verhindern.

Kapitel 5 befasste sich mit Reformvorschlägen zur Neugestaltung eines leistungsfähigen Finanzausgleichssystems für die VR China. Neben Vorschlägen für die Verbesserung der Verteilungsregelungen bezüglich der Aufgaben, Ausgaben und Einnahmen stand die Neugestaltung eines effektiven Transferzahlungssystems im Mittelpunkt. Es wurde ein konkretes Konzept zum Aufbau eines neuen Transferzahlungssystems erarbeitet, bei dem vertikaler und horizontaler Finanzausgleich kombiniert werden. Es besteht aus vier Teilschritten: 1. Verteilung der Steuerrückerstattungen nach einer neuen Regelung; 2. Einführung eines horizontalen Finanzausgleichs statt der Abführungen oder Zuschüsse nach altem System; 3. Erweiterung der vertikalen Zuweisungen mit horizontalem Effekt; 4. Auszahlung von Sonderbedarfszuweisungen. Die deutlichen Nivellierungswirkungen dieses neuen Transferzahlungssystems im Vergleich zum alten System wurden auch quantitativ ausführlich nachgewiesen. Außerdem wurden – gestützt auf die Erfahrungen Deutschlands – Maßnahmen zur Finanzierung des Finanzausgleichs vorgeschlagen, z.B. öffentliche Kreditaufnahme, Verkauf von Staatsvermögen und Abbau von Steuerbegünstigungen sowie die Verbesserung der Steuererhebungsverwaltung zur Erhöhung der Steuereinnahmen. Schließlich wurden Vorschläge für begleitende Reformen, wie die Schaffung gesetzlicher Rahmenbedingungen für das Finanzausgleichssystem und der Aufbau einer neuen Instanz für die Durchführung der Finanztransfers, vorgestellt.

Weiterer Forschungs- und Reformbedarf besteht insbesondere in Hinblick auf die Verteilungsbeziehungen unterhalb der Provinzebene, die im geltenden chinesischen Finanzausgleichssystem bisher noch nicht einheitlich geregelt sind. Derzeit existieren in China nur ungenügende Regelungen über die Zuweisung bzw. Verteilung von Finanzmitteln auf die dritte Ebene der Gebietskörperschaften, d.h. die Gemeinden und Kreise. Bis heute basiert die Finanzmittelausstattung der Gemeinden und Kreise auf vertraglichen Absprachen mit den zuständigen Provinzorganen, denen keine rechtlich bindenden langfristigen Regelungen zugrunde liegen. Dies reicht allerdings nicht aus, um alle Gemeinden mit den erforderlichen Finanzmitteln zur Erfüllung ihrer Aufgaben auszustatten. Es fehlt vor allem eine Steuer, die für die Kommunen als Haupteinnahmequelle fungieren könnte, so dass sich die lokalen Gebietskörperschaften einen Teil der Finanzmittel selbst beschaffen müssen. Hieraus resultiert ein Verhalten, das unter finanzpolitischen Gesichtspunkten äußerst irrational ist. Beispielsweise werden die in den Haushaltsplan einzustellenden Finanzmittel in außerbudgetäre Mittel umgewandelt, also in eine Art Fondswirtschaft überführt. Daneben gibt es die so genannten selbsterwirtschafteten Finanzmittel, die völlig außerhalb der öffentlichen Budgets in Form von Fonds, Strafen, Gebühren und erzwungenen Spenden für zumeist konkrete Projekte beschafft und eingesetzt werden. Z.B wurden neben der Fahrzeugsteuer sechs Arten von auf Fahrzeuge bezogenen Gebühren und Fonds für die Fahrzeugsteuerpflichtigen erhoben, weil die Fahrzeugsteuer nicht ausreichend ist, um Aufbau und Erhaltung der Verkehrsinfrastruktur zu decken. In den letzten Jahren wurden zwar von der Zentrale eine Reihe von Gesetzen zur Neugestaltung des Haushaltswesens beschlossen. Bisher ist es allerdings nicht gelungen, budgetäre, außerbudgetäre und selbsterwirtschaftete Mittel in einen gemeinsamen Haushalt zu überführen. Deshalb gibt es hier also noch erheblichen Bedarf an praktischen Reformen, aber auch an entsprechenden finanzwissenschaftlichen Expertisen.

LITERATURVERZEICHNIS

ALLGEMEINE ABTEILUNG DES FINANZMINISTERIUMS (1982), Historische Materialien der öffentlichen Finanzen der VR China (Bd. I) (chin.), Beijing.

ALLGEMEINE ABTEILUNG DES FINANZMINISTERIUMS (1989), Finanzstatistik Chinas (1950-1988), Beijing.

ALLGEMEINE ABTEILUNG DES FINANZMINISTERIUMS (1992), Finanzstatistik Chinas (1950-1991), Beijing.

ALVIN, H.H.; HARVEY, S.P. (1944), State und Local Finance in the National Economy, New York.

ANDEL, N. (1998), Finanzwissenschaft, 4. Aufl., Tübingen.

ARNOLD, V.; GESKE, O.-E. (Hrsg.) (1988), Öffentliche Finanzwissenschaft, München.

ARONSON, J.R. (1985), Public Finance, New York.

BARETTI, C.; HUBER, B.; LICHTBLAU, K. (2001), Weniger Wachstum und Steueraufkommen durch den Finanzausgleich, in: Wirtschaftsdienst, Nr. 1, S. 38-44.

BELL, C. (1998), Der fiskalische Föderalismus in der Russischen Föderation, Baden-Baden.

BENKERT, W. (1984), Die Theorie der Zuweisungen, in: WISU, Nr. 1, S. 43-49 und 93-97.

BICKEL, W. (1956), Der Finanzausgleich, in: GERLOF, W.; NEUMARK, F. (Hrsg.): Handbuch der Finanzwissenschaft, 2. Auflage, Band II, Tübingen, S. 730-788.

BOHNET, A.; HECK, S. (1998), Die deutsche Wirtschafts- und Finanzpolitik nach der Vereinigung, Finanzwissenschaftliches Arbeitspapier Nr. 55, Gießen.

BOHNET, A.; HECK, S. (1999), Deutsche Wirtschafts- und Finanzpolitik nach der Vereinigung (chin.), in: SEIDELMANN, R. (Hrsg.): Die Bundesrepublik Deutschland: Ein politisches Porträt, Shanghai, S. 99-118.

BOHNET, A.; HECK, S. (2000), Ausgewählte Vereinigungswirkungen der Finanztransfers zwischen West- und Ostdeutschland nach der deutschen Vereinigung, in: LÜDEKE, R.; SCHERF, W.; STEDEN, W. (Hrsg.): Wirtschaftswissenschaft im Dienste der Verteilungs-, Geld- und Finanzpolitik, Berlin, S. 131-162.

BOHNET, A. u.a. (2001), Theoretische Grundlagen und praktische Gestaltungsmöglichkeiten eines Finanzausgleichssystems für die VR China, Frankfurt am Main.

BOSS, A. u.a. (1998), Bundesrepublik Deutschland: Tempo des Aufschwungs bleibt gering, in: Die Weltwirtschaft, Nr. 1, S. 22-41.

BRÜMMERHOFF, D. (1996), Finanzwissenschaft, 7. Aufl., München.

BUCHANAN, J.M. (1950), Federalism and Fiscal Equity, in: American Economic Review, Vol. 40(4), S. 583-599.

BUCHANAN, J.M. ; FLOWERS, M.R. (1960), The Public Finances: An introductory textbook, 6. Aufl., Irwin.

BUNDESMINISTERIUM DER FINANZEN (1998a), Die Finanzverteilung in der Bundesrepublik Deutschland, Bonn.

BUNDESMINISTERIUM DER FINANZEN (1998b), Unsere Steuern von A bis Z, Bonn.

BUNDESMINISTERIUM DER FINANZEN (2000), Vorläufige Abrechnung des Finanzausgleichs 1999, Bonn.

BUNDESMINISTERIUM DER FINANZEN (2001a), Unsere Steuern von A bis Z, Berlin.

BUNDESMINISTERIUM DER FINANZEN (2001b), Vorläufige Abrechnung des Finanzausgleichs 2000, Bonn, http://www.bundesfinanzministerium.de, abgerufen am 21.07.2001.

BURCHARDT, M. (1992), Die Praxis des aktuellen Länderfinanzausgleichs und das Problem der Integration der neuen Bundesländer, in: WSI-Mitteilungen, Nr. 9, S. 577-590.

CHEN, G. (1999), Finanzwissenschaft (chin.), Beijing.

CHEN, J.; CHEN, H. (2000), Transferzahlungen zwischen den Regierungen in China 1952 bis 1997 (chin.), in: Finance and Taxation, Nr. 1, S. 63-68.

CHEN, L. (2002), Die Steuerbelastung in China: Zustand und Gegenmaßnahmen (chin.), in: Finance and Trade Economics, Nr. 10, S. 66-70.

CHEN, R. (Hrsg.) (1987), Die öffentlichen Finanzen Chinas in der Gegenwart (chin.), Beijing.

CONG, M. (1998), Konzepte für die Vertiefung der Reform des Finanz- und Steuersystems (chin.), in: China State Finance, Nr. 7, S. 17-19.

CONG, S. (1998), Die Reformen des öffentlichen Finanzsystems in den vergangenen 20 Jahren im Rückblick und Aussichten für die Zukunft (chin.), in: Journal of Finance and Economics, Nr. 12, S. 12-21.

CONG, S. (1998), Studien zur Politik der Makroökonomie Chinas (chin.), Shanghai.

CUI, W. (1997), Das Finanzausgleichssystem und die Arten von Finanzzuweisungen in den westlichen Ländern (chin.), in: World Economy, Nr. 11, S. 47-50.

CUI, W. (1998), Drängende Reform des aktuellen Finanzausgleichssystems in China (chin.), in: China State Finance, Nr. 9, S. 16-17.

DAI, Y.; XU, Y. (1992), Reform des öffentlichen Finanzsystems und Umgestaltung der Finanzbeziehungen zwischen der zentralen Regierung und den lokalen Gebietskörperschaften (chin.), in: Economist, Nr. 4, S. 5-14 .

DICKERTMANN, G.; GELBHAAR, S. (1996), Finanzverfassung und Finanzausgleich – Darstellung und Kritik des Finanzausgleichs in Deutschland, in: Das Wirtschaftsstudium, Nr. 5, S. 486-496.

DIW (HRSG.) (1996), Sind die Finanzprobleme in Ostdeutschland durch die Neuordnung des Finanzausgleichs gelöst? Zur Finanzlage der ostdeutschen Länder und Gemeinden, in: DIW-Wochenbericht, Nr. 17, S. 267-276.

DIW (Hrsg.) (1998), Länderfinanzausgleich: Neuer Verteilungsstreit zwischen West und Ost, in: DIW-Wochenbericht, Nr. 7, S. 133-147.

DIW (Hrsg.) (2000), Quo vadis, Länderfinanzausgleich?, in: DIW-Wochenbericht, Nr. 26, S. 395-405.

DIW (Hrsg.) (2001), Die Einwohnerwertung der Stadtstaaten im Länderfinanzausgleich - mehr als gerechtfertigt, in: DIW-Wochenbericht, Nr. 11-12, S. 173-185.

DONG, F. (1996), Zentralisierung und Dezentralisierung - Gestaltung der Beziehungen zwischen der Zentralregierung und den lokalen Gebietskörperschaften (chin.), Beijing.

DÖRING, T. (2001), Institutionenökonomische Fundierung finanzwissenschaftlicher Politikberatung, Marburg.

ELTGES, M.; ZARTH, M.; JAKUBOWSKI, P. (2001), Abstrakte Mehrbedarfe sind keine Fiktion, in: Wirtschaftsdienst, Nr. 6, S. 323-330.

FAN, J.; ZHU, G. (2002), Die Entwicklung der regionalen Unterschiede in China und ihre Strukturanalyse (chin.), in: Finance and Taxation, Nr. 7, S. 37-44.

FAN, L.; WANG, D. (2001), Empirische Analyse der lokalen Ausgabenstruktur in China, (chin.), in: Reform, Nr. 3, S. 71-80.

FENG, X.; ZHENG, Y. (1999a, b, c, d), Analyse und Konzept eines Standardtransferzahlungssystems (chin.), in: China State Finance, Nr. 9, 1999a, S. 50-52; Nr. 10, 1999 b, S. 47-49; Nr. 11, 1999c, S. 52-52; Nr. 12, 1999d, S. 47-48.

FISCHER, H. (1988), Finanzzuweisungen: Theoretische Grundlegung und praktische Ausgestaltung im bundesstaatlichen Finanzausgleich Australiens und der Bundesrepublik Deutschland, Berlin.

FISCHER, H. (1989), Zur „Reform" des Länderfinanzausgleichs, in: Das Wirtschaftswissenschaftliche Studium, Nr. 3, S. 112-118.

FORSCHUNGSGRUPPE DES LOKALEN STEUERAMTS DER STADT WUHAN (2001), Studien zur Steuerart und Steuergesetzgebung der lokalen Steuern, Nr. 5, S. 84-85.

FORSCHUNGSGRUPPE FÜR „TRANSFERZAHLUNGEN ZWISCHEN DEN GEBIETS-KÖRPERSCHAFTEN" DES FORSCHUNGSINSTITUTES AM FINANZMINISTERIUM (1995), Diskussionen über die Vervollkommnung des Transferzahlungssystems in China (chin.), in: The Study of State Finance, Nr. 9, S. 2-12.

FORSCHUNGSGRUPPE FÜR „VERTEILUNG DER STEUERGESETZGEBUNGS-KOMPETENZEN" (2001), Bericht über die Forschungsergebnisse der Verteilung der Steuergesetzgebungskompetenzen (chin.), in: Finance and Trade Economics, Nr. 1, S. 19-24.

FOX, K.P. (2001), Schieflagen in der Diskussion des grundgesetzlichen Finanzausgleichs, in: Wirtschaftsdienst, Nr. 6, S. 340-342.

FREY, B.S.; KIRCHGÄSSNER, G. (1994), Demokratische Wirtschaftspolitik: Theorie und Anwendung, 2. Aufl., München.

GAO, J. (1996), Anmerkungen zum Steuertrennsystem (chin.), in: Finance and Trade Economics, Nr. 4, S. 61-62.

GE, Z. (1998), Kommentar über „die Transferzahlungsmethode in der Übergangsphase" (chin.), in: The Study of State Finance, Nr. 2, S. 49-51.

GESKE, O.-E. (1991), Die Finanzierung der ostdeutschen Länder nach dem Einigungsvertrag, in: Wirtschaftsdienst, Nr. 1, S. 33-39.

GESKE, O.-E. (1993), Unterschiedliche Anforderungen an den neuen Länderfinanzausgleich, in: Wirtschaftsdienst, Nr. 2, S. 71-78.

GESKE, O.-E. (1999), Worüber entscheidet das Bundesverfassungsgericht beim Länderfinanzausgleich?, in: Wirtschaftsdienst, Nr. 8, S. 487-496.

GESKE, O.-E. (2001), Wenn gesetzliche Konkretisierungen zu allgemeinen Maßstäben führen sollen, in: Wirtschaftsdienst, Nr. 4, S. 214-221.

GOTTFRIED, P.; WIEGARD, W. (1991), Finanzausgleich nach der Vereinigung: Gewinner sind die alten Länder, in: Wirtschaftsdienst, Nr. 9, S. 453-461.

GRAMLICH, E.M. (1977), Intergovernmental Grants: A Review of the Empirical Literature, in: OATES, W.E. (Hrsg.): The Political Economy of Fiscal Federalism, Toronto, S. 219-259.

GROSSEKETTLER, H. (1993), Ökonomische Maßstäbe für den Bund-Länder-Finanzausgleich, in: Staatswissenschaften und Staatspraxis, Nr. 4, S. 91-109.

GUO, C. (2001a), Effizienz der Veränderungen des Finanzsystems Chinas (1949-1979) (chin.), in: Reform, Nr. 2, S. 80-86.

GUO, C. (2001b), Effizienz der Veränderungen des Finanzsystems Chinas (1979-2000) (chin.), in: Reform, Nr. 4, S. 65-70.

HÄDE, U. (1996), Finanzausgleich: Die Verteilung der Aufgaben, Ausgaben und Einnahmen im Recht der Bundesrepublik Deutschland und der Europäischen Union, Tübingen.

HAN, Y.; DU, L.; YANG, X. (1989), Das aktuelle Steuersystem in China (chin.), Beijing.

HARTWIG, K.-H.; PIES, I. (1994), Das Finanzmanagement der deutschen Einheit, in: GUTMANN, G.; WAGNER, U. (Hrsg.): Ökonomische Erfolge und Misserfolge der deutschen Vereinigung, Stuttgart, S. 159-182.

HAUSHALTSABTEILUNG DES FINANZMINISTERIUMS (1998), Statistische Materialien der lokalen öffentlichen Finanzen 1997 (chin.), Beijing.

HAUSHALTSABTEILUNG DES FINANZMINISTERIUMS (1999), Statistische Materialien der lokalen öffentlichen Finanzen 1998 (chin.), Beijing.

HAUSHALTSABTEILUNG DES FINANZMINISTERIUMS (2000), Statistische Materialien der lokalen öffentlichen Finanzen 1999 (chin.), Beijing.

HAUSHALTSABTEILUNG DES FINANZMINISTERIUMS (2000a), Übergangsmodell für die Finanztransferzahlungen im Jahre 2000 (chin.), in: Review of Economic Research, Nr. 89, S. 2-48.

HAUSHALTSABTEILUNG DES FINANZMINISTERIUMS (2000b), Statistische Materialien der lokalen öffentlichen Finanzen 1999 (chin.), Beijing.

HE, J.; LU, H. (1997), Wissenschaftliche Definition des Bereichs der lokalen Finanzausgaben (chin.), in: Finance and Taxation, Nr. 11, S. 90-92.

HE, Z. (1983), Finanzsystem und Verwaltungseinrichtungen (chin.), in: MA, H. (Hrsg.): Handbuch zur modernen chinesischen Wirtschaft, 3. Aufl., Beijing, S. 449-454.

HEDTKAMP, G. (1977), Lehrbuch der Finanzwissenschaft, 2. Aufl., Darmstadt.

HEILEMANN, U.; RAPPEN, H. (1997), Sieben Jahre deutsche Einheit: Rückblick und Perspektiven in fiskalischer Sicht, in: Aus Politik und Zeitgeschichte, Nr. 40-41, S. 38-46.

HENKE, K.-D. (1993), Maßnahmen zur Stärkung der Eigenstaatlichkeit der Länder und die Finanzierung der deutschen Einheit, in: Staatswissenschaften und Staatspraxis, Nr. 4, S. 10-25.

HENKE, K.-D. (1995), Möglichkeit zur Stärkung der Länderautonomie, in: Staatswissenschaften und Staatspraxis, Nr. 6, S. 643-657.

HERRMANN-PILLATH, C. (1996), Fiscal Federalism: The German Experience - Challenges to China, Report prepared for the OECD Development Centre, Paris, Duisburger Arbeitspapiere zur Ostasienwirtschaft, Nr. 34, Duisburg.

HERRMANN-PILLATH, C.; LACKNER, M. (Hrsg.) (1998), Länderbericht China: Politik, Wirtschaft und Gesellschaft im chinesischen Kulturraum, Bonn.

HICKEL, R. (1992), Föderaler Finanzausgleich im vereinten Deutschland nach 1995, in: WSI-Mitteilungen, Nr. 9, S. 563-576.

HOMBURG, S. (1994), Anreizwirkungen des deutschen Finanzausgleichs, in: Finanzarchiv, N.F., Bd. 51, S. 312-329.

HONG, L. (1995), Überlegungen zu weiteren Verbesserungen des Steuertrennsystems in China (chin.), in: Finance and Economics, Nr. 2, S. 52-55.

HONG, Z. (1995), Die Umgestaltung des öffentlichen Finanzsystems der Volksrepublik China im Reformprozess, Berlin.

HOU, W. (2002), Gründe der Steuermindereinnahmen und Gegenmaßnahmen (chin.), in: Finance and Taxation, Nr. 7, S. 31-33.

HU, A. (2001), Vorschläge zum Aufbau eines landesweit einheitlichen Sozialversicherungssystems und zur Erschließung der Sozialsicherungssteuer (chin.), in: Reform, Nr. 4, S. 12-18.

HU, S. (1996), Möglichkeiten und Wirkungen der Durchsetzung einer „positiven Fiskalpolitik" in China (chin.), in: Management World, Nr. 3, S. 60-65.

HUANG, G. (1997), Theorie und Praxis der Transferzahlungen (chin.), in: Finance and Trade Economics, Nr. 2, S. 23-26.

HUBER, B.; LICHTBLAU, K. (1998), Konfiskatorischer Finanzausgleich verlangt eine Reform, in: Wirtschaftsdienst, Nr. 3, S. 142-147.

HUBER, B.; LICHTBLAU, K. (2000), Ein neuer Finanzausgleich – Reformoptionen nach dem Verfassungsgerichtsurteil, Köln.

HUBER, E. (1998), Länderfinanzausgleich: Grenzen der Solidarität!, in: Wirtschaftsdienst, Nr. 2, S. 71-76.

JIA, K. (1999), Rückblick und Beurteilung der Reform des Finanzsystems in China (chin.), in: Finance and Economics, Nr. 5, S. 25-28.

JIA, K.; YAN, K. (1999), Reformen des Finanzsystems im Transformationsprozess (chin.), Shanghai.

JIANG, H. (1999), Darstellung und Beurteilung des aktuellen Finanzausgleichssystems in China (chin.), in: Finance and Taxation, Nr. 12, S. 40-42.

JIANG, W.; MEI, Y. (Hrsg.) (1997), Die strategische Entscheidung und Praxis des Steuertrennsystems in China (chin.), Beijing.

JIANG, X.; WIE, F.; JIANG, S. (1999), Kontrolle des angemessenen Umfangs der Finanzzuweisungen in China (chin.), in: Management World, Nr. 3, S. 51-61.

JIANG, Y. (1997), Schrittweise Verbesserung des Steuertrennsystems (chin.), in: Management World, Nr. 2, S. 56-63.

JIANG, Y. (1998a), Schrittweise Verbesserung der Steuertrennsystems (chin.), in: China State Finance, Nr. 5, S. 14-16.

JIANG, Y. (1998b), Schrittweise Verbesserung des Steuertrennsystems (chin.), in: China State Finance, Nr. 2, S. 16-19.

KAMP, M.E.; LANGHEINRICH, C.; STAMM, F.H. (1971), Die Ordnung der öffentlichen Finanzen, Bonn.

KITTERER, W. (1994), Finanzausgleich im vereinten Deutschland: Neugestaltung der Finanzbeziehungen zur Stärkung des Föderalismus unter besonderer Berücksichtigung des Landes Bremen, Heidelberg.

KOLMS, H. (1976), Finanzwissenschaft IV, 2. Aufl., Berlin/New York.

KORIOTH, S. (1996), Die bundesstaatliche Finanzverfassung ist besser als ihr Ruf, in: Wirtschaftdienst, Nr. 7, S. 339-344.

KORIOTH, S. (1997), Der Finanzausgleich zwischen Bund und Ländern, Tübingen.

KOU, T. (1996), Studien zu den finanziellen Beziehungen zwischen der Zentralregierung und den lokalen Gebietskörperschaften (chin.), Dalian.

KRUG, B. (1993), Chinas Weg zur Marktwirtschaft: Eine politisch-ökonomische Analyse der Wirtschaftstransformation 1978-1988, Marburg.

LAASEN, C.-F; STEHN, J. (1996), Marktwirtschaft und Subsidiarität: Die föderative Arbeitsteilung auf dem Prüfstand, in: Zeitschrift für Wirtschaftspolitik, Nr. 1, S. 58-91.

LAO, Q. (1998), Regelung und Vervollkommnung des Finanztransfersystems, in: The Study of State Finance, Nr. 1, S. 32-33.

LENK, T. (1998), Länderfinanzausgleich – Reform des Ausgleichsmechanismus, in: RWI-Mitteilungen, Nr. 1-2, S. 39-73.

LENK, T. (1999), Bei der Reform der Finanzverfassung die neuen Bundesländer nicht vergessen!, in: Wirtschaftsdienst, Nr. 3, S. 164-173.

LI, D. (2002), Analyse des Models des Steuersystems Chinas, (chin.), in: Finance and Taxation, Nr. 6, S. 62-64.

LI, D.; WEN, Y. (1998), Missstände der Errichtung der zwei Steuerämter (chin.), in: Finance and Trade Economics, Nr. 3, S. 31-33.

Li, I.C. (1998), Central-Provincial Relations: Beyond Compliance Analysis, in: Cheng, J.Y.S. (Hrsg.): China Review 1998, Hong Kong, S. 157-185.

LI, H.; LAI, K. (2001), Gründe für den niedrigen Anteil der Finanzeinnahmen am BIP (chin.), in: China State Finance, Nr. 1, S. 47-48.

LI, L. (1996), Überlegungen zur Praxis des Steuertrennsystems in China (chin.), in: Finance and Economics, Nr. 6, S. 24-27.

LI, M.; JIA, S. (1997), Prinzipien und Überlegungen zur Fortführung der Reform des Steuertrennsystems (chin.), in: China State Finance, Nr. 4, S. 16-17.

LI, Q. (2001), Überlegungen zur Verbesserung des Finanztransferzahlungssystems in China (chin.), in: Finance and Trade Economics, Nr. 3, S. 40-46.

LI, S.; KNIGHT, J. (1996), Anreiz- und Umverteilungseffekte des finanziellen Verantwortungssystems Chinas (chin.), in: Study of Economy, Nr. 5, S. 29-37.

Li, W. (2001), Analyse der vertikalen Verteilung der Steuergesetzgebungskompetenzen (chin.), in: Finance and Taxation, Nr. 5, S. 69-70.

LI, Z.; ZHANG, R. (1999), Die wirtschaftliche Geschichte der VR China 1949-1999 (chin.), Lanzhou.

LIANG, P. (1996), Das Transferzahlungssystem zwischen den Gebietskörperschaften: Analyse der Beschränkungsfaktoren und Gegenmaßnahmen (chin.), in: Die Finanz- und Handelswirtschaft, Nr. 1, S. 28-32.

LIANG, S. (1998), Neue Studien nach der Reform und der weiteren Entwicklung des chinesischen öffentlichen Finanzsystems (chin.), in: Sichuan Finance, Nr. 11, S. 4-7.

LIN, Z. (1999), Reform des Transferzahlungssystems im Transformationsprozess (chin.), in: Finance and Taxation, Nr. 7, S. 40-42.

LIU, R.; JIAO, G. (1998), Regionale Unterschiede der Finanzkraft und neue Vorstellungen für den Aufbau des Finanzausgleichssystems (chin.), in: Finance and Trade Economics, Nr. 6, S. 5-12.

LIU, R.; YANG, Z. (1998), Theoretische Gliederung der Finanzwissenschaft (chin.), Beijing.

LIU, Z. (1995), Bericht über die Durchführungsergebnisse des staatlichen Budgets 1994 und über den Entwurf des staatlichen Budgets 1995 (chin.), in: Economy Daily, 21.03.1995, S. 1.

LIU, Z. (1997), Überlegungen zu einigen Problemen der Entwicklungstendenzen der Reform des Steuersystems Chinas, (chin.), in: Management World, Nr. 4, S. 43-51.

LIU, Z. (2001), Überblick über die Steuerpolitik im Jahre 2000 (chin.), in: Finance and Taxation, Nr. 3, S. 45-47.

LU, F.; LU, H.; HUANG, W. (1987), Rückblick und Perspektiven der Reform des Wirtschaftssystems in China (chin.), Beijing.

LU, H. (1999), Zehn Ergebnisse der Reform zur Einführung des Steuertrennsystems in China (chin.), in: Finance and Taxation, Nr. 3, S. 34-37.

LUO, X. (2002), Probleme der Einkommensteuer in unserem Land und Verbesserungskonzept (chin.), in: Finance and Taxation, Nr. 6, S. 72-74.

MA, H. (1996), Einführung in die Finanzwissenschaft (chin.), Beijing.

MA, J. (1997), Intergovernmental Relations and Economic Management in China, Houndmills/London.

MA, J. (1998), Intergovernmentale Finanztransfers – Internationale Erfahrungen und Implikationen für China (chin.), Beijing.

MA, S. (1999), Die Ausgaben Chinas benötigen Standardisierung (chin.), in: China Reform, Nr. 9, S. 12-15.

MA, S. (2000), Analyse der Effekte der „positiven Fiskalpolitik“ auf die staatlichen Krediteinnahmen (chin.), in: Reform, Nr. 2, S. 101-106.

MASSSTÄBEGESETZ (2001), Gesetzesbeschluss des Deutschen Bundestags, Bundestags-Drucksache Nr. 485/01, Bonn.

MI, J. (1999), Konzept zur Verbesserung des Finanzsystems zur Erhöhung der „zwei Anteile“ (chin.), in: Finance and Taxation, Nr. 8, S. 18-23.

MILBRADT, G.H. (1991), Die neuen Bundesländer zügig in die Finanzverfassung einbeziehen – nicht abkoppeln!, in: Wirtschaftsdienst, Nr. 2, S. 59-63.

MILBRADT, G.H.; DIEDRICHS, D. (2001), Berücksichtigung der kommunalen Einnahmenautonomie beim Finanzausgleich, Nr. 6, S. 331-339.

MUSGRAVE, R.A. (1959), The Theory of Public Finance, New York.

MUSGRAVE, R.A. (1969), Finanztheorie, 2. Aufl., Tübingen.

MUSGRAVE, R.A.; MUSGRAVE, P.B. (1976), Public Finance in Theory and Practice, 2. Aufl., Tokio.

MUSGRAVE, R.A., U.A. (1987), Die öffentlichen Finanzen in Theorie und Praxis, 3. Bd., Tübingen.

NOLL, W. (1979), Finanzwissenschaft, München.

NOWOTNY, E. (1996), Der öffentliche Sektor, 3. Aufl., Berlin u.a.

OATES, W.E. (1972), Fiscal Federalism, New York.

OSSENBÜHL, F. (1984), Verfassungsrechtliche Grundlage des Länderfinanzausgleichs gemäß Art. 107 Abs. 2 GG, Baden-Baden.

OSTKOLLEG DER BUNDESZENTRALE FÜR POLITISCHE BILDUNG (Hrsg.) (1998), VR China im Wandel, Bonn.

OTTNAD, A. (1998), Spitzenausgleich oder Spitze des Eisbergs staatlicher Umverteilung?, in: Wirtschaftsdienst, Nr. 7, S. 393-400.

PAGENKOPF, H. (1981), Der Finanzausgleich im Bundesstaat. Theorie und Praxis, Stuttgart u.a.

PANG, R.; ZHANG, Z. (2002), Empirische Studie über den Zusammenhang zwischen dem Anstieg der Finanzeinnahmen und dem BIP-Wachstum (chin.), in: Finance and Taxation, Nr. 7, S. 21-24.

PEFFEKOVEN, R. (1980), Finanzausgleich I: Wirtschaftstheoretische Grundlagen, in: Albers, W., U.A. (Hrsg.) Handwörterbuch der Wirtschaftswissenschaft, Bd. 2, Stuttgart, Tübingen/Göttingen, S. 608 ff.

PEFFEKOVEN, R. (1987), Zur Neuordnung des Länderfinanzausgleichs, in: Finanzarchiv, N.F., Bd. 45, S. 181-228.

PEFFEKOVEN, R. (1988), Berücksichtigung der Seehafenlasten im Länderfinanzausgleich?, in: Finanzarchiv, N.F., Bd. 46, S. 397-415.

PEFFEKOVEN, R. (1990), Finanzausgleich im vereinten Deutschland, in: Wirtschaftsdienst, Nr. 7, S. 346-352.

PEFFEKOVEN, R. (1994), Reform des Finanzausgleichs – eine vertane Chance, in: Finanzarchiv, N.F., Bd. 51, S. 281-309.

PEFFEKOVEN, R. (1996), Einführung in die Grundbegriffe der Finanzwissenschaft, 3. Aufl., Darmstadt.

PEFFEKOVEN, R. (1999), Das Urteil des Bundesverfassungsgerichts zum Länderfinanzausgleich, in: Wirtschaftsdienst, Nr. 7, S. 709-715.

PEFFEKOVEN, R. (2001), Reform des Länderfinanzausgleichs und des Solidarpakts II, in: Wirtschaftsdienst, Nr. 8, S. 427-434.

PENG, Z. (1995), Aufbau des Lokalsteuersystems im Steuertrennsystem (chin.), in: Finance and Economics, Nr. 4, S. 48-50.

PETERSEN, H.-G. (1988), Finanzwissenschaft II, Stuttgart.

QUANTZ, J. (1995), Reform der Finanzverfassung, in: Staatswissenschaften und Staatspraxis, Nr. 1, S. 695-699.

RENZSCH, W. (1999a), „Finanzreform 2005" – Möglichkeiten und Grenzen, in: Wirtschaftsdienst, Nr. 3, S. 156-173.

RENZSCH, W. (1999b), Das Urteil zum Finanzausgleich: Enge Fristensetzung, in: Wirtschaftsdienst, Nr. 12, S. 716-721.

ROSEN, H.S.; WINDISCH, R. (1997), Finanzwissenschaft, München.

SCHERF, W. (2000), Der Länderfinanzausgleich in Deutschland: ungelöste Probleme und Ansatzpunkte einer Reform, Frankfurt am Main.

SCHERF, W. (2001), Ein Vorschlag für einen gerechten und effizienten Länderfinanzausgleich, in: Wirtschaftsdienst, Nr. 4, S. 227-234.

SCHMIDT, K. (1996), Mehr Klarheit im Finanzgefüge zwischen Bund und Ländern, in: Wirtschaftsdienst, Nr. 7, S. 327-330.

SCHUPPERT, G.F. (1993), Maßstäbe für einen künftigen Länderfinanzausgleich, in: Staatswissenschaften und Staatspraxis, Nr. 1, S. 26-41.

SCHUPPERT, G. F. (1995), Der bundesstaatliche Finanzausgleich: Status-quo-Denken oder Reformprojekt?, in: Staatswissenschaften und Staatspraxis, Nr. 6, S. 675-693.

SELMER, P. (1994), Die gesetzliche Neuordnung der bundesstaatlichen Finanzbeziehungen, in: Finanzarchiv, N.F., Bd. 51, S. 331-355.

SHAR, A. (1994), The Reform of Intergovernmental Fiscal Relations in Developing and Emerging Market Economies, World Bank Policy and Research Series, Nr. 23, Washington, D.C.

SHEN, L. (1998), Die wirtschaftlichen Funktionen und das Verhalten der lokalen Regierungen (chin.), Shanghai.

SICHELSCHMIDT, H. (2000), Die „Seehafenlasten" des Länderfinanzausgleichs in der Kritik, in: Wirtschaftsdienst, Nr. 8, S. 488-493.

SMEKAL, C. (1977), Operationalisierung eines intergovernmentalen Transferbegriffes für den Finanzausgleich und Quantifizierung alternativer Nettotransfersalden, in: MATZNER, E. (Hrsg.): Öffentliche Aufgaben und Finanzausgleich, Wien, S. 410-438.

SÖLLNER, F. (2000), Der Länderfinanzausgleich nach dem Urteil des Bundesverfassungsgericht, in: Wirtschaftsdienst, Nr. 5, S. 611-616.

SONG, X. (Hrsg.) (1997), Geschichte der Neuzeit der öffentlichen Finanzen Chinas (chin.), Beijing.

SPAHN, P.B.; FRANZ, O. (2000), Zwischenstaatliche Kooperation und die Reform des Finanzausgleichs in Deutschland, in: Wirtschaftsdienst, Nr. 7, S. 713-721.

STATISTISCHES BUNDESAMT, Statistisches Jahrbuch für die Bundesrepublik Deutschland, verschiedene Jahrgänge, Wiesbaden.

STATISTISCHES JAHRBUCH CHINAS, verschiedene Jahrgänge, Beijing.

STERN, K. (1980), Das Staatsrecht der Bundesrepublik Deutschland, Bd. II, München.

STIGLITZ, J. E. (1989), Finanzwissenschaft, 2. Aufl., München.

SU, G.; YE, S. (1998), Über die Aufgabenverteilung zwischen der Zentralregierung und den lokalen Gebietskörperschaften (chin.), in: China State Finance, Nr. 5, S. 21-22.

SUN, K. (1994), Einrichtung eines effektiven Finanzausgleichssystems (chin.), in: Finance and Trade Economics, Nr. 5, S. 20-23.

SUN, K. (1999), Vergleich und Analyse des mehrstufigen Finanzsystems (chin.), Beijing.

TANG, G. (2000), Konzept zur Verbesserung des Steuersystems unseres Landes zur Jahrhundertwende (chin.), in: Finance and Taxation, Nr. 1, S. 14-16.

TAUBE, R. (1990), Ein Vorschlag zur Reform des Länderfinanzausgleichs, in: Wirtschaftsdienst 1990, Nr. 7, S. 372-280.

TERHALLE, F. (1958), Das Finanz- und Steuersystem der Bundesrepublik Deutschland, in: GERLOF, W.; NEUMARK, F. (Hrsg.): Handbuch der Finanzwissenschaft, 2. Aufl., Bd. III, Tübingen, S. 138-175.

THOMAS, I.P. (1997), Ein Finanzausgleich für die Europäische Union, Tübingen.

TRUGER, A. (HRSG.) (2001), Rot-grüne Steuerreformen in Deutschland. Eine Zwischenbilanz, Marburg.

WACKE, G. (1950), Das Finanzwesen der Bundesrepublik, Tübingen.

WANG, S. (1997), Die Grenzen der Dezentralisierung (chin.), Beijing.

WANG, X.; YIN, Y. (1999), Praxis und Tendenzen der Reform des Steuertrennsystems (chin.), in: Finance and Economics, Nr. 6, S. 87-90.

WANG, Y. (2001), Ansichten über die Verteilung der Steuergesetzgebungskompetenzen, (chin.), in Finance and Taxation, Nr. 1, S. 61-63.

WEDDIGEN, W. (1964), Allgemeine Finanzwissenschaft, 4. Aufl., Berlin.

WELTBANK (2000), World Development Indicators 2000, Oxford.

WIRTSCHAFTSJAHRBUCH CHINAS 1994, Beijing.

WONG, C.P.W. (Hrsg.) (1997), Financing Local Government in the People's Republic of China, Hongkong.

WU, H. (1995), Finanzwissenschaft (chin.), Guangzhou.

XIA, C. (2001), Empirische Analyse der staatlichen Einnahmen Chinas in der Transformationsphase (chin.), in: Trade Economics, Nr. 6, S. 33-38.

XIANG, H. (1989), Rückblick auf die Reform des öffentlichen Finanzsystems und künftige Ausgestaltung (chin.), in: Management World, Nr. 1, S. 34-43.

XIANG, H. (1994), Reform des Finanzsystems Chinas (chin.), Beijing.

XIANG, H. (Hrsg.) (1999), Die öffentlichen Finanzen Chinas der letzten 50 Jahre (chin.), Beijing.

XIANG, H. (2001), Rückblick auf die Reform des öffentlichen Finanzsystems der letzten 10 Jahre (chin.), in: Journal of Finance and Economics, Nr. 6, S. 3-7.

XU, C. (2002), Vorschläge für die Verbesserung des aktuellen Transferzahlungssystems (chin.), in: Finance and Taxation, Nr. 7, S. 45-47.

XU, X. (1999), Theoretische Analyse und praktische Maßnahmen des Transferzahlungssystems (chin.), in: Finance and Taxation, Nr. 9, S. 55-59.

YANG, B. (1998), Asymmetrisches Steuertrennsystem: Tendenzen der Reform des Steuertrennsystems Chinas (chin.), in: Chinese Economic Problems, Nr. 2, S. 8-16.

YANG, F. (2000), Vergleich des Transferzahlungssystems in China mit dem anderer Länder (chin.), in: Finance and Taxation, Nr. 9, S. 40-42.

YANG, J. (1996), Regulierung der Beziehungen zwischen der Zentralregierung und den lokalen Gebietskörperschaften (chin.), in: Journal of Finance and Economics, Nr. 3, S. 3-11.

YANG, X. (1995), Die Steuern (chin.), Beijing.

YANG, X.; GUO, Z. (1989), Analyse der Reform in den vergangenen zehn Jahren und realistische Optionen zur Fortführung der Reform (chin.), in: Reformation of Economic System, Nr. 3, S. 22-32.

YAO, C.; SHANG, K. (1998), Vergleich der Transferzahlungssysteme und Anregungen (chin.), in: Finance and Taxation, Nr. 2, S. 11-14.

YE, L.; JIN, H. (2002), Die Einkommensteuer ist zur viertgrößten Steuer Chinas geworden (chin.), in: Finance and Taxation, Nr. 7, S. 80.

YIN, M.; HE, G. (2001), Wirtschaftsentwicklung in Westchina und Fiskalpolitik (chin.), in: Finance and Economics, Nr. 3, S. 69.

ZENG, J. (2000), Empirische Studien zum Effekt der Durchführung des Steuertrennsystems (chin.), in: Finance and Taxation, Nr. 9, S. 43-46.

ZHANG, H. (1999), Zur Verbesserung des Transferzahlungssystems Chinas (chin.), in: Finance and Taxation, Nr. 8, S. 35-39.

ZHANG, H., U.A. (2001), Zu den Zweckzuweisungen der Zentralregierung an die lokalen Gebietskörperschaften (chin.), in: Finance and Taxation, Nr. 2, S. 35-37.

ZHANG, J. (2000), Überlegungen zur Verbesserung des aktuellen intergovernmentalen Transferzahlungssystems Chinas (chin.), in: Finance and Taxation, Nr. 12, S. 45-47.

ZHANG, L. (1999), Studien zur Erhöhung des Anteils der Steuereinnahmen am BIP (chin.), in: Finance and Economic Science, Nr. 6, S. 91-95.

ZHANG, S. (1999), Probleme beim Aufbau eines standardisierten Transferzahlungssystems (chin.), in: China State Finance, Nr. 3, S. 17-18.

ZHANG, S. (1999), Vergleich und Auswahl der Formen der intergovernmentalen Transferzahlungen (chin.), in: Finance and Taxation, Nr. 3, S. 37-40.

ZHANG, Y. (1999), Überlegungen zur Reform der öffentlichen Finanzen und Steuern (chin.), Bd. IV, Beijing.

ZHAO, J., U.A. (1990), The Natural History of China, London.

ZHAO, X.; WANG, J. (1986), Sozialistische Finanzwissenschaft (chin.), Beijing.

ZHONG, X. (1998), Studie zu den intergovernmentalen Finanztransfers (chin.), Shanghai.

ZHOU, F.; LI, F. (1997), Internationaler Vergleich des Anteils der Finanzeinnahmen am BIP Chinas, (chin.), in: Management World, Nr. 2, S. 80-85.

ZHOU, F.; QI, Y. (1996), Analyse des konstanten Rückgangs des Anteils der Zentralregierung an den Gesamteinnahmen und Vorschläge (chin.), in: China Industrial Economy, Nr. 4, S. 50-53.

ZHOU, Z.; WANG, S. (1998), Theoretische Analyse der Formen der Transferzahlungen (chin.), in: Finance and Taxation, Nr. 1, S. 30-34.

ZHU, M. (1995), Einige drängende Probleme der Reform des Steuertrennsystems (chin.), in: Finance and Economics, Nr. 3, S. 17-20.

ZHU, Q. (1998), Zur Auswahl der Ziele der Finanzsystemreform Chinas – Analyse der Beziehungen zwischen der Zentralregierung und den Lokalregierungen seit der Einführung des Steuertrennsystems (chin.), in: Journal of Finance and Economics, Nr. 4, S. 3-8.

ZHU, Y. (2002), Überlegungen zum Rückgang der Steuern in China (chin.), in: Finance and Taxation, Nr. 4, S. 66-68.

ZHUANG, Q. (1995), Analyse der Probleme bei der Finanznivellierung in China (chin.), in: The Study of State Finance, Nr. 8, S. 23-26.

ZIMMERMANN, H. (1983), Allgemeine Probleme und Methoden des Finanzausgleichs, in: NEUMARK, F. (Hrsg.): Handbuch der Finanzwissenschaft, 4. Bd., 3. Aufl., Tübingen, S. 3-68.

ZIMMERMANN, H. (1994), Finanzwissenschaft: eine Einführung in die Lehre von der öffentlichen Finanzwirtschaft, 7. Aufl., München.

ZIMMERMANN, H. (2001), Haben Ballungsgebiete einen höheren Finanzbedarf?, in: Wirtschaftsdienst, Nr. 4, S. 222-226.

Peter Lang · Europäischer Verlag der Wissenschaften

Nicolas Schlotthauer

Unternehmens- und Bankenreform in China

Der Einfluss staatlicher Eingriffe auf die Unternehmens- und Finanzsystementwicklung

Frankfurt/M., Berlin, Bern, Bruxelles, New York, Oxford, Wien, 2003. XX, 319 S., zahlr. Tab. u. Graf.
Europäische Hochschulschriften:
Reihe 5, Volks- und Betriebswirtschaft. Bd. 2969
ISBN 3-631-39923-5 · br. € 50.10*

China beeindruckt durch hohe Wachstumsraten und eine zunehmende Bedeutung in der Weltwirtschaft – aber hinter der makroökonomischen Fassade zeigt sich ein System, das lange durch staatliche Banken und Unternehmen dominiert wurde. Die Arbeit untersucht, wie die beeindruckende Entwicklung trotz der Behinderung nicht-staatlicher Unternehmen erzielt werden konnte. Dabei wird im Rahmen der neuen Institutionenökonomie nicht nur die Entwicklung von ländlichen Kollektivunternehmen (TVEs) analysiert, sondern auch ihre Finanzierung beleuchtet. Der Autor zeigt dabei, dass im Unternehmenssektor der Mangel an formalen Institutionen behoben wurde, während im Finanzsystem die staatlichen Eingriffe die bestehenden Probleme weiter verschärften. Die chinesische Führung hat sich die Stabilität mit noch höheren Kosten für die Bankenreform erkauft.

Aus dem Inhalt: Herausforderung Wirtschaftstransformation · Ausgangssituation in China 1978 · Institutioneller Rahmen in China · Basis der Wirtschaftstransformation in China · Staatsunternehmen in China · Kleinere und mittlere Unternehmen · Ausgestaltung von Finanzierungsverträgen · Chinas Bankensystem · „Finanzierung außerhalb des Systems" – ländliche Kreditkooperativen · Reformentwicklung und Perspektiven

Frankfurt/M · Berlin · Bern · Bruxelles · New York · Oxford · Wien
Auslieferung: Verlag Peter Lang AG
Moosstr. 1, CH-2542 Pieterlen
Telefax 00 41 (0) 32 / 376 17 27

*inklusive der in Deutschland gültigen Mehrwertsteuer
Preisänderungen vorbehalten

Homepage http://www.peterlang.de

FSC
www.fsc.org
MIX
Papier | Fördert gute Waldnutzung
FSC® C083411

Kolibri 360 GmbH
Ferdinand-Jühlke-Straße 7
99095 Erfurt, Deutschland
produktsicherheit@kolibri360.de

Druck:
CPI Druckdienstleistungen GmbH
im Auftrag der
Kolibri 360 GmbH
Ferdinand-Jühlke-Str. 7
99095 Erfurt